D1790784

THE INTERNATIONAL HORSEMAN'S DICTIONARY

LEXIQUE INTERNATIONAL DU CAVALIER

INTERNATIONALES PFERDE-LEXIKON

ZDZISLAW BARANOWSKI

THE INTERNATIONAL HORSEMAN'S DICTIONARY
English – French – German
LEXIQUE INTERNATIONAL DU CAVALIER
Anglais – français – allemand
INTERNATIONALES PFERDE-LEXIKON
Englisch – französisch – deutsch

Foreword by General Decarpentry, Henry Wynmalen and Dr H. C. G. Rau

J. A. ALLEN & CO. LTD.

First published by Museum Press 1955
Reprinted 1975
© J. A. Allen & Co. Ltd. 1985

All rights reserved. No part of this book may be reproduced, stored
in a retrieval system, or transmitted, in any form or by any means,
electronic, mechanical, photocopying, recording and/or otherwise
without the prior written permission of the publishers.

British Library Cataloguing in Publication Data

Baranowski, Zdzislaw
   The international horseman's dictionary. –
   2nd ed.
   1. Horsemanship – Dictionaries – Polyglot
   2. Dictionaries, Polyglot
   I. Title
   798.2'03   SF309

ISBN 0 85131 262 4

Printed in Great Britain by
St Edmundsbury Press, Bury St Edmunds, Suffolk

FOREWORDS · NOTES LIMINAIRES · VORWORTE

The serious student of Equitation must have access to the best literature available in the languages of all nations where the cult of this art has flourished and excelled.

Many such, even though possessed of a fair knowledge of foreign tongues, have found their endeavours unfruitful because frustrated by the difficulty of interpreting the all-important technical terminology of horsemanship correctly in a foreign language.

Captain Baranowski has solved this problem for them, and has added much to the clarity of his translations by the inclusion of relevant and most excellent illustrations.

The art and the sport of riding are daily growing in international importance, and this dictionary will do a great deal to facilitate the understanding between judges, competitors, Press and public at international contests.

It should have an assured future.

Henry Wynmalen

Rien n'est plus favorable au développement de l'art équestre que la comparaison des résultats obtenus par les cavaliers des différentes écoles dans leurs présentations aux Concours internationaux.

Cette comparaison ne peut cependant porter tous ses fruits que si les méthodes qui conduisent à ces résultats peuvent être étudiées, malgré la diversité des langues, par les concurrents des différentes nations.

La nécessité d'une terminologie hippique " internationale " s'impose donc comme base d'un langage équestre commun à tous les fervents de l'Equitation.

Leur gratitude est largement méritée par Monsieur Baranowski, dont le lexique parfaitement ordonné et méthodiquement présenté permettra la traduction aisée de tous les ouvrages des Maîtres qui, depuis la plus haute antiquité, ont illustré le plus noble des Arts.

Nothing is more favourable to the development of horsemanship than the comparison between the results obtained by horsemen of different schools in international horse-shows.

The maximum benefit cannot be drawn from such a comparison unless the methods which led to these results can be examined by the competitors of the various countries, and this in spite of differences of language.

There is an obvious need for an " international " equestrian terminology to serve as the basis for an equestrian language common to all riding enthusiasts.

Their gratitude has been fully earned by Mr Baranowski for his dictionary, which is perfectly classified and methodically presented, and will make possible the easy translation of all the works of the masters who, since the highest antiquity, have written of this most noble of all arts.

DECARPENTRY

In der hippologischen Welt-Literatur bedeutet die Herausgabe eines Reiter-Lexikons in diesen verschiedenen Sprachen eine ausserordentliche Tat, für die man dem Schöpfer und Herausgeber dankbar sein muss. Es handelt sich um ein ausserordentliches Buch, dessen Inhalt die Pferdeleute der ganzen Welt einander näher bringen muss, weil ihnen in drei verschiedenen Sprachen die Ausdrücke und Bezeichnungen über das Pferd gegeben werden, sodass sie sich in allen technischen Fragen verständigen können. Es dient dieses Buch, das alle Pferdeleute aufs höchste willkommen heissen werden, ausser der reinen Technik, der so dringend notwendigen Verständigung einer der besten und hochstehendsten Gruppe aller Völker, der Pferdeleute.

Von jeher war das Bestreben der Pferdeleute auf Freundschaft und Verständigung gerichtet. Wo sie sich treffen, sind sie, aus welchen Ländern sie auch kommen mögen, sofort Freunde.

Das Buch des Herrn von Baranowski wird der Festigung dieser Kameradschaft dienen.

The publication of a horseman's dictionary in several languages is an exceptional event in the world literature concerning horses, and the author and editor of such a book is deserving of gratitude.

This book is indeed uncommon, and its contents will bring together horsemen from all over the world, since it supplies them with terms and expressions relating to the horse in several languages, and thus enables them to understand one another on all technical questions. This volume, which will be warmly welcomed by all horsemen, will serve to bring about the urgently necessary understanding between horsemen, who form an *élite* group in all countries.

Horsemen have always striven towards friendship and understanding. Wherever they meet, and from whatever country they come, they are immediately friends.

Mr Baranowski's book will serve to seal such friendships.

Dr h.c. G. Rau

CONTENTS	PAGE	TABLE DES MATIERES	INHALT
List of illustrations	xi	Liste des illustrations	Bilderverzeichnis
Introduction	xiii	Introduction	Einleitung
Signs and abbreviations	xvi	Signes et abréviations	Zeichen und Abkürzungen
THE HORSE	1	LE CHEVAL	DAS PFERD
Breeds and types	3	Races et types	Rassen und Typen
Breeding	5	L'élevage	Die Zucht
The stud	9	Le haras	Das Gestüt
Grassland	11	Les herbages	Weideland
Forage	12	Le fourrage	Futter
Exterior of the horse	13	L'extérieur du cheval	Das Exterieur des Pferdes
Nomenclature	14	Nomenclature	Nomenklatur
Points of the horse	17	Caractéristiques	Charakteristik
Formation of the legs	27	Les aplombs	Die Stellung der Gliedmassen
General appreciation	28	Appréciation globale	Gesamt-Beurteilung
Colours	29	Les robes	Die Farben
Colours and shades	30	Robes et particularités	Farben und Abarten
Markings	32	Particularités des robes	Die Abzeichen
Movement, paces, gaits	33	Le mouvement, les allures	Bewegung, Aktion, Gangarten
Miscellaneous	34	Divers	Verschiedenes
The hoof, the foot	34	Le sabot	Der Huf
The teeth	34	Les dents	Die Zähne
Bodily defects	35	Tares, défauts	Fehler, Mängel
Diseases	36	Maladies	Krankheiten
Measurement, measures	38	Mensuration, mesures	Messung, Masse
HORSE AND RIDER	39	CHEVAL ET CAVALIER	PFERD UND REITER
Basic notions	41	Notions de base	Grundbegriffe
Character, temperament, degree of training, condition, form	45	Le caractère, le tempérament, degré de dressage, la forme	Charakter und Temperament, der Dressurgrad, die Form
Reactions of the ridden horse, defences, disobedience	49	Réactions du cheval monté, les défenses, les désobéissances	Reaktion des Reitpferdes, Ungehorsam, Widersetzlichkeiten, Unarten

CONTENTS

	PAGE
HORSE AND RIDER	
Riding technique	54
Classical equitation	60
Practical equitation	61
Miscellaneous	62
The school, the manège, school figures	65
Paces of the low school	67
Work on two tracks, side steps	71
Pirouettes and turns	74
High school airs	75
School jumps	76
Riders, écuyers	77
The dressage test	79
Jumping	80
Outdoor competitions	83
Hunting	84
Racing	86
EQUIPMENT	87
The stable and equipment	90
Stable management	92
Trimming	94
The saddle	98
The bridle	102
Martingales and lungeing gear	106
Whips and spurs	107
Riding kit	110
Obstacles, jumps	113
Index	115
Bibliography	176

TABLE DES MATIERES

CHEVAL ET CAVALIER
Technique de l'équitation
Equitation classique
Equitation pratique
Divers
Le manège, les figures de manège
Les allures de l'école basse
Travail de deux pistes, pas de côté
Les pirouettes
Les airs d'école
Sauts d'école
Cavaliers, écuyers
Concours de dressage
Sauts d'obstacles
Epreuves d'extérieur
Chasse à courre, vénerie
Courses

LE MATERIEL
L'écurie, les accessoires
Soins à l'écurie
La toilette
La selle
La bride
Martingales, enrênements, matériel de dressage
Fouets et éperons
La tenue du cavalier
Les obstacles
Index
Bibliographie

INHALT

PFERD UND REITER
Reittechnik
Klassische Reitkunst
Angewandte Reitkunst
Verschiedenes
Die Reitbahn, die Hufschlagfiguren
Die Gangarten der Kampagneschule
Arbeit auf zwei Hufschlägen, Seitengänge
Pirouetten und Wendungen
Schulgänge
Schulsprünge
Reiter, Bereiter
Die Dressurprüfung
Springen
Prüfungen im Gelände
Reitjagd
Rennen

DAS MATERIAL
Stall, Stallgerät
Stalldienst
Die Toilette, Frisur
Der Sattel
Das Zaumzeug
Hilfszügel, Longier- und Dressurzeug
Peitschen und Sporen
Die Reitkleidung
Die Hindernisse
Index
Bibliographie

LIST OF ILLUSTRATIONS

LISTE DES ILLUSTRATIONS

BILDERVERZEICHNIS

		PAGE		
I	Skeleton	14	Le squelette	Das Knochengerüst
II	Points of the horse	14	L'extérieur du cheval	Das Exterieur
III	Head and neck	17	Têtes et encolures	Kopf- und Halsformen
IV	Back and croup	17	Dos et croupes	Rücken- und Kruppenformen
V	Formation of forelegs	25	Les aplombs antérieurs	Stellungen der Vordergliedmassen
VI	Formation of hindlegs	26	Les aplombs postérieurs	Stellungen der Hintergliedmassen
VII	Principal parts of the horse	41	Les régions principales du cheval de selle	Grundeinteilung des Reitpferdes
VIII	The legs and their action	41	Nomenclature et jeu des jambes	Benennung und Spiel der Beine
IX	Positions of head and neck	47	Position de tête et d'encolure	Kopf- und Halshaltung
X	Different degrees of contact and collection	48	Appui, ramener, rassembler	Anlehnung, Beizäumung, Versammlung
XI	Different ways of holding reins	52	Tenue de rênes	Zügelführung
XII	Rein effects	53	Effets de rênes	Zügeleffekte
XIII	School figures, changes of direction	63	Figures de manège, changements	Hufschlagfiguren, Wechsel
XIV	Serpentines, volts, circles	64	Serpentines, voltes, cercles	Schlangenlinien, Volten, Zirkel
XV	Shoulder in, quarters in	69	Epaule en dedans, hanche en dedans	Schulterherein, Kruppherein
XVI	Moving on two tracks, half-pass	70	Appuyer, appuyer sur la diagonale	Travers, Traversale
XVII	Turn on the forehand, half-turn	72	Pirouette renversée, demi-pirouette	Wendung auf der Vorhand, Kehrtwendung
XVIII	Turn on the centre, turn on the hocks	73	Pirouette sur le centre, pirouette ordinaire	Wendung auf der Mittel-Hand, Pirouette
XIX	Stable utensils	89	Accessoires d'écurie	Stallgerät
XX	Trimming	93	Toilette du cheval	Toilette des Pferdes
XXI	Saddles	96	Selles	Sättel
XXII	Parts of the saddle	97	Parties de selle, accessoires	Bestandteile des Sattels, Zubehör
XXIII	Bridles	100	Brides	Zäume
XXIV	Bits	101	Embouchûres	Gebisse
XXV	Lungeing gear, side-reins	104	Caveçon, enrênements	Longierzeug, Hilfszügel

xi

LIST OF ILLUSTRATIONS		LISTE DES ILLUSTRATIONS	BILDERVERZEICHNIS
	PAGE		
XXVI Whips and spurs	105	Fouets, éperons	Peitschen und Sporen
XXVII Riding clothes	108	Tenues du cavalier	Reitkleidung
XXVIII Riding boots	109	Bottes, Chaussures	Reitstiefel
XXIX, XXX Obstacles	113, 114	Obstacles	Hindernisse

ACKNOWLEDGMENTS

My grateful thanks are due to Mr. Henry Wynmalen, M.F.H. for his constant help and advice with the establishment of the English text and in connexion with the publication of this volume.

I also thank Général Decarpentry, Major-General S. Dembiński and Herr Dr. h.c. Gustav Rau whose valuable advice has contributed in no small measure towards the co-ordination of the text.

I cannot omit mentioning the frequent assistance which I have received from my friends Gräfin Marie-Gabrielle von Neipperg, Madame Christophe Górska, Count Lanckoroński, Freiherr Clemens von Nagel-Doornick, Rudolf Schoeller, Gaston A. Vetch and last but not least my wife, without whose help, patience and encouragement this work could not have been accomplished.

INTRODUCTION

Books from all countries dealing with the breeding and the use of the horse have always been greatly appreciated by horsemen throughout the world. In countries where horse-breeding and equestrian sports are still practised—the latter closely bound to the former—the number of these publications has considerably increased since the war.

Although the war has not put an end to the breeding, racing and showing of horses, it nevertheless caused many changes.

The saddle-horse has practically disappeared from the army, which was formerly the principal market for the breeder, and it is now chiefly used in sport. Moreover, the requirements of modern sports make it necessary for breeders to supply horses of a different type and of increasingly better quality.

Pre-war horsemen, generally drawn from the cavalry, had good opportunities for training. At present, however, the great cavalry schools have largely ceased to exist, and the post-war generation of riders are necessarily self-taught and more dependent on books to guide them.

A knowledge of technical terms in foreign languages is essential if profit is to be drawn from the books published in other countries. Consulting an ordinary dictionary is always tiresome and often useless. It is therefore hoped that this volume will meet a long-felt need. The reader will find these terms grouped in a logical order and again repeated alphabetically in the index.

A comparison between the terms used in the different languages will show that they are not necessarily typified by the same expression. It may happen that one language has several expressions for a given idea, while another has none at all. This is the result of the various ethnical temperaments and characteristics which, among other factors, have influenced the development of breeding and horsemanship.

The author has avoided literal translations and has set side by side on the same line the terms which seem to correspond in the various languages. Wherever it has been found necessary to adapt a term, a note to this effect has been made in the text.

All explanations have been reduced to a bare minimum in order that this small volume may be published in a handy size. Moreover, it was felt that the condensed form of the book would not adversely affect the indispensable clarity. The object of this dictionary will have been attained if, in spite of its imperfections, it proves useful.

Should this volume come to the hands of any of my old Polish friends—now, unfortunately, fewer in number and scattered throughout the world—I hope that it will remind them of the days when the horse was our constant and trusty companion.

INTRODUCTION

La bibliographie mondiale concernant les problèmes de l'élevage et de l'utilisation du cheval a été toujours appréciée des hommes de cheval et des amateurs. Dans les pays où l'élevage et les sports équestres existent encore—et se trouvent organiquement liés—le nombre des publications de ce genre a sensiblement augmenté depuis l'après-guerre.

Si la guerre n'a pas anéanti l'élevage ni le sport, elle a cependant amené des changements. Supprimé dans l'armée, qui jadis était le principal débouché de l'élevage, le cheval de selle sert aujourd'hui surtout au sport. Or, les exigences du sport moderne réclament des éleveurs un cheval d'une classe différente et d'une qualité toujours supérieure.

Les cavaliers d'avant-guerre, sortis généralement des troupes montées, ont eu de bons moyens de formation. Les grandes écoles de cavalerie n'existant pratiquement plus, la génération des cavaliers d'après-guerre est donc obligée de se perfectionner par elle-même. C'est le plus souvent un livre qui leur sert de guide.

Pour tirer profit d'un texte étranger, la connaissance des termes techniques s'impose. Les chercher dans un dictionnaire général est toujours fastidieux et souvent vain. Ces pages tendent à combler cette lacune. Le lecteur trouvera ici ces termes groupés dans un ordre logique et répétés ensuite alphabétiquement dans l'index.

En comparant les expressions de différentes langues on s'aperçoit qu'elles ne se traduisent pas forcément par les mêmes images. De plus, tandis qu'une langue possède parfois plusieurs mots pour exprimer les mêmes idées, une autre langue n'a point d'expressions équivalentes. Cela résulte des différents tempéraments et caractères ethniques qui ont, entre autres, influencé le développement de l'élevage et de la culture équestre. J'ai donc évité les traductions littérales et ai pris le parti de mettre en regard les uns des autres, sur la même ligne, les termes qui, d'une langue à l'autre, me paraissaient correspondants.

Mon désir de rendre ce petit livre aussi maniable que possible m'a engagé à réduire les explications au strict nécessaire. Il m'a semblé que sa forme réduite ne nuirait pas à la clarté indispensable. Si, malgré ses imperfections, cet opuscule peut être utile, son but sera atteint.

Si toutefois il est feuilleté par mes anciens camarades et amis polonais, aujourd'hui moins nombreux, et dispersés dans le monde entier, qu'il leur rapelle le temps où le cheval était notre compagnon inlassable et d'une fidélité à toute épreuve.

EINLEITUNG

Die reiche, Pferdezucht und -Nutzung behandelnde Fachliteratur jedes Landes ist immer, von Fachleuten und Liebhabern gerne gelesen worden. Aus den zahlreichen Neuerscheinungen geht hervor, dass das Interesse hierfür, ganz besonders in den Ländern, wo heute noch Pferdezucht und der damit meist organisch verbundene Pferdesport betrieben werden, reger geworden ist. Doch ist der Krieg nicht ohne Einfluss auf Zucht und Sport geblieben.

Verdrängt aus der Armee, die bisher die Hauptabnehmerin der Aufzucht gewesen war, dient heute das Reitpferd hauptsächlich sportlichen Zwecken. Der hochentwickelte Sport verlangt vom Züchter ein Pferd von stets höherer Klasse. Die Reiter der Vorkriegszeit, die grösstenteils aus den berittenen Truppenteilen hervorgegangen sind, wurden an den Militär-Reitschulen—sie gehören heute schon der Vergangenheit an—durch eigene, dafür ausgebildete Lehrkräfte gründlich und methodisch geschult. Die Reiter der Nachkriegsgeneration dagegen, sind hauptsächlich auf sich selbst angewiesen. Für diese sind Bücher oft ein nützliches Hilfsmittel.

Um aber einen fremdsprachlichen Text richtig zu verstehen, ist es notwendig, die Fachausdrücke zu kennen; sie in einem allgemeinen Wörterbuch zu finden, ist zeitraubend und meist kaum möglich. Das vorliegende Buch soll diese Arbeit erleichtern. Der Leser wird darin die wichtigsten technischen Ausdrücke, stofflich, in logischen Gruppen erfasst und alphabetisch im Index geordnet finden.

Vergleicht man diese Fachausdrücke, so wird man hin und wieder feststellen müssen, dass die einzelnen Sprachen sich eines verschiedenen Bildes bedienen um ein- und denselben Begriff zu bezeichnen. Diese Tatsache findet ihre Erklärung in der Verschiedenheit des Temperaments und Charakters der einzelnen Völker, die die Entwicklung der Pferdezucht und reiterlichen Kultur beeinflusst haben. Auch kommt es vor, dass in einer Sprache der Ausdruck eines Begriffes fehlt, während er in einer anderen mehrfach ausgedrückt werden kann. In solchen Fällen musste ich ausnahmsweise eine eigene, sinngemässe Übersetzung beifügen, was im Text angedeutet ist.

Die Eigenart des Buches zwang mich Raum zu sparen. Daher habe ich nur wenige Erläuterungen geben können. Dies mag ein Mangel des Buches sein. Erweist es sich aber trotzdem als nützlich, so ist sein Zweck erfüllt.

Wenn dieser kleine Band in die Hände meiner polnischen—nicht mehr zahlreichen und über aller Herren Länder zerstreuten—alten Kameraden gelangt, möge er sie an die Zeit erinnern, in der uns das Pferd ein täglicher lieber Gefährte und zuverlässiger Freund war.

SIGNS and ABBREVIATIONS

●	characteristic expression used only in the given language
○	an equivalent expression does not exist in the given language
⌀	expression of limited currency, colloquial or archaic
(Bibl. 9, 83)	cp. Bibliography: book reference No. 9, page 83
I–XXX	see illustrations
m.	masculine
f.	feminine
n.	neuter
pl.	plural

SIGNES et ABBREVIATIONS

expression propre exclusivement à la langue donnée
expression équivalente manque dans la langue donnée
expression locale ou désuète

cf. Bibliographie, ouvrage No. 9, p. 83

V. dessin
masculin
féminin
neutre
pluriel

ZEICHEN u. ABKÜRZUNGEN

charakteristischer nur der gegebenen Sprache eigener Begriff
ein gleichwertiger Ausdruck fehlt in der gegebenen Sprache
lokaler oder veralteter Ausdruck

vgl. Bibliographie, Quelle Nr. 9, S. 83

s. Zeichnungen
männlich
weiblich
sächlich
Mehrzahl

The HORSE
Le CHEVAL
Das PFERD

BREEDS, TYPES	**Les RACES, les TYPES**	**Die RASSEN, die TYPEN**
1 pure-bred Arab	le pur sang arabe	der Vollblut-Araber
2 English thoroughbred	le pur sang anglais	das englische Vollblut
3 Anglo-Arab	l'anglo-arabe	der Anglo-Araber
4 part-bred, 'half-bred	le demi-sang	das Halbblut
5 improved native horse	le cheval indigène amélioré	das veredelte Landpferd
6 Oriental horse	le cheval oriental	das orientalische, morgenländische Pferd
7 Western horse	le cheval occidental	das abendländische Pferd
8 light horse, warm-blooded —	la race légère	der leichte, warmblütige Schlag
9 heavy horse, cold-blooded —	la grosse race	der schwere, kaltblütige Schlag
10 pony	le poney, le bidet	das Kleinpferd, der Pony
11 race-horse	le galopeur	das Laufpferd
12 cart-horse	le cheval de trait non rapide	das Schrittpferd
13 trotter	le trotteur	der Traber, das Trabpferd
14 pacer, ambler	l'ambleur	der Passgänger, der Zelter
15 saddle-horse, riding-horse	le cheval de selle	das Reitpferd
16 carriage-horse	le cheval d'attelage	das Wagenpferd
17 ride-and-drive horse, dual-purpose horse	le cheval à deux fins	das Reit- und Wagenpferd
18 heavy cart-horse	le cheval de gros trait	das schwere Zugpferd
19 pack-horse	le cheval de bât, — de somme	das Tragpferd, das Packpferd
20 light carriage-horse	le cheval d'attelage léger	das leichte Wagenpferd
21 coach-horse	le carossier, le postier	das schwere Kutschpferd
22 race-horse	le cheval de course	das Rennpferd
23 jumper, show jumper	le cheval d'obstacle, — de concours	das Springpferd
24 hunter	le cheval de chasse	das Jagdpferd
25 light-weight horse	le cheval pour poids léger	das Reitpferd für leichtes Gewicht

BREEDS, TYPES

1. middle-weight horse
2. heavy-weight horse
3. hack
4. hunter, cross-country horse
5. charger
6. lady's mount
7. general utility horse
8. horse used for breeding

Les RACES, les TYPES

le cheval pour poids moyen
le cheval pour poids lourd
le cheval de promenade
le cheval d'extérieur
le troupier
le cheval d'amazone
le cheval de service
le cheval reproducteur

Die RASSEN, die TYPEN

das Reitpferd für mittleres Gewicht
das Reitpferd für schweres Gewicht
das Promenadenpferd
das Geländepferd
das Truppenpferd
das Damenpferd
das Gebrauchspferd
das Zuchtpferd

BREEDING	**L'ELEVAGE**	**Die ZUCHT**
1 zootechnique	la zootechnie	die Zuchtlehre
2 breeding, breeding industry	l'élevage, *m.*	die Zucht
3 rearing	l'élève, *m.*	die Aufzucht
4 breeder	le naisseur	der Züchter
5 rearer	l'éleveur, *m.*	der Aufzüchter
6 species	l'espèce, *f.*	die Gattung
7 variety	la variété	die Art
8 race, breed	la race	die Rasse
9 family	la famille	die Familie
10 foundation stock	la souche	der Stamm
11 line	la branche	der Zweig, der Schlag
12 individual	l'individu, *m.*	das Einzelwesen
13 produce, offspring	le produit, l'élève	das Produkt, die Nachzucht
14 type	le type	der Typ
15 shape	le modèle	das Modell
16 origin	l'origine, *f.*	der Ursprung, die Abstammung
17 ancestors, ancestry	l'ascendance, *f.*	die Vorfahren, die Ahnen
18 descendants, offspring	la descendance	die Nachkommenschaft,
19 strain, lineage	la lignée	die Nachkommenschaft, der Blutstrom
20 bloodline	la ligne	die Blutlinie
21 consanguinity	la consanguinité	die Blutgemeinschaft
22 affinity	la parenté	die Verwandtschaft
23 degree	le degré	der Grad
24 homogeneous	homogène	homogen, gleichartig
25 heterogeneous	hétérogène	heterogen, andersartig
26 mixed	métis	gemischt

BREEDING	**L'ELEVAGE**	**Die ZUCHT**
1 hybrid	hybride	hybrid, fremdartig
2 typical	typique, typé	typisch
3 not true to type	dépourvu de type	typlos
4 potency	la puissance de génération	die Zeugungsfähigkeit, die Potenz
5 heredity	l'hérédité, *f.*	die Erblichkeit
6 inheritance	le pouvoir héréditaire, *f.*	die Erbanlage
7 pre-potency	l'excellence héréditaire, *f.*	die Vererbungsfähigkeit
8 inborn defect	la tare héréditaire	der Erbfehler
9 throw-back	le choc en retrait	der Rückschlag
10 retrogressive	rétrograde	rückschlägig
11 split	désuni	gespalten
12 degenerate	dégénéré	entartet
13 bastard	abâtardi	verbastardiert
14 improve a breed	améliorer une race	eine Rasse verbessern, veredeln
15 create a breed	faire souche	einen Stamm gründen, bodenständig machen
16 constancy	la constance	die Beständigkeit, die Konstanz
17 breeding selection	la sélection	die Auslese, die Zuchtwahl
18 crossing	le croisement	die Kreuzung, -zucht
19 intermediary produce	le produit intermédiaire	das Zwischenprodukt
20 utility cross-breeding	le métissage, la métisation	die Gebrauchskreuzung
21 mixed breed	le métis	der Mischling, das Mischblut
22 pure breeding	l'élevage (*m.*) dans la pureté de race, l'alliance, *f.*	die Reinzucht
23 inbreeding	l'élevage dans la consanguinité, en —, de —, dans de —	die Verwandtschafts-, die Inzucht
24 inbreeding, close breeding	l'élevage en proche parenté	die enge Verwandtschaftszucht

BREEDING	**L'ELEVAGE**	**Die ZUCHT**
1 incestuous breeding	l'union incestueuse	die Inzestzucht
2 free generation	la génération libre (de consanguinité)	die inzuchtfreien Ahnenreihen
3 outbreeding	le croisement irrégulier, le brassage de sang	die Fremdzucht die " bunte " Mischung
4 line breeding	l'alignement, élevage en lignée, *m.*	die Linienzucht
5 admixture of new blood	le renouvellement du sang	die Blutauffrischung
6 prototype of the species	le prototype de l'espèce	der Prototyp der Gattung
7 tap-root strain	la branche-maîtresse	der Hauptstamm
8 foundation sire	le cheval-père	der Stammvater, -gründer
9 tap-root mare	la jument-mère	die Stammstute, -mutter
10 sire	le père, l'auteur	das Vatertier, der Vater
11 stallion	le producteur, le reproducteur	der Beschäler
12 brood mare	la reproductrice, la poulinière	die Zuchtstute
13 mating, serving	l'accouplement, *m.*, la monte, la saillie	der Deckvorgang, Deckakt
14 beget, procreate, engender	procréer, engendrer	zeugen, befruchten
15 inseminate	inséminer	besamen
16 artificial insemination	l'insémination artificielle	die künstliche Besamung
17 prolific, productive	prolifique	zeugungsfähig, fruchtbar
18 sterile	stérile	unfruchtbar, steril
19 quality	la qualité	die Qualität, die Klasse
20 balance	l'équilibre, *m.*	das Gleichgewicht
21 temperament	le tempérament	das Temperament
22 action, movement	l'action, *f.*	die Aktion, die Bewegung
23 conformation	la conformation extérieure	der Körperbau, das Exterieur
24 constitution	la constitution	die Konstitution
25 soundness, health	la santé	die Gesundheit

BREEDING	**L'ELEVAGE**	**Die ZUCHT**
1 power, strength	la puissance	die Kraft
2 hardness	la résistance	die Widerstandsfähigkeit, die Härte
3 soberness	la sobriété	die Anspruchslosigkeit
4 aptitude, disposition	l'aptitude (particulière)	die (besondere) Eignung
5 speed	la vitesse	die Schnelligkeit
6 endurance, staying power, stamina	la durée, le fond	die Ausdauer, das Stehvermögen
7 performance test	l'épreuve, *f.*	die Leistungsprobe
8 record	la performance	die Leistung

The STUD	**Le HARAS**	**Das GESTÜT**
1 stud farm [1]	le dépôt d'étalons	das Hengstdepot (Landgestüt)
2 stud farm [2]	la jumenterie	die Stuterei, das Hauptgestüt
3 young stock	les produits	die Nachzucht
4 stallion	l'étalon	der Beschäler
5 entire	le cheval entier	der Hengst
6 colt	le poulain	der Junghengst
7 teaser	l'étalon d'essai, boute-en-train	der Probierhengst
8 mare	la jument	die Stute
9 filly (maiden)	la pouliche	die junge Stute
10 served mare	la jument saillie	die gedeckte Stute
11 in foal mare	la jument pleine	die tragende Stute
12 foaling mare, dam	la poulinière	die Mutterstute
13 mare with foal at foot	la jument suitée	Stute mit Fohlen bei Fuss
14 empty mare	la jument vide	die güsste Stute
15 the season	les chaleurs	die Rosse
16 mating service	la monte	der Deckvorgang
17 period of gestation	la gestation	die Trächtigkeit
18 parturition, foaling	la mise-bas, le poulinage	die Geburt
19 foal	le poulain	das Fohlen
20 suck	l'allaitement, *m.*	das Säugen
21 weaning a foal	le sevrage	das Absetzen
22 stud manager	le directeur de haras	der Gestütsleiter
23 stud groom	le palefrenier-chef	der Stutmeister
24 stallion man	l'étalonnier	der Hengstwärter
25 groom	le palefrenier	der Gestütswärter

[1] A centre, on the Continent, where "travelling" stallions are gathered together.
[2] A National Stud, or a rather important private one.

The STUD	**Le HARAS**	**Das GESTÜT**
1 pedigree	le certificat d'origine	der Stammbaum
2 stud-book	le registre général, 'stud-book	das Gestütsbuch, das Stutbuch
3 brand	la marque (extérieure) de haras apposée au fer rouge	der Gestütsbrand
4 official certificate describing horse	le signalement	das Signalement

GRASSLAND

1. meadow
2. pasture
3. turning out to grass
4. paddock
5. paddock
6. fencing
7. to graze

Les HERBAGES

la prairie
le pâturage
la mise à l'herbe
l'enclos, *m.*
le paddock
la clôture, la barrière
brouter

Das WEIDELAND

die Wiese
die Weide
der Weidegang
die Koppel
der Paddock
die Umzäunung, der Zaun
grasen

FORAGE	**Le FOURRAGE**	**Das FUTTER**
1 corn	les grains	das Korn-, Hartfutter
2 dry food, roughage	le fourrage " sec "	das Rauhfutter
3 green fodder	le vert	das Grünfutter
4 oats	l'avoine, *f.*	der Hafer
5 barley	l'orge, *f.*	die Gerste
6 crushed, rolled	concassé	gequetscht, geschrotet
7 straw	la paille	das Stroh
8 chaff	la paille hâchée	der Häcksel
9 hay (first cut)	le foin (1re coupe)	das Heu (1. Schnitt)
10 hay (second cut)	le foin (regain)	das Grummet (2. Schnitt)
11 grass	l'herbe, *f.*	das Gras
12 lucerne	la luzerne	die Luzerne
13 clover	le trèfle	der Klee
14 carrot	la carotte	die Mohrrübe
15 bran	le son	die Kleie
16 linseed	la graine de lin	die Leinsamen
17 sugar	le sucre	der Zucker
18 salt, rock-salt	le sel	das Salz, Steinsalz
19 mash	le mash, le barbotage	der Mash
20 water	l'eau, *f.*	das Wasser
21 foodstock	la provision de fourrage	der Futtervorrat
22 daily ration	la ration journalière	die Tages-ration, -norm
23 maintenance ration	la ration d'entretien	die Erhaltungs-, Grund-ration
24 working ration	la ration de travail	die Arbeits-ration
25 supplementary ration	la ration de croissance, — supplémentaire	die Jungpferde-, zusätzliche Ration

EXTERIOR of the HORSE
Basic Notions

1. constitution, horse's conformation
2. skeleton
3. bone
4. joints
5. spine
6. vertebra
7. thorax
8. ribs
9. pelvis
10. organs
11. muscles
12. tendons
13. nerves
14. skin
15. coat
16. hair
17. colour
18. principal parts
19. head
20. trunk
21. limbs
22. exterior, points of the horse

L'EXTERIEUR du CHEVAL
Notions de base

l'organisation du cheval, *f.*
le squelette
l'os, *m.*, l'ossature, *f.*
l'articulation, *f.*
le rachis, la colonne vertébrale
la vertèbre
le thorax
les côtes
le bassin
les organes
les muscles
les tendons
les nerfs
la peau
le pelage
les poils, les crins
la robe, la livrée
les régions
la tête
le tronc
les membres
l'extérieur du cheval, *m.*

Das EXTERIEUR des PFERDES
Grundbegriffe

der Körperbau des Pferdes
das Skelett, Knochengerüst
die Knochen, *m. pl.*
das Gelenk
die Wirbelsäule
der Wirbel
der Brustkorb
die Rippen, *f. pl.*
das Becken
die Organe, *n. pl.*
die Muskeln, *f. pl.*
die Sehnen, *f. pl.*
die Nerven, *m. pl.*
die Haut
die Behaarung
das Haar
das Haarkleid, die Farbe
die Hauptkörperteile, *m. pl.*
der Kopf
der Rumpf
die Gliedmassen, *n. pl.*
das Exterieur, die äussere Form

THE INTERNATIONAL HORSEMAN'S DICTIONARY

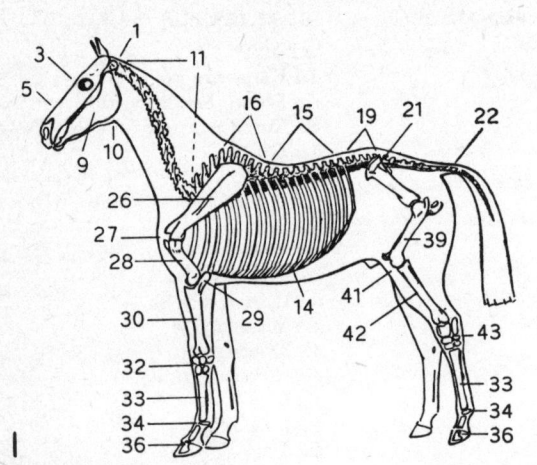
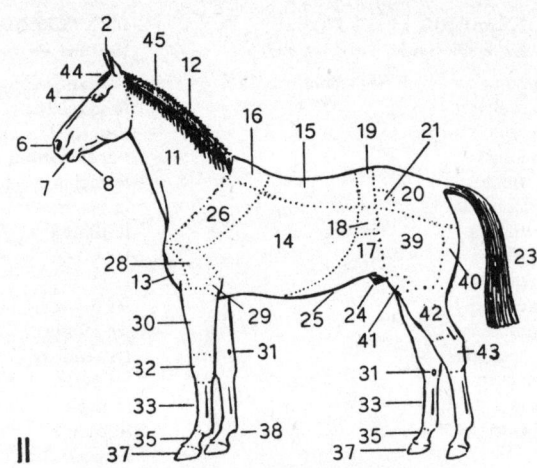

NOMENCLATURE

		NOMENCLATURE	NOMENKLATUR
1 head	I & II	la tête	der Kopf
2 poll	I	la nuque	das Genick
3 ear	2	l'oreille, *f.*	das Ohr
4 forehead	3	le front	die Stirn
5 eye	4	l'oeil, *m.*	das Auge
6 nose	5	le chanfrein	der Nasenrücken, das Untergesicht
7 nostril	6	le naseau	die Nüster
8 mouth	7	la bouche	das Maul

14

NOMENCLATURE		NOMENCLATURE	NOMENKLATUR
1 curb-groove	I & II, 8	le passage de gourmette	die Kinnkettengrube
2 lower jaw	9	la ganache, la mâchoire inférieure	die Kinnbacke, die Ganasche
3 throat	10	la gorge	der Kehlkopf
4 neck	11	l'encolure, f.	der Hals
5 crest	12	le bord supérieur de l'encolure	der Mähnenkamm
6 chest	13	le poitrail	die Brust
7 ribs	14	les côtes	die Rippen, f. pl.
8 back	15	le dos	der Rücken
9 withers	16	le garrot	der Widerrist
10 belly	17	le ventre	der Bauch
11 flank	18	le flanc	die Flanke
12 loins	19	la lombe, le rein	die Lende, die Niere
13 croup	20	la croupe	die Kruppe
14 point of hip	21	la pointe de hanche	der Hüfthocker
15 dock	22	le tronçon	die Schweifrübe
16 tail	23	la queue	der Schweif
17 anus		l'anus, m.	der After
18 scrotum		les bourses	der Hodensack
19 testicles		les testicules	die Hoden, f. pl.
20 sheath	24	le fourreau	der Schlauch
21 penis		la verge	die Rute
22 vulva		la vulve	die Scheide
23 udder		la mamelle	das Euter
24 navel	25	le nombril	der Nabel
25 shoulder	26	l'épaule, f.	die Schulter
26 point of shoulder	27	la pointe d'épaule	das Buggelenk
27 upper arm	28	le bras	der Oberarm

NOMENCLATURE		NOMENCLATURE	NOMENKLATUR
1 elbow	I & II, 29	le coude	der Ellbogen
2 forearm	30	l'avant-bras, m.	der Vorarm
3 chestnut, castor	31	la châtaigne	die Kastanie
4 knee	32	le genou	das Vorderfusswurzelgelenk, das Vorderknie
5 cannon-bone, shank	33	le canon	das Rohrbein, die Röhre
6 fetlock	34	le boulet	das Fesselgelenk, der Fesselkopf
7 pastern	35	le paturon	die Fessel
8 coronet	36	la couronne	das Kronengelenk
9 foot, hoof	37	le pied, le sabot	der Fuss, der Huf
10 ergot	38	l'ergot, m.	die Afterklaue, der Sporn
11 thigh	39	la cuisse	der Oberschenkel
12 buttock	40	la fesse	die Hinterbacke
13 stifle	41	le grasset	das Knie, Hinterknie
14 knee-cap		la rotule	die Kniescheibe
15 second thigh	42	la jambe	der Unterschenkel
16 hock	43	le jarret	das Sprunggelenk
17 forelock	44	le toupet	der Schopf, die Schubrine
18 mane	45	la crinière	die Mähne
19 feather, hairy heel		le fanon	der Kötenbehang

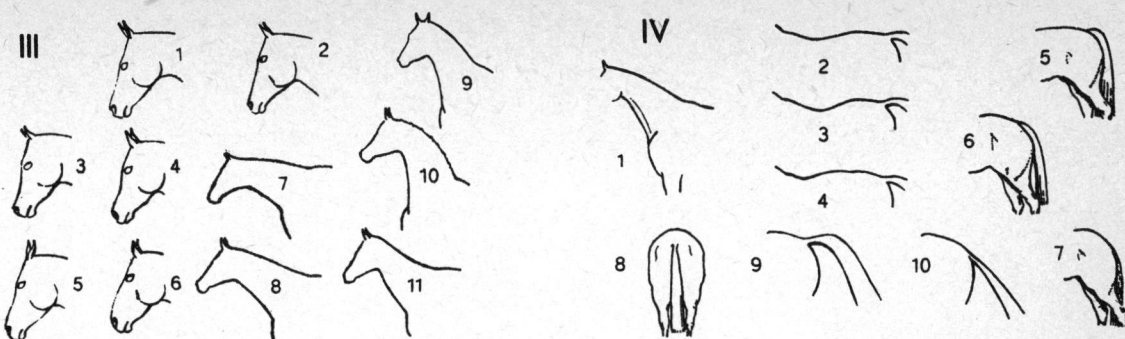

POINTS OF THE HORSE

1 the head
2 small —
3 big —
4 light —
5 heavy —
6 lean, dry —
7 coarse —
8 expressive, noble —
9 common —
10 straight — III, 1
11 wedge-shaped — 2
12 concave — 3
13 dish-nosed — 4

CARACTERISTIQUES

la tête
— petite
— grande
— légère
— grosse
— sèche
— charnue
— expressive
— commune
— droite
— conique
— concave, camuse
— de brochet

CHARAKTERISTIK

der Kopf
kleiner —
grosser —
leichter —
schwerer —
trockener —
fleischiger —
ausdrucksvoller, edler —
gemeiner —
gerader —
keilförmiger —
konkaver —
Hechtskopf

POINTS OF THE HORSE		CARACTERISTIQUES	CHARAKTERISTIK
1 sheep's profile, convex profile	III, 5	la tête de mouton	Schafskopf
2 ram-headed, Roman-nosed	6	— busquée	Ramskopf
3 well, badly set on head		bonne, mauvaise attache de la tête	gut, schlecht aufgesetzter Kopf
4 the trunk		le tronc	der Rumpf
5 the neck		l'encolure	der Hals
6 short —		— courte	kurzer —
7 proportioned —		— proportionnée	proportionierter —
8 long —		— longue	langer —
9 narrow —		— étroite	schmaler —
10 light, fine —		— légère, fine	leichter —, feiner —
11 thick, strong —		— grosse	dicker —
12 heavy neck, bull-necked		— lourde	schwerer —
13 carried low neck	7	— horizontale	waagerechter —
14 straight —	8	— droite	gerade verlaufender —
15 sloping, oblique —	9	— oblique	schräggestellter — (auch steil-) —
16 arched —	10	— rouée	gebogener —
17 swan-necked		— de cygne	Schwanenhals
18 } ewe-necked 19	11	— de chèvre — de cerf	Bretthals Hirschhals
20 low, high set on neck		— bas, haut greffée, plantée	tief-, hochangesetzter —
21 badly, well-muscled-up —		— mal, bien musclée	schwach, gut bemuskelter —
22 chest		le poitrail	die Brust
23 narrow —		— étroit, serré	schmale, enge —
24 proportioned —		— proportionné	proportionierte —
25 wide —		— large	breite —
26 hollow —		— creux	hohe —, flache

POINTS OF THE HORSE

1 deep chest
2 chicken-breasted
3 pigeon-breasted
4 thick in front, carty-chested
5 the ribs
6 short —
7 long —
8 flat —
9 curved, well-sprung —
10 the back
11 short —
12 long —
13 straight —   IV, 2
14 saddle-backed   3
15 arched back   4
16 roach-backed
17 weak back
18 strong, well-coupled up back
19 the withers
20 short —
21 long —
22 low —
23 high —
24 lean —
25 thin, bony —
26 thick —
27 pronounced —

CARACTERISTIQUES

le poitrail profond
— tranchant, saillant
— de chèvre
— de lion
les côtes
— courtes
— longues
— plates
— arrondies, convexes
le dos
— court
— long
— droit
— ensellé, concave
— vouté, convexe
— de carpe, de mulet
— faible
— solide, fort
le garrot
— court
— long
— bas
— haut
— tranchant
— maigre, décharné
— épais
— prononcé

CHARAKTERISTIK

tiefe Brust
Habichtsbrust
Ziegenbrust
Löwenbrust
die Rippen, *f. pl.*
kurze —
lange —
flache —
gewölbte —
der Rücken
kurzer —
langer —
gerader —
gesenkter —, Senkrücken
gewölbter —
Karpfenrücken
schwacher, weicher Rücken
starker —
der Widerrist
kurzer —
langer —
niedriger —
hoher —
scharfer —
magerer —
dicker —
ausdrucksvoller, trockener —

POINTS OF THE HORSE

1. poorly marked withers
2. the belly
3. normal —
4. pendulous —
5. pot-bellied
6. cow-bellied
7. tucked-up belly
8. herring-gutted, greyhoundy
9. the loins
10. short —
11. long —
12. narrow —
13. wide —
14. level —
15. sunken —
16. weak —
17. strong —
18. the croup
19. short —
20. long —
21. narrow —
22. broad —
23. flat —   IV, 5
24. flat —   6
25. sloping —, goose-rumped   7
26. sharp —
27. oval —   8

CARACTERISTIQUES

le garrot enfoncé, effacé, plat
le ventre
— normal
— descendu
— avalé
— de vache
— retroussé
— levretté
le rein, les lombes
— court
— long
— étroit
— large
— horizontal
— descendu
— creux
— ferme
la croupe
— courte
— longue
— étroite
— large
— horizontale
— droite
— inclinée, avalée
— tranchante, de mulet
— ovale

CHARAKTERISTIK

verschwommener Widerrist
der Bauch
normaler —
hängender, gesenkter —
Heubauch
(Kuh-) Heubauch
aufgezogener Bauch
aufgeschürzter —
die Niere (Lende)
kurze —
lange —
schmale —
breite —
gerade —
gesenkte —
hohle —
geschlossene —
die Kruppe
kurze —
lange —
schmale —
breite —
waagerechte —
gerade —
abfallende, abschüssige —
abgedachte —, Eselskruppe
ovale —

POINTS OF THE HORSE

1. too high, overbuilt croup
2. weak —
3. strong —
4. the hip
5. normal —
6. pointed, ragged —
7. prominent —

8. the tail
9. high-set — IV, 9
10. low-set — 10
11. deep-set —
12. rat —
13. tail carriage
14. the limbs
15. the shoulder I
16. short —
17. long —
18. straight, upright —
19. oblique —
20. sloping —
21. lean, clean —
22. pronounced —
23. loaded, coarse —
24. loose, weak —
25. tied-in —
26. the arm

CARACTERISTIQUES

la croupe (trop) haute, surélevée
— faible
— puissante
la hanche
— normale
— pointue
— proéminente, saillante (en poire), (hanchue)

la queue
— haut plantée
— bas plantée
— enfoncée
— de rat
le port de queue
les membres
l'épaule
— courte
— longue
— tendant vers la verticale
— oblique
— inclinée, couchée
— sèche, fine
— prononcée, bien dessinée
— charnue
— relâchée, faible
— chevillée, froide
le bras

CHARAKTERISTIK

hohe, überbaute Kruppe
schwache —
starke —
die Hüfte
normale —
spitze —
ausgeprägte —
(hüftige Kruppe)
der Schweif
hoch angesetzter —
tief angesetzter —
eingeklemmter —
Rattenschweif
das Tragen des Schweifes
die Gliedmassen, *n. pl.*
die Schulter
kurze —
lange —
steile —
schräge —
schräge abfallende —
trockene —
ausdrucksvolle —
überladene —
lose —
gebundene —
der Oberarm

POINTS OF THE HORSE

1 short arm
2 long —
3 straight —
4 sloping —
5 the elbow
6 loose, weak —
7 inclined outwards —
8 inclined inwards —
9 tied-in —
10 the forearm
11 short —
12 long —
13 wide, large —
14 flat —
15 narrow —
16 the knee
17 large —
18 wide —
19 long —
20 rounded —
21 lean —
22 well-defined —
23 flat —
24 knotted —
25 tied-in —
26 the cannon
27 long —

CARACTERISTIQUES

le bras court
— long
— tendant vers la verticale
— oblique
le coude
— faible
— écarté
— serré
— chevillé
l'avant-bras
— court
— long
— large
— plat
— étroit
le genou
— grand
— large
— long
— bombé
— net
— bien sculpté
— plat
— noué
— chevillé
le canon
— long

CHARAKTERISTIK

kurzer Oberarm
langer —
steiler —
schräger —
der Ellbogen
loser —
abstehender —
angedrückter —
gebundener —
der Vorarm
kurzer —
langer —
breiter —
flacher —
schmaler —
das Vorderfusswurzelgelenk
grosses —
breites —
langes —
gewölbtes —
trockenes —
ausgeprägtes —
flaches —
geschnürtes —
gedrosseltes —
die Röhre (Vorder-), (Hinter-)
lange —

POINTS OF THE HORSE

1 round cannon
2 weak —
3 short —
4 wide —
5 strong —
6 clearly defined —, free from gumminess
7 the pastern
8 short —
9 long —
10 upright —
11 sloping —
12 weak —
13 } too long —
14 }
15 the thigh
16 long —
17 sloping —
18 well-muscled —
19 the stifle
20 large —
21 lean —
22 open —
23 the second thigh, gaskins
24 long —
25 strong —
26 clearly defined —

CARACTERISTIQUES

le canon rond
— faible
— court
— large
— solide
— dégagé

le paturon
— court
— long
— droit jointé
— incliné
— long jointé
— bas jointé
— en patte d'ours
la cuisse
— longue
— inclinée
— bien musclée
le grasset
— grand
— net
— ouvert
la jambe
— longue
— solide
— bien sculptée

CHARAKTERISTIK

runde Röhre
schwache —
kurze —
breite —
starke —
gut eingeschiente —

die Fessel
kurze —
lange —
steile —
schräge —
weiche —
durchgetretene —
bärentatzige —
der Oberschenkel
langer —
schräger —
gut bemuskelter —
das Knie, das Hinterknie
grosses —
ausgeprägtes —
offenwinkeliges —
der Unterschenkel
langer —
kräftiger —
ausdrucksvoller —

POINTS OF THE HORSE	CARACTERISTIQUES	CHARAKTERISTIK
1 well-muscled second thigh	jambe bien musclée	gut, lang bemuskelter Unterschenkel
2 full —	— culottée	behoster —
3 the hock	le jarret	das Sprunggelenk
4 long —	— long	langes —
5 wide —	— large	breites —
6 large —	— grand	grosses —
7 well-defined —	— saillant, tranchant	kantiges —
8 lean —	— sec, net	trockenes —
9 close to the ground —	— bas, près de terre	tief am Boden —
10 at an open angle —	— dégagé	offenes, abstehendes —
11 straight —	— droit	steiles —
12 blurred —	— estompé	verschwommenes —
13 spongy —	— spongieux	schwammiges —
14 woolly outline	— flou	ausdrucksloses —
15 weak —	— pauvre, faible	schwaches —
16 strong —	— solide	kräftiges —

THE INTERNATIONAL HORSEMAN'S DICTIONARY

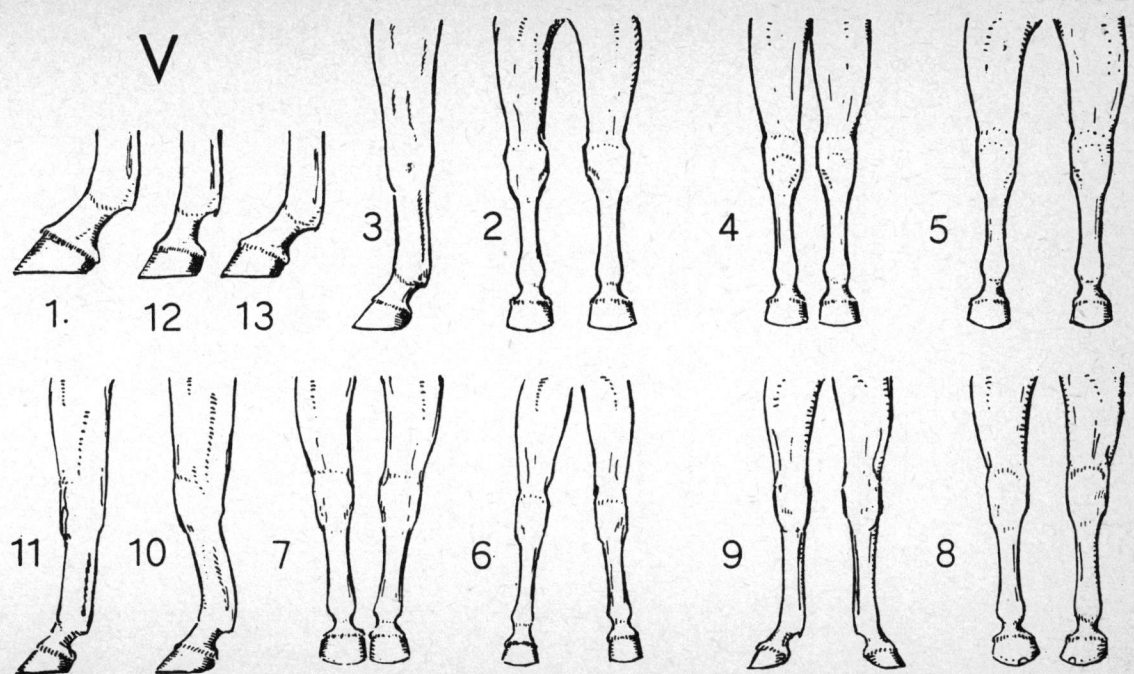

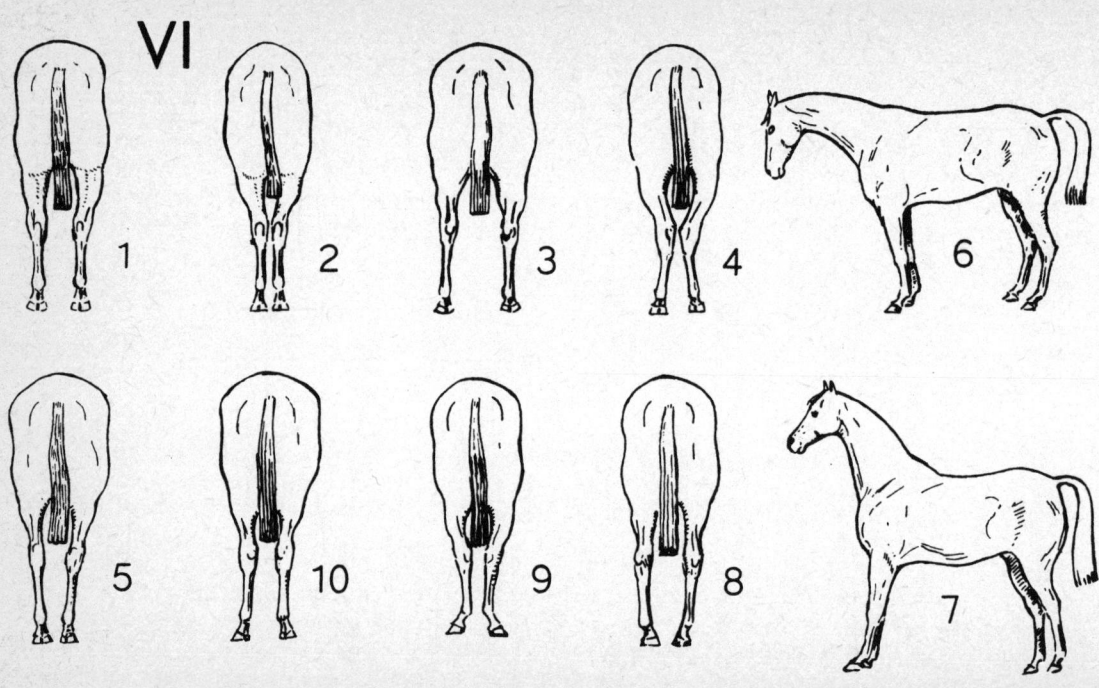

FORMATION of the LEGS			**Les APLOMBS**	**Die STELLUNG der GLIED-MASSEN**
1 normal	V, *1, 2, 3,*	VI, *1*	normal, régulier	normal
2 defective			défectueux	fehlerhaft
3 narrow at the chest	*4*		trop serré de devant	brusteng
4 wide at the chest	*5*		trop ouvert de devant	brustweit
5 knock-kneed	*4*		clos de genoux	knieeng
6 knock-kneed			genoux déviés en dedans	knieeng
7 wide at the knees	*6*		trop ouvert de genoux	knieweit
8 pigeon-toed	*7, 8*	*8*	cagneux	zeheneng
9 feet out-turned	*6, 9*	*9, 10*	panard	zehenweit
10 over at the knees	*10*		arqué, brassicourt	vorbiegig
11 calf-kneed	*11*		genoux creux	rückbiegig
12 over-shot fetlock	*12*		haut-jointé, bouleté	steilgefesselt, kurzgefesselt
13 under-shot fetlock	*13*		bas-jointé, long-jointé	weichgefesselt
14 narrow at the hocks		*2*	trop serré de derrière	Sprunggelenke zu eng
15 wide at the hocks		*3*	trop ouvert de derrière	Sprunggelenke zu weit
16 cow-hocked		*4*	panard (de derrière)	kuhhessig
17 sickle-shaped		*5*	cagneux (de derrière)	fassbeinig
18 scimitar-shaped		*6*	bancal	säbelbeinig
19 standing under		*6*	sous lui	überständig
20 standing stretched		*7*	campé	gestreckt

GENERAL APPRECIATION	**APPRECIATION GLOBALE**	**GESAMT-BEURTEILUNG**
1 height (at withers)	la taille (au garrot)	die Widerristhöhe
2 depth, girth	la profondeur	die Tiefe
3 compact	uni	geschlossen
4 short coupled	compact	derb
5 stocky, thick-set	trapu	gedrungen
6 sturdy	costaud	stark
7 with good bone	de bonne ossature	viel Knochen
8 close to the ground	près de terre	bodennahe, kurzbeinig
9 standing over much ground	base de sustention large	viel Boden deckend
10 lines, outlines	les contours, *m.*	die äussere Linien
11 angles	les angles, *m.*	die Winkelung
12 levers	les leviers, *m.*	die Hebel
13 forehand	le devant	das Vorderteil
14 middle piece	le milieu	das Mittelstück
15 hindquarters	l'arrière-train, *m.*	das Hinterteil
16 upper part	le dessus	der Oberbau
17 lower part	le dessous	der Unterbau
18 frame	le cadre	der Rahmen
19 size	le format	das Format
20 set four-square	carré	quadratisch
21 rectangular	rectangulaire	rechteckig
22 too high at withers	bâti en montant	vorn zu hoch
23 too high at croup, overbuilt	haut de croupe	überbaut
24 balanced	équilibré	im Gleichgewicht
25 proportioned	proportionné	proportioniert
26 harmonious	harmonieux	harmonisch, wohlgeformt
27 noble	noble	edel

The COLOURS
1 foundation (A–I)
2 simple (A.B.C.)
3 composite (D.E.)
4 mixed (F.G.)
5 multicoloured (H.I.)
6 derived (J.K.)

Les ROBES
primitives (A–I)
simples (A.B.C.)
composées (D.E.)
mixtes (F.G.)
conjuguées (H.I.)
dérivées (J.K.)

Die FARBEN
angeborene (A–I)
einfache (A.B.C.)
zusammengesetzte (D.E.)
gemischte (F.G.)
mehrfache (H.I.)
abgeleitete (J.K.)

COLOURS and SHADES	**ROBES et PARTICULARITES**	**FARBEN und ABARTEN**
1 white (foaled) (A)	blanc (de naissance) (A)	Schimmel (weissgeboren) (A)
2 milky —	— mat	Milch-
3 porcelain —	— porcelaine	Porzellan-
4 creamy —, dirty —	— sale	Gelb-
5 black (B)	noir (B)	Rappe (B)
6 coal —	— franc	Glanz-
7 dull —	— mal teint	Sommer-
8 chestnut (C)	alezan (C)	Fuchs (C)
9 light —	— clair	Hell-
10 dark —, liver —	— foncé	Dunkel-
11 washed out —	— lavé	Lehm-
12 maroon —	— brûlé	Kohl-
13 golden —	— doré	Gold-
14 isabella (D)	isabelle (D)	Falb (D)
15 ordinary —	— ordinaire	Isabellen-
16 light —	— clair	Semmelfalbe
17 dark dun —	— foncé	Gelbfalbe
18 bay (E)	bai (E)	Braun (E)
19 light —	— clair	Hell-
20 bright, clear, golden —	— doré	Gold-
21 fawn —, tawny —	— fauve	Reh-
22 dark —	— marron	Rot-
23 plum-coloured —	— cerise	Kirsch-
24 brown—	— brun	Schwarz-
25 mouse-coloured (F)	souris (F)	Mausgrau (F)
26 light —	— clair	Aschfalb
27 dark —	— foncé	Mausfalb

COLOURS and SHADES	ROBES et PARTICULARITES	FARBEN und ABARTEN
1 wolf-coloured (yellow dun) (G)	louvet (G)	Wolfsfarben (G)
2 light —	— clair	Hell-
3 dark —	— foncé	Dunkel-
4 skewbald, piebald (H)	pie (H)	Schecken (H)
5 skewbald (chestnut and white)	— alezan	Gelb-
6 — (brown and white)	— bai	Rot-
7 piebald (black and white)	— noir	Schwarz-
8 leopard (I)	tigré (I)	Tiger (I)
9 roan (J)	rouan et aubère (J)	Stichelhaar (J)
10 strawberry —, chestnut —	— clair	Fuchs-
11 dark red —, sorrel —	— ordinaire	Braun-
12 blue —	— foncé	Rappe-
13 grey (K)	gris (K)	Schimmel (veränderlich)(K)
14 slaty blue —	— ardoise, bleu gris	Grau-, Blau-
15 dark —	— foncé	Schwarz-
16 iron —	— fer	Eisen-
17 fleabitten —	— moucheté	Fliegen-
18 speckled —	— truité	Forellen-
19 dappled —	— pommelé	Apfel-

MARKINGS

Head
1. " some white hairs "
2. snip
3. star
4. stripe
5. race
6. snip
7. blaze

Limbs
8. white markings at front of coronet
9. white markings at back of coronet
10. sock
11. stocking
12. stocking rising above knee (hock)

Miscellaneous
13. wall eye, silver eye
14. dark head
15. eel stripe, dorsal band, list
16. the Prophet's thumb mark
17. whole-coloured, without markings

PARTICULARITES des ROBES

Tête
quelques poils en tête
pelote en tête
étoile en tête
liste
belle face
ladre entre les naseaux
boit dans son blanc

Membres
principes de balzane
trace de balzane
petite balzane
grande balzane
balzane haut-chaussée

Divers
œil vairon
cape de maure
raie de mulet
coup de lance
zain

ABZEICHEN

Kopf
die Flocke
die Blume
der Stern
die Blässe
die Laterne
die Schnippe
das Milchmaul

Beine
Kronen weiss gesäumt
Ballen weiss gesäumt
Fesseln
halbgestiefelt
hochgestiefelt

Verschiedene
das Glasauge, Kakerlakenauge
der Mohrenkopf
der Aalstrich
der Lanzenstich
ohne jegliche Abzeichen

The MOVEMENT, the PACES, the GAITS [1]

1. movement, action
2. paces, gaits
3. tempo, cadence
4. natural paces
5. school " airs "
6. artificial " airs "
7. regular paces
8. irregular paces
9. free, extended paces
10. collected, gathered paces
11. principal paces
12. the walk
13. the trot
14. the canter (gallop)
15. the pace (the amble)

[1] See also p. 67.

Le MOUVEMENT, les ALLURES [1]

le mouvement
les allures
la cadence
les allures naturelles
— — d'école
— — artificielles
— — régulières
— — irrégulières
— — vives, libres, étendues
— — raccourcies, rassemblées
— — principales
le pas
le trot
le galop
l'amble, *m.*

[1] V. aussi p. 67.

Die BEWEGUNG, die AKTION, die GANGARTEN [1]

die Bewegung
die Gangarten, *f. pl.*
das Tempo
die natürlichen Gangarten
die Schulgangarten
die künstlichen Gangarten
die regelmässigen —
die unregelmässigen —
die schnellen, freien, gestreckten —
die verkürzten, versammelten —
die Hauptgangarten
der Schritt
der Trab
der Galopp
der Passgang

[1] S. auch S. 67.

MISCELLANEOUS

The hoof, the foot
1. horny wall
2. toe
3. heel
4. sole
5. frog
6. pumiced hoof
7. flat hoof
8. contracted hoof
9. hoof-bound
10. sand-crack
11. prick by farrier
12. a picked-up nail
13. the farrier, blacksmith
14. farriery, forge, smithy
15. shoe
16. to pare the hoof
17. to shoe a horse
18. remove the shoe

The teeth
19. milk teeth
20. milk teeth
21. permanent teeth
22. changing the teeth

23. incisors, biting teeth
24. molars, grinding teeth

DIVERS

Le sabot
la paroi
la pince
le talon, la glôme
la sole
la fourchette
le pied comble.
le pied plat
le pied de rampin
le pied encastelé
la seime
la piqûre
le clou de rue
le maréchal ferrant
la forge
le fer à cheval
parer le pied
ferrer le pied
déferrer le pied

Les dents
les dents de lait
les dents de poulain
les dents de remplacement
l'éruption, la chute, des dents

les incisives
les molaires

VERSCHIEDENES

der Huf
die Hornwand
die Zehe
die Ballen
die Sohle
der Strahl
der Vollhuf
der Flachhuf
der Bockhuf
der Zwanghuf
der Hornspalt
das Vernageln
der Nageltritt
der Beschlagschmied
die Schmiede
das Hufeisen
den Huf richten
den Huf beschlagen
das Eisen abnehmen

die Zähne, *m. pl.*
die Milchzähne
die Fohlenzähne
die Ersatzzähne
der Zahnwechsel

die Schneidezähne
die Backenzähne

MISCELLANEOUS
The teeth

1. tushes, canine teeth
2. central incisors
3. lateral incisors
4. corner incisors
5. grinding surface, table surface
6. black centres, beans
7. periods
8. Galvayne's groove

Bodily defects

9. bodily defects and injuries, blemishes
10. windgall, thorough pin
11. capped hock
12. cracked heels
13. splint
14. ringbone
15. false curb

16. the curb
17. bog-spavin
18. bone-spavin
19. bog-spavin
20. stringhalt
21. sprains

22. thrush
23. back sores

DIVERS
Les dents

les crochets, *m.*
les pinces, *f.*
les mitoyennes, *f.*
les coins, *m.*
les surfaces de frottement, *f.*
les germes de fèves, *m.*
les périodes, *f.*
la queue d'aronde

Tares, défauts

tares et maux
le vessignon, la varice, la molette
le capelet
la crevasse
le suros
la forme
la jarde

la courbe
le jardon
l'éparvin, *m.*
le vessigon
l'éparvin sec, le pas de coq
le chauffage, claquage, de tendon

la pourriture de fourchette
la pression, blessure, de selle

VERSCHIEDENES
die Zähne

die Hakenzähne, *m. pl.*
die Zangen, *f. pl.*
die Mittelzähne
die Eckzähne
die Reibflächen, *f. pl.*
die Kunden, *f. pl.*
die Perioden, *f. pl.*
der Einbiss

Fehler

Fehler und Mängel, *m. pl.*
die Galle
die Piephacke
die Mauke
das Überbein
die Schale
die verletzte Linie, falsche Hasenhacke
die Hasenhacke
das Rehbein
der Knochenspat
der weiche Spat
der Hahnentritt
die Sehnenentzündung, -klapp, der Sehnenriss
die Strahlfäule
der Satteldruck

MISCELLANEOUS
Bodily defects

1. to brush
2. to overreach, speedy cutting
3. to dish
4. to stumble

Diseases

5. cough
6. strangles
7. pneumonia
8. broken wind
9. whistling, roaring
10. colic
11. peritonitis
12. immobility
13. crip biting
14. cracked heels
15. mange
16. glanders
17. navicular disease
18. lameness
19. sprained tendons
20. worms
21. defect, blemish
22. fault
23. vice
24. disobedience, defence
25. injury

DIVERS
Tares, defauts

se couper
forger
billarder
buter

Maladies

la toux
la gourme
la pneumonie
la pousse
le cornage
la colique
la péritonite
l'immobilité, *f.*
le tic
les crevasses, *f.*
la gale
la morve
la maladie naviculaire
la boiterie
les tendons chauffés, claqués
les vers, *m.*
la tare
le défaut
le vice
la résistance
la blessure

VERSCHIEDENES
Fehler

streichen
greifen
fuchteln
stolpern, strauchen

Krankheiten

der Husten
die Druse
die Lungenentzündung
der Dampf
das Rohren
die Kolik
die Darmverschlingung
der Koller
das Koppen
die Mauke
die Räude
der Rotz
die Rehe
die Lahmheit
die Sehnenentzündung
die Würmer, *m. pl.*
der Mangel
der Fehler
die Untugend
die Widersetzlichkeit
die Verletzung

MISCELLANEOUS
Diseases

1. weakness
2. shortcoming
3. disease
4. contagious
5. redhibitory defect, unsoundness
6. castration
7. to geld, to castrate
8. gelding
9. to cull a horse
10. to destroy a horse

DIVERS
Maladies

la faiblesse
l'insuffisance, *f.*
la maladie
contagieux
le vice rédhibitoire
la castration
castrer
le hongre
réformer un cheval
détruire un cheval

VERSCHIEDENES
Krankheiten

die Schwäche
die ungenügende Entwicklung
die Krankheit
ansteckend
der Gewährsfehler
die Kastration
kastrieren
der Wallach
ausrangieren
ein Pferd töten

MEASUREMENT, MEASURES

1. the height (at withers)
2. girth's circumference
3. cannon's circumference
4. tape-measure
5. rigid, stick measure
6. measuring tape
7. measuring stick
8. measuring unit
9. hand = 4 in. = 10·16 cm.
   (English measure for horses)
10. stone = 14 lb. = 6·3 kg.
    (English weight unit for riders)

MENSURATION, MESURES

la taille au garrot
le tour de sangle
le tour du canon
la mesure souple, à la chaîne
la mesure rigide, sous potence
le ruban, la chaîne, métrique
la canne à toise
l'unité de mesure, *f.*
" hand " (main) = 4 in. (pouces) = 10,16 cm. (unité de mesure anglaise pour chevaux)
" stone " = 14 livres angl. = 6,3 kg. (unité de poids anglaise pour cavaliers)

MESSUNG, MASSE

die Widerristhöhe
der Gurtumfang
der Röhrbeinumfang
das Bandmass
das Stockmass
das Messband
der Messstock
die Messeinheit
" Hand " = 4 engl. Zoll = 10,16 cm. (engl. Messeinheit für Pferde)
" Stone " = 14 engl. Pfund = 6,3 Kg. (englische Gewichtseinheit für Reiter)

METRIC and ENGLISH MEASURES / MESURES METRIQUES et ANGLAISES / METRISCHE und ENGLISCHE MASSE

Metre	Inch	Foot	Yard	Furlong	Mile
0,0254	1				
0,3048	12	1			
0,9144		3	1		
201,168			220	1	
1609,3				8	1
Mètre / Meter	Pouce / Zoll	Pied / Fuss	Yard	Furlong	Mile / Meile

HORSE and RIDER
CHEVAL et CAVALIER
PFERD und REITER

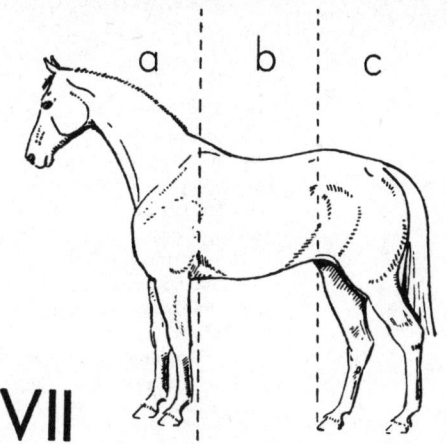
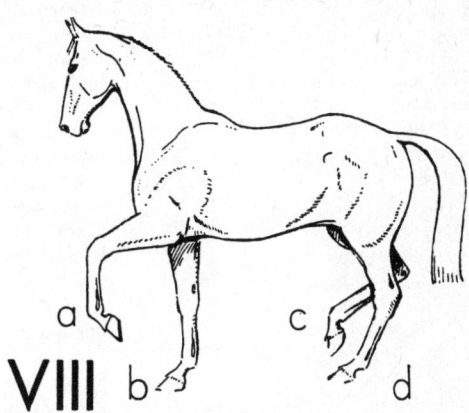

BASIC NOTIONS

1 forehand	VII*a*
2 barrel	*b*
3 hindquarters, haunches	*c*
4 off-side	
5 near-side	
6 inside	
7 outside	

NOTIONS de BASE

l'avant-main, *m.*
le milieu
l'arrière-main, *m.*
le côté hors-montoir (droit)
le côté montoir (gauche)
le côté intérieur
le côté extérieur

GRUNDBEGRIFFE

die Vorhand
die Mittelhand
die Hinterhand
die rechte Seite
die linke Seite
die innere Seite
die äussere Seite

BASIC NOTIONS

1 legs	
2 fore-legs	VIIIa, b
3 hind-legs	c, d
4 pairs of legs	
5 lateral pairs	ad, bc
6 diagonal pairs	ac, bd
7 play of the legs	
8 leg on the ground	b, d
9 leg in the air	a, c
10 moment of extension	
11 moment of suspension	
12 one beat, one step	
13 one stride, one step	
14 a complete stride	
15 a ride	
16 track	
17 halt, immobility	
18 impulsion	
19 action	
20 movement	
21 direction of movement	
22 change of direction	
23 pace, gait	
24 tempo	
25 rhythm, cadence	

NOTIONS de BASE

les membres, *m.* (jambes)
les antérieurs
les postérieurs
les bipèdes, *m.*
les bipèdes latéraux
les bipèdes diagonaux
le jeu des membres (jambes)
le membre à l'appui
le membre au soutien, au lever
le temps d'extension
le temps de suspension
une battue, un poser

une foulée

un pas complet
une reprise
la piste
l'immobilité, *f.*, l'arrêt, *m.*, la station
l'impulsion, *f.*
l'action, *f.*
le mouvement
la direction du mouvement
le changement de direction
l'allure, *f.*
le temps
le rythme, la cadence

GRUNDBEGRIFFE

die Beine, *n. pl.*
die Vorderbeine
die Hinterbeine
die Beinpaare, *n. pl.*
die seitlichen Beinpaare
die diagonalen Beinpaare
das Spiel der Beine
das Standbein
das Spielbein
das Streckmoment
das Schwebemoment
eine (einzelne) Hufspur, ein voller Trabtritt
eine (einzelne) Hufspur (Hufabdruck), ein Galoppsprung
ein ganzer Schritt (Ausschritt)
eine Reprise, Tour
der Hufschlag
das Stillstehen, Halten
der Schwung
die Aktion
die Bewegung
die Richtung der Bewegung
der Richtungswechsel
die Gangart, der Gang
das Tempo
der Rhythmus, die Kadenz

BASIC NOTIONS

1. transition
2. longitudinal axis
3. one-sided
4. concave side
5. convex side
6. straighten the horse's spine
7. the straight horse
8. horse in straight position
9. horse in flexed position
10. bent horse

11. position
12. contact

13. accepting the bridle
14. bringing in hand

15. decontraction, flexion, of the jaws
16. position " in hand ", flexed

17. bent at the poll

18. flexion of the neck
19. head-raising

NOTIONS de BASE

la transition
l'axe longitudinal (le rachis)
l'asymétrie, l'incurvation de l'axe, *f.*
le côté concave
le côté convexe
le redressement du rachis
le cheval droit
disposition directe du cheval
disposition oblique du cheval
disposition infléchie, ployée, arrondie du cheval

la position
le contact

l'appui (du cheval), *m.*
la mise en main (" décontraction de la bouche dans la position du ramener ") (Bibl. 9, 83)
la décontraction de la mâchoire
le ramener (" fermeture de l'angle de la tête avec l'encolure, la nuque restant le point le plus élevé de cette dernière ") (Bibl. 9, 88).
le pli vertical

le pli latéral, le placer
le relèvement de l'encolure

GRUNDBEGRIFFE

der Übergang
die Längsachse (Wirbelsäule)
die Schiefe der Achse
die hohle (schwierige) Seite
die gewölbte (steife) Seite
das Geraderichten der Wirbelsäule
das geradegerichtete Pferd
Pferd geradeaus gerichtet
Pferd in Stellung
Pferd in Biegung, gebogen (auch in Stellung)

die Haltung
der Kontakt (erste Fühlungsnahme des Reiters mit dem Pferdemaul)
die Anlehnung des Pferdes
das An(In)-die-Hand-Stellen, ans Gebiss (den Zügel)- (mit Abkauen bei hohem durchlässigem Genick)
Lösen (Nachgeben) des Unterkiefers
das Beizäumen, die Beizäumung, (An-die-Hand-Stellen mit annäherend senkrechter Lage des Kopfes)
Biegung im Genick (in der Längsrichtung), der Knick
Biegung im Genick (seitwärts)
die Aufrichtung der Vorhand

BASIC NOTIONS

1 full extension of the neck

2 release of the reins (maintaining contact on very light reins)
3 driving action of hind legs
4 to engage the haunches
5 } to collect, gather, the horse
6 }
7 collection (of high degree) ("the horse must be so perfectly ... between the rider's legs and hands, that the rider can "feel" the entire impulse of the animal resting on the tips of his fingers ...") (Bibl. 32, 121).

8 responsiveness (obedience to the aids)

9 lightness (high degree of responsiveness to the finest aids)

10 balance
11 obedience

NOTIONS de BASE

la descente de l'encolure

la descente de main

la poussée des postérieurs
engager les postérieurs
asseoir
rassembler
le rassembler ("disposition du corps du cheval qui en affecte toutes les parties, et place chacune d'elles en vue d'assurer le meilleur rendement aux efforts de l'arrière-main") (Bibl. 9, 109)

○ (aptitude du cheval à laisser passer à travers lui les effets des aides du cavalier)

la légèreté ● ("parfaite obéissance du cheval aux plus légères indications de la main et des talons de son cavalier") (Bibl. 17, 33; 9, 21)
l'équilibre
la soumission, l'obéissance

GRUNDBEGRIFFE

vollkommene Halsfreiheit, Pferd am hingegebenen Zügel
Nachgeben der Hand, Pferd am langen Zügel (in Selbsthaltung)
der Nachschub der Hinterhand
die Hinterhand heranstellen
auf die Hanken setzen
versammeln
die Versammlung ("Zustand des Pferdes in welchem es zur Zusammenfassung aller Kräfte zu einem bestimmten Zweck seine Vorhand durch vermehrte Lastaufnahme der gebeugt untertretenden Hinterhand erleichtert") (Bibl. 27, 140)
die Durchlässigkeit ● ("Fähigkeit und Bereitschaft des Pferdes auf die Hilfen einzugehen") (Bibl. 27, 130)
○, (vollkommenes Eingehen des Pferdes auf sehr fein abgestimmte Zügel- und Schenkelhilfen)

das Gleichgewicht
der Gehorsam

The CHARACTER, the TEMPERAMENT, DEGREE of TRAINING, CONDITION, FORM

1. character
2. temperament
3. gentle
4. fiery, highly strung, hot
5. difficult
6. quiet, calm
7. shy, nervous
8. sluggish, phlegmatic
9. cold, lazy
10. alert, full of go, high-couraged
11. fresh, gay, high-spirited
12. tired
13. stiff
14. tense
15. relaxed
16. green, unbroken
17. to break in
18. a horse broken in

19. made, well-schooled horse
20. well-mannered, comfortable horse

21. training, schooling
22. form, condition
23. bad condition, unfit

Le CARACTERE, le TEMPERAMENT, DEGRE de DRESSAGE, la FORME

le caractère
le tempérament
doux
chaud
difficile
calme, tranquille
peureux
flegmatique
froid, lourd, paresseux
allant, gaillard, énergique
frais
fatigué
raide
tendu
détendu
cru
débourrer
un cheval débourré

cheval dressé, mis, confirmé
cheval à bonnes manières, confortable

l'entraînement, *m.*
la forme, la condition, l'état, *m.*
bas d'état

Der CHARAKTER, das TEMPERAMENT, der DRESSURGRAD, die FORM

der Charakter
das Temperament
sanft
heftig, feurig
schwierig
ruhig
scheu
phlegmatisch, schläfrig
faul
gehlustig, energisch
frisch, munter
müde
steif
gespannt
entspannt, elastisch
roh, ungeritten
anreiten
eine junge Remonte, angerittenes Pferd
ein gerittenes Pferd
Pferd mit guten Manieren, bequem

der Training
die Form, Kondition, der Zustand
schlechter Zustand

The CHARACTER, the TEMPERAMENT, DEGREE of TRAINING, CONDITION, FORM

1. good condition, fit
2. exhausted, overridden
3. a delicate feeder, a shy feeder
4. a good feeder

Le CARACTERE, le TEMPERAMENT, DEGRE de DRESSAGE, la FORME

haut d'état
surmené, épuisé
cheval difficile à nourrir, petit mangeur
cheval sobre, facile à nourrir; gros mangeur

Der CHARAKTER, das TEMPERAMENT, der DRESSURGRAD, die FORM

guter Zustand
erschöpft
schlechter Fresser, — Futterverwerter
leichtfütterig

IX

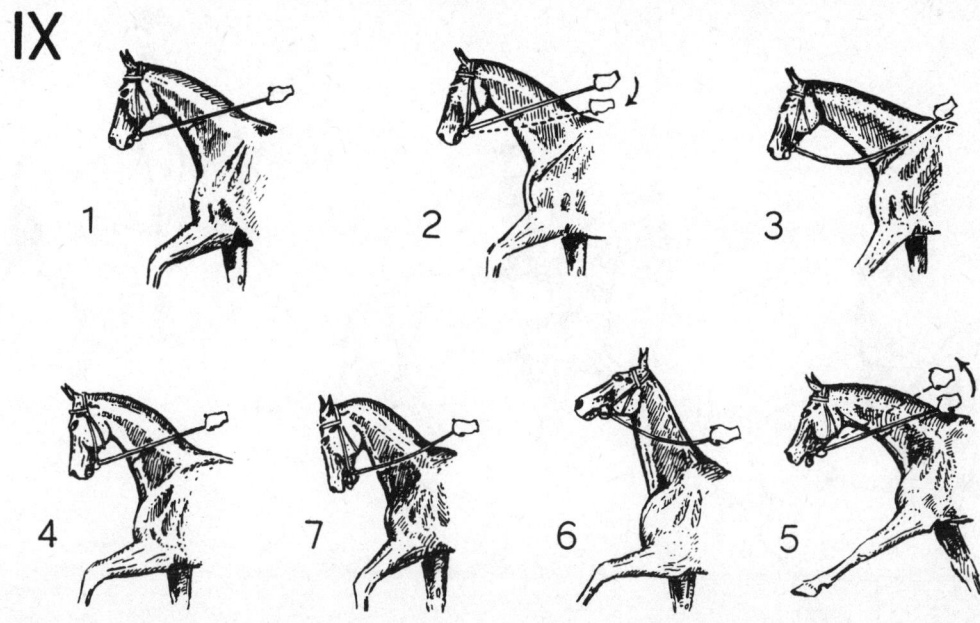

X

REACTIONS of the RIDDEN HORSE. DEFENCES, DISOBEDIENCE	**REACTIONS DU CHEVAL MONTE. Les DEFENSES, DESOBEISSANCES**	**Die REAKTION des REITPFERDES. Der UNGEHORSAM, WIDERSETZLICHKEIT, UNARTEN**
1 mouth	la bouche	das Maul
2 green mouth	bouche crue	rohes Maul
3 sensitive mouth	bouche sensible, — souple	empfindliches Maul, weiches —
4 fretful mouth	bouche mobile, — agitée, bavarde	unstetes Maul, unruhiges —, "geschwätziges" —
5 fine mouth, sensitive —	bouche fine, — aimable	durchlässiges Maul, angenehmes —
6 light mouth	bouche légère, — aimable	fein gestimmtes Maul
7 numb mouth, dead —	bouche muette	"stummes" Maul, flaues —
8 hard mouth	bouche contractée, — dure	gespanntes Maul, hartes —
9 spoiled mouth	bouche abimée	verdorbenes Maul
10 fresh mouth, wet —	bouche fraîche	frisches Maul
11 champ the bit	mâcher le mors	abkauen (am Gebiss)
12 foam	la bave	der Schaum
13 roll the tongue, swallow —	la langue serpentine	das Hochziehen der Zunge
14 hang out the tongue	passer la langue	die Zunge herausstrecken
15 put the tongue over the bit	passer la langue sur l'embouchure	die Zunge über das Mundstück legen
16 grind the teeth	grincer les dents	knirschen
17 take the bit in the teeth	prendre le mors aux dents	die Stange greifen
18 no contact, does not accept the bridle	sans contact, sans appui	ohne Anlehnung, nimmt den Zügel nicht an
19 to take	prendre	Gebiss annehmen, ans Gebiss treten
20 to give, flex	rendre, céder, la cession	nachgeben, sich am Gebiss abstossen
21 in hand, on the bit IX, 1	en main, sur la rêne	in der Hand, am Zügel
22 gathered, collected 4	ramené	beigezäumt

REACTIONS of the RIDDEN HORSE. DEFENCES, DISOBEDIENCE

1 in front of the bit (hand), to pull, bore	IX, 5
2 over the bit, to star-gaze	6
3 behind the bit, overbent	7
4 to lower head abruptly and with force, to rake	
5 to toss the head, head-shaking	
6 before the legs, sensitive to —	
7 behind the legs, insensitive to the leg, cold — —	
8 between legs and hands, on the aids	X, 1–3
9 horse with supple back	
10 rounded back, stiff —	
11 hollow back	
12 switch the tail, tail going round	
13 to jog instead of walk	
14 disunited canter	
15 to shy	
16 to kick, lash out	
17 to snap, bite	

REACTIONS du CHEVAL MONTE. Les DEFENSES, DESOBEISSANCES

1 en avant de la main, tirer à la main, bourrer
2 au-dessus de la main, porter au vent
3 acculé, derrière la main, en dedans de la main, encapuchonné
4 plonger

5 encenser
6 en avant des jambes, sur les jambes, léger à la jambe
7 en arrière des jambes; lourd, froid aux jambes
8 entre main et jambes, bien encadré

9 cheval assoupli de dos
10 le dos tendu, gros dos
11 le dos creux
12 fouailler de la queue
13 trottiner
14 se désunir au galop
15 s'effrayer
16 ruér
17 happer, mordre

Die REAKTION des REITPFERDES. Der UNGEHORSAM, WIDERSETZLICHKEIT, UNARTEN.

1 vor dem Zügel, schwer auf der Hand liegen, pullen
2 über die Hand, mit dem Kopf nach oben ausweichen
3 verhalten, hinter der Hand, o überzäumt
4 auf die Hand stossen

5 mit dem Kopf schlagen
6 leicht an dem Schenkel stehen, schenkelgehorsam, fein gestimmt
7 hinter den Schenkeln, schenkelfaul

8 zwischen Hand und Schenkeln, an den Hilfen

9 Pferd mit schwingendem Rücken
10 gespannter Rücken, harter —
11 hohler Rücken
12 mit dem Schweif wedeln
13 zackeln (im Schritt)
14 kreuzen (im Galopp)
15 erschrecken, scheuen
16 ausschlagen, streichen
17 schnappen, beissen

REACTIONS of the RIDDEN HORSE. DEFENCES, DISOBEDIENCE

1. stubborn, disobedient
2. nappy
3. bucking
4. (to) bound, leap, jump (sideways)
5. to rear
6. to run away, bolt
7. to throw the rider

REACTIONS du CHEVAL MONTE. Les DEFENSES, DESOBEISSANCES

rétif
rogue
les sauts de mouton
le bond, bondir
pointer, se cabrer
s'emballer
désarçonner le cavalier

Die REAKTION des REITPFERDES. Der UNGEHORSAM, WIDERSETZLICHKEIT, UNARTEN.

störrisch
stätisch, klebend
das Bocken, die Bocksprünge, *m. pl.*
der (unerwartete) Sprung, springen
steigen
durchgehen
den Reiter abwerfen

THE INTERNATIONAL HORSEMAN'S DICTIONARY

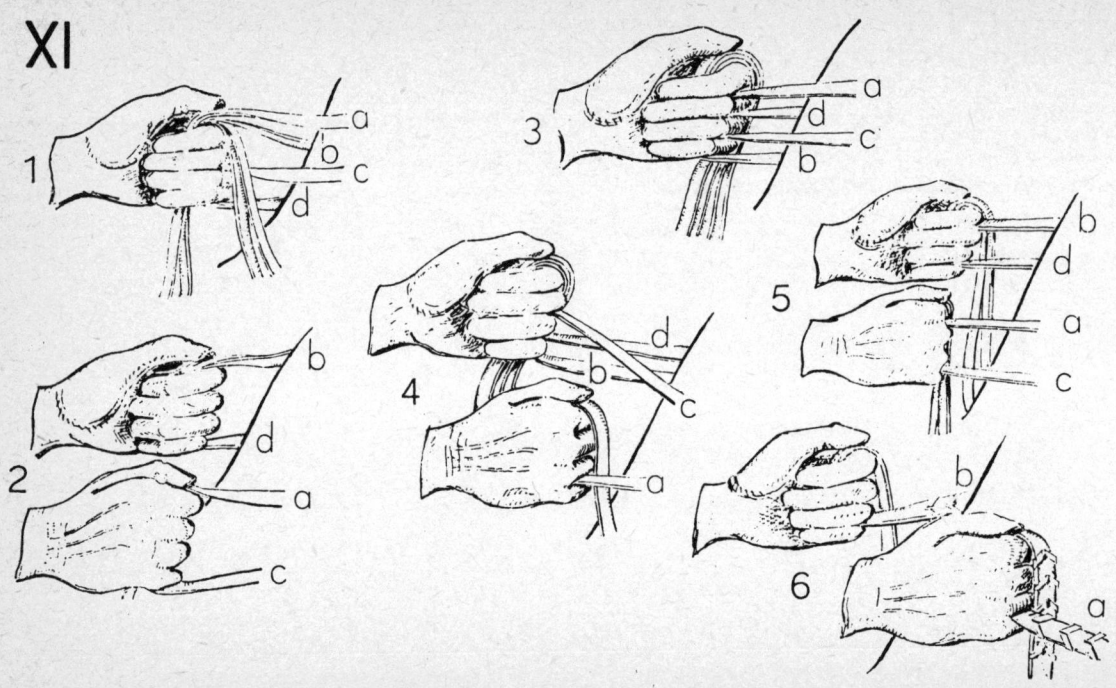

XII

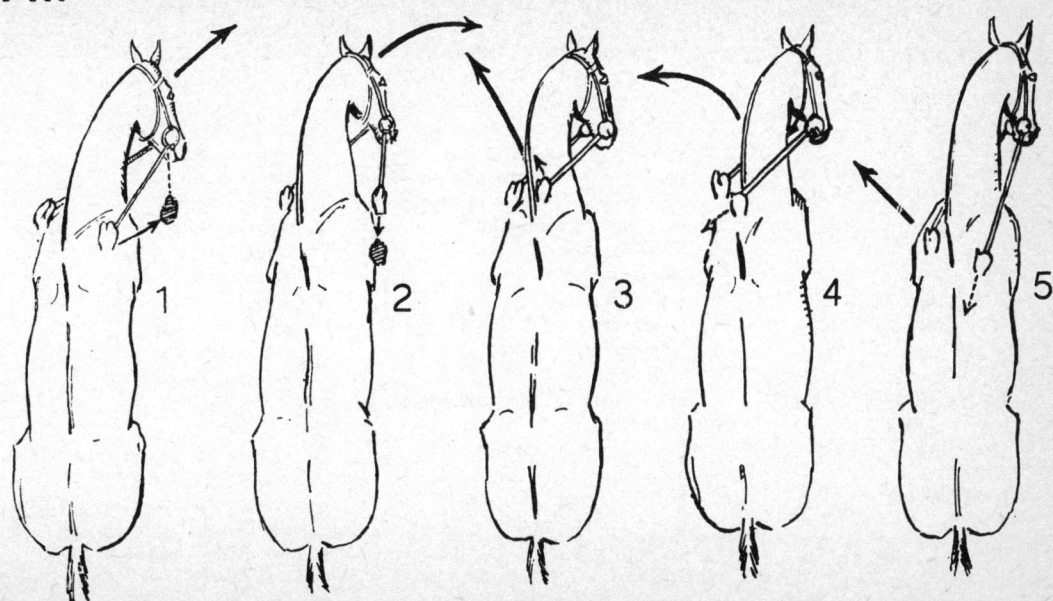

RIDING TECHNIQUE	TECHNIQUE de l'EQUITATION	REITTECHNIK
1 to mount	se mettre en selle, monter — —, enfourcher le cheval	aufsitzen
2 to dismount	mettre pied à terre, descendre	absitzen
3 seat, position	l'assiette (du cavalier), la position	der Sitz, die Haltung
4 normal seat, dressage seat	position normale, — de dressage	der normale Sitz, Dressursitz
5 forward seat	position sportive, — de saut	der Springsitz, Vorwärtssitz
6 jockey seat	position des courses	der Rennsitz
7 position near the cantle, in the back of the saddle	position sur le troussequin, sur les os du bassin ; position raecrochée	der Stuhlsitz
8 to ride on the fork	position sur l'enfourchure	der Gabelsitz
9 stiff seat	assiette crispée	steifer Sitz
10 supple seat	assiette souple	weicher Sitz
11 correct seat	assiette correcte	korrekter Sitz
12 aids	les aides, *f.*	die Hilfen, *f. pl.*
13 legs	les jambes, *f.*	Schenkelhilfen
14 hands (reins)	la main	(Hand), Zügelhilfen
15 the rider's weight, effect of the seat	le poids du cavalier, impression de l'assiette	Gewichtshilfen
16 the back muscles	le rein, pression du rein	das Kreuz
17 additional aids	aides supplémentaires	zusätzliche Hilfen
18 voice, tongue clicking	la voix, l'appel de langue	die Stimme, der Zungenschlag
19 (to) reward	la récompense, récompenser	die Belohnung, belohnen
20 (to) caress	la caresse, caresser	das Streicheln, loben
21 to pat	tapoter	abklopfen
22 to calm	calmer	beruhigen
23 to animate	animer, réveiller	aufmuntern, wecken

RIDING TECHNIQUE	TECHNIQUE de l'EQUITATION	REITTECHNIK
1 touch up with the whip	toucher	berühren, " tuschieren "
2 punishment, to punish	la punition, punir, corriger	die Strafe, strafen, korrigieren
3 to hit	frapper	einen Hieb versetzen
4 stroke of the whip	un coup de cravache	ein Stockhieb, *m.*
5 jab of the spurs	une attaque d'éperons	ein Spornstich, *m.*
6 passive, inactive, leg	jambe passive	passiver Schenkel
7 active leg	jambe active	aktiver Schenkel, treibender —
8 action of one leg only	action d'une jambe isolée	einseitiger Schenkeldruck
9 displacing action of the leg	action déplaçante de la jambe	verschiebende Wirkung des Schenkels
10 opposing action of the leg	jambe formant barrière, — pivot	verwahrender Schenkel
11 simultaneous action of the legs	action simultanée des jambes	beidseitige, gleichzeitige Schenkelwirkung
12 stop the action of the legs	descente des jambes	Ausschalten der Schenkel
13 manner of handling reins, of holding reins (ab. = snaffle-reins, cd. = curb-reins)	la tenue des rênes, le maniement des rênes, (ab = r. de filet, cd = r. de mors de bride)	die Zügelhaltung, Zügelführung, (ab = Trensenzügel, cd = Stangenzügel)
14 (old) French manner, classic — XI, *1, 2*	tenue à la française, — classique	(alt-)französische Manier, klassische-
15 military manner *3, 4*	tenue militaire	militärische Manier
16 modern manner, neoclassic — *5*	tenue moderne, — néoclassique	moderne Manier, neuklassische —
17 normal manner (for snaffles) *6*	tenue normale (de bridon)	normale Manier (auf Trense)
18 to adjust the reins	ajuster les rênes	die Zügel verpassen, aufnehmen
19 to lengthen the reins	allonger les rênes	Zügel verlängern
20 to shorten the reins	raccourcir les rênes	Zügel verkürzern
21 to give	rendre, céder	nachgeben

RIDING TECHNIQUE	TECHNIQUE DE l'EQUITATION	REITTECHNIK
1 firm rein	la rêne (main) ferme	der stete Zügel, die stete Hand
2 active rein	rêne tendue, — active, — résistante	tätiger, aktiver Zügel
3 O (rein pressed against horse's neck)	rêne d'appui ●	O, (" stützender ", am Hals anliegender Zügel)
4 passive rein	rêne passive	passiver Zügel
5 hanging rein, floating —	rêne flottante, — en guirlande	loser Zügel, herabhängender —
6 completely loose rein	rêne abandonnée	hingegebener Zügel
7 inner rein	rêne intérieure	innerer Zügel
8 outer rein	rêne extérieure	äusserer Zügel
9 to separate the reins	partager les rênes	die Zügel teilen
10 reins in both hands	conduire à deux mains	beidhändig führen
11 reins in one hand	les rênes dans une seule main	Zügel in einer Hand
12 on the curb only	sur la bride seule	auf blanker Kandare
13 opposing action of the reins	opposition de main	passives Aushalten der Hand, verwahrendes Aushalten der Hand
14 vibration (" used in the case of a stiff jaw ") (Bibl. 18, 54)	la vibration ●	O, (" schwingender ", " lockender," Zügelanzug)
15 half-halt IX, 5	le demi-arrêt	Halber-Arrêt (aufwärtsgerichteter Zügelanzug zwecks Herstellung des Gleichgewichts)
16 jerk, jag of reins	la saccade	die Sakkade, brutaler Zügelanzug
17 single rein	la rêne isolée	der einzelne Zügel
18 effects of the single rein (Bibl. 18, 59–64)	effets de la rêne isolée	Wirkungen (Effekte) des einzelnen Zügels
19 opening rein, leading — XII, 1	rêne d'ouverture ●	O, (" richtungsweisender " Zügel)
20 counter-rein 2	rêne contraire ●	O, (" Gegenzügel ")

RIDING TECHNIQUE	TECHNIQUE de l'EQUITATION	REITTECHNIK
1 rein of direct opposition XII, *3*	rêne directe d'opposition ●	o, (" direkter ") Zügel, verwahrender Zügel
2 rein of indirect opposition in front of the withers *4*	rêne contraire d'opposition, en avant du garrot ●	o, (" indirekt verwahrender ") Zügel, diagonal vor dem Widerrist)
3 rein of indirect opposition behind the withers *5*	rêne contraire d'opposition, en arrière du garrot ●	o, (" indirekt verwahrender ") Zügel, diagonal hinter dem Widerrist)
4 lateral aids	les aides latérales	einseitige Hilfen
5 diagonal aids	les aides diagonales	diagonale Hilfen
6 o, " Hands without legs, legs without hands " (in order to avoid misunderstanding, does not use simultaneously aids which are contradictory)	" main sans jambes, jambes sans main " ● (Bibl. 3, 185) (élimination des aides qui se contrarient pour éviter la confusion du cheval)	o, " Hände ohne Schenkel, Schenkel ohne Hände " (Ausschaltung von Hilfen die sich gegenseitig widersprechen, um Konfusion zu vermeiden)
7 o (combined effect of legs and bridle)	effet d'ensemble, — sur l'éperon ● (Bibl. 3, 96; 9, 104)	o, " Einstellung am Sporn " (Zusammenfassen der vortreibenden und verhaltenden Hilfen zu einem bestimmten Zweck)
8 equestrian feel	le sentiment équestre	das Gefühl des Reiters, die Einfühlung
9 equestrian tact	le tact du cavalier	der Reitertakt
10 equestrian gift, — talent	le don du cavalier, le talent	das Talent des Reiters
11 equestrian conduct, — influence	les effets, la conduite	die Einwirkung, die Führung
12 equestrian style	le style, la manière	der Stil, die Manier
13 equestrian skill, — art	l'art du cavalier	die Kunst des Reiters
14 riding technique	technique du cavalier	Reittechnik
15 to strike off, break into	partir, rompre	anreiten, abbrechen

RIDING TECHNIQUE	TECHNIQUE de l'EQUITATION	REITTECHNIK
1 start at a walk, — trot; strike off at the canter (from the halt)	partir au pas, — au trot, — au galop (de pied ferme)	anreiten im Schritt, antraben, angaloppieren aus dem Halten
2 to walk, trot, canter	marcher au pas, — au trot, — au galop	Schritt reiten, Trab —, Galopp —
3 to trot, canter, gallop	trotter, galoper	traben, galoppieren
4 sitting trot	aller au trot assis, trotter à la française	aussitzen im Trabe, werfenlassen, " deutsch " traben
5 rising trot	passer au trot enlevé, trotter à l'anglaise	zum leichten Trab übergehen, leichttraben, " englisch " traben
6 to trot on the left (right) diagonal	trotter avec (sur) le diagonal gauche (droit)	auf der linken (rechten) Diagonale traben
7 to change the rein	changer de diagonal	die Diagonale (den Fuss) wechseln
8 to break into a canter, strike off at the —	passer au galop	zum Galopp übergehen
9 to strike off on near fore	partir au galop à gauche, — sur le pied gauche	auf dem linken Fuss angaloppieren
10 change of leg	changer de pied	den Fuss wechseln
11 to change in the air	changer de pied en l'air	den Fuss fliegend wechseln
12 change of leg at every stride	changer de pied au temps, — du tact au tact	fliegend wechseln von Sprung zu Sprung, — " à Tempo "
13 to canter at the counterlead, false canter	galoper à faux	auf dem äusseren Fuss galoppieren
14 to change hand	changer de direction, — de main	die Richtung wechseln, die Hand —
15 to change gait	changer d'allure	die Gangart wechseln
16 to change speed	changer de vitesse	das Tempo wechseln
17 to extend	allonger	zulegen
18 to slow down, shorten	ralentir, raccourcir	abkürzen

RIDING TECHNIQUE	**TECHNIQUE de l'EQUITATION**	**REITTECHNIK**
1 to halt, stop, pull up	arrêter	anhalten, parieren
2 halt on a loose rein	l'arrêt libre, *m.*	stehen am hingegebenen Zügel
3 collected halt	l'arrêt (sur la main)	Stillstehen (am Zügel)
4 to rein back	reculer	zurücktreten, das Rückwärtsrichten

CLASSICAL EQUITATION	EQUITATION CLASSIQUE	KLASSISCHE REITKUNST
1 riding on horseback, equitation	équitation	das Reiten, die Reiterei, Reitkunst
2 classical equitation	équitation classique	klassische Reitkunst
3 the art of riding, academic riding, school-riding	équitation académique, — savante — artistique	akademische Reitkunst, Schulreiterei
4 low school	école basse, — de base	niedere Schule, Kampagne-Reiterei, Dressur-Reiterei, -Reiten
5 high school, "haute école"	haute école	hohe Schule

PRACTICAL EQUITATION	**EQUITATION PRATIQUE**	**ANGEWANDTE REITKUNST**
1 riding for sport, show riding	équitation sportive, les sports équestres, sports hippiques	sportliches Reiten, der Reitsport
2 hacking	équitation de promenade	Promenadenreiten
3 outside riding	équitation d'extérieur	Geländereiten
4 hunting, riding to hounds	la chasse à courre, vénerie	Jagdreiten, Reiten zu Hunden
5 rally, paper-chase	le rallye	Querfeldein-Reiten, Jagdrennen im Gelände
6 cross-country	le cross	das Querfeldein-Rennen
7 long-distance ride	le raid	der Distanz-Ritt
8 touring on horseback	les voyages à cheval	Reisen im Sattel, *f. pl.*
9 race riding	équitation de courses	Rennreiten
10 show-jumping, jumping competition	les épreuves d'obstacles, le concours hippique	das Jagdspringen, Springturnier
11 polo	le polo	das Polo
12 equestrian games	les jeux équestres	die Reiterspiele, *n. pl.*
13 fancy riding, circus —	équitation de fantaisie, — de cirque	die Kunst-, Zirkus-Reiterei

MISCELLANEOUS	**DIVERS**	**VERSCHIEDENES**
1 to ride astride	monter à califourchon	reiten im Herrensitz
2 — — side-saddle	— en amazone	— im Damensattel
3 — — bareback	— à poil	reiten ohne Sattel
4 voltige, vaulting	la voltige	das Voltigieren
5 Gymkhana (Anglo-Indian equestrian sports display)	le gymkana (jeu équestre anglo-hindou)	Gymkhana (anglo-indisches Reiterspiel)
6 Jiggit (equestrian acrobatics displayed by Cossacks)	jeu de djiguite (jeu équestre acrobatique des Cosaques)	Dschigitowka (akrobatisches Schaureiten der Kosaken)
7 Fantasia (equestrian acrobatics displayed by Arabs)	fantasia (jeu équestre des Arabes, Spahis)	" Phantasia " (Reiterspiele der Araber, Spahis)
8 " quadrille " (French equestrian display)	le quadrille	die Reiter-Quadrille
9 " carrousel " (French equestrian display)	le carrousel	das Reiter-Karussell

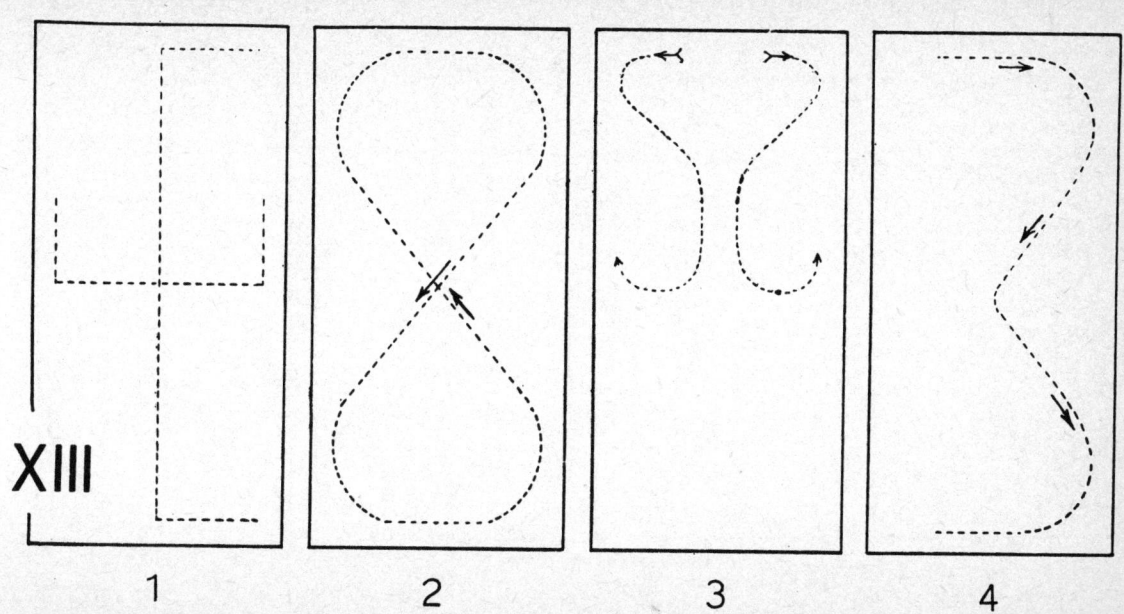

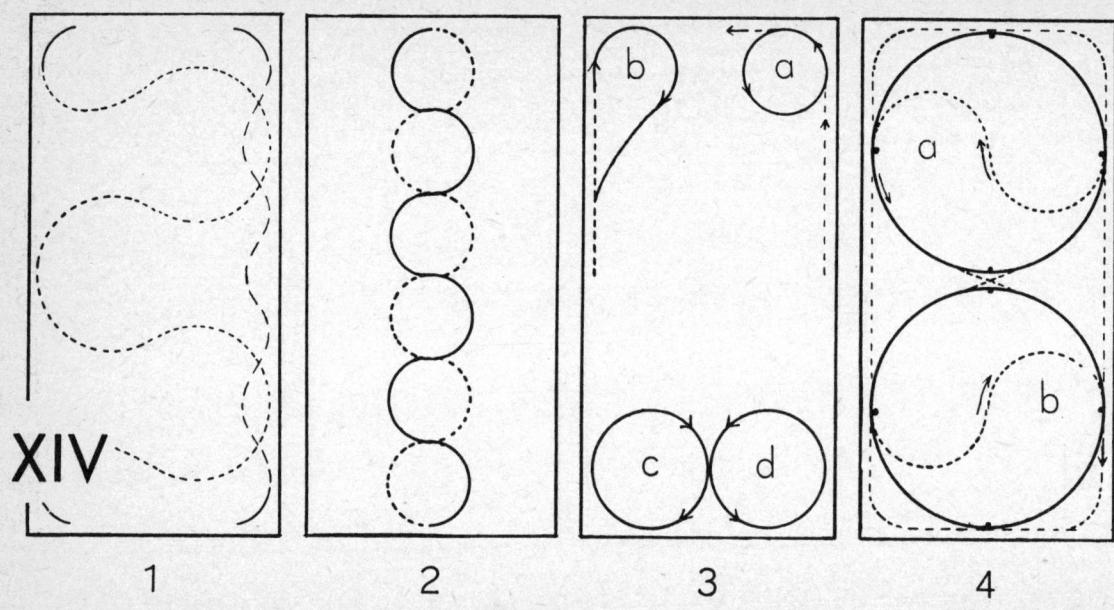

The SCHOOL, the MANEGE, SCHOOL FIGURES	Le MANEGE, les FIGURES de MANEGE	Die REITBAHN, die HUFSCHLAG-FIGUREN
1 (riding) school, manège	le manège, manège couvert	die Reitbahn, -schule, -halle
2 (outdoor) school	la carrière	der Reitplatz
3 wall	la paroi, le mur	die Wand, die Mauer
4 parapet (to protect the rider's knee), sloping wall	le garde-botte	die Bande
5 corner	le coin	die Ecke
6 surface, bottom	le sol, la surface	der Boden
7 sand	le sable	der Sand
8 tan	le tan	die Gerberlohe
9 track	la piste	der Hufschlag
10 ride, bridle-path	l'allée cavalière	der Reitweg
11 to " doubler ", turn across the school XIII, 1	doubler	halbe Reitschule, -bahn
12 to change hand (direction) 2–4	changer de main, de direction	die Hand wechseln, Richtung —
13 counter-change of hand 4	contre-changement de main	der Konter-Wechsel
14 to change hand through the middle of the school	changer dans la demi-longueur	durch die halbe Bahn wechseln
15 to change hand on the middle line	changer dans la longueur	durch die Länge wechseln
16 diagonal change of hand 2	changement en diagonale	der Diagonalwechsel
17 half-turn	tourner court	Kehrtumwechsel
18 half-volt XIV, 3b	la demi-volte	die halbe Volte
19 volt 3a, c	la volte	die Volte
20 circle 4a, b	le cercle	der Zirkel
21 turn	la conversion	die Wendung

The SCHOOL, the MANEGE, SCHOOL FIGURES	Le MANEGE, les FIGURES de MANEGE	Die REITBAHN, die HUFSCHLAGFIGUREN
1 half-turn on the hocks (haunches) XVII, *1*	le demi-tour sur les hanches	die Kurzkehrtwendung
2 pirouette *2, 3*	la pirouette	die Pirouette
3 serpentine XIV, *1, 2*	la serpentine	die Schlangenlinie
4 figure of eight *3c*	le huit de chiffre	die Acht
5 change of hand in the circle, — through the circle *4a*	changer dans le cercle	durch den Zirkel wechseln
6 leave the circle *4b*	quitter le cercle	aus dem Zirkel wechseln
7 to half-pass XVI, *2*	appuyer sur la diagonale	die Traversale
8 halt	l'arrêt, *m.*	die Parade, das Stillstehen, das Halten
9 salute	le salut	der Gruss

PACES of the LOW SCHOOL	Les ALLURES de l'ECOLE BASSE	Die GANGARTEN der KAMPAGNESCHULE
The Walk	**Le Pas**	**der Schritt**
1 free walk	pas libre	freier Schritt, langer —
2 walk on a loose rein	pas, les rênes abandonnées	Schritt am hingegebenen Zügel
3 walk on a long rein	pas, les rênes longues	Schritt am langen Zügel
4 walk with contact	pas, dans la mise en main, — sur la main	Schritt am Zügel
5 collected walk	pas rassemblé	versammelter Schritt
6 ordinary walk	pas ordinaire	Gebrauchsschritt, Mittelschritt
7 extended walk	pas allongé	starker Schritt
The Trot	**le Trot**	**der Trab**
8 natural trot	trot naturel	natürlicher Trab
9 utility trot	trot de service, — de route	Gebrauchstrab
10 ordinary trot	trot ordinaire	Arbeitstrab
11 slow trot	trot raccourci, — écourté, — ralenti	verkürzter Trab, abgekürzter —
12 collected trot	trot rassemblé	versammelter Trab
13 O, strong trot (pace of the German dressage school which is not currently used in the French school. It is emphatic, high, showy, and learnt with a pronounced bending at the joints)	O, trot cadencé, — " moyen " ⌀ (trot de dressage allemand, énergique brillant, appris avec flexion accusée de toutes les articulations) (Bibl. 12, 107)	Mitteltrab ● (schwungvolle deutsche Dressurgangart mit viel Biegung in allen Gelenken) (Bibl. 27, 198)
14 extended trot	trot allongé, — en extension	starker Trab
The Canter (Gallop)	**le Galop**	**der Galopp**
15 natural canter	galop naturel	natürlicher Galopp
16 utility canter, service —	galop de service	Gebrauchsgalopp

PACES of the LOW SCHOOL	Les ALLURES de l'ECOLE BASSE	Die GANGARTEN der KAMPAGNESCHULE
1 ordinary canter	galop ordinaire	Arbeitsgalopp
2 slow canter	galop raccourci	verkürzter Galopp, abgekürzter —
3 collected canter	galop rassemblé	versammelter Galopp
4 strong canter	galop cadencé, — " moyen "	Mittelgalopp
5 extended canter	galop allongé	starker Galopp
6 hunting gallop	galop de chasse	Jagdgalopp
7 the canter	le canter	der Kanter
8 hand-gallop	le demi-train	voller Lauf
9 fast gallop	galop bon train, — vite	die Karriere
10 racing gallop	galop de course	Renngalopp
11 canter true-lead, — at the true-lead	galop sur le pied intérieur, — juste	Innengalopp, richtiger Galopp
12 canter, off fore leading	galop sur le pied droit, — à droite	Rechtsgalopp
13 canter, near fore leading	galop sur le pied gauche, — à gauche	Linksgalopp
14 false canter, canter counter-lead	galop à faux (c.à.d. demandé), " contre-galop "	Aussengalopp, Konter-
15 canter at the wrong lead	galop à faux (c.à.d. par erreur)	falscher Galopp
16 disunited canter	galop désuni	Kreuzgalopp

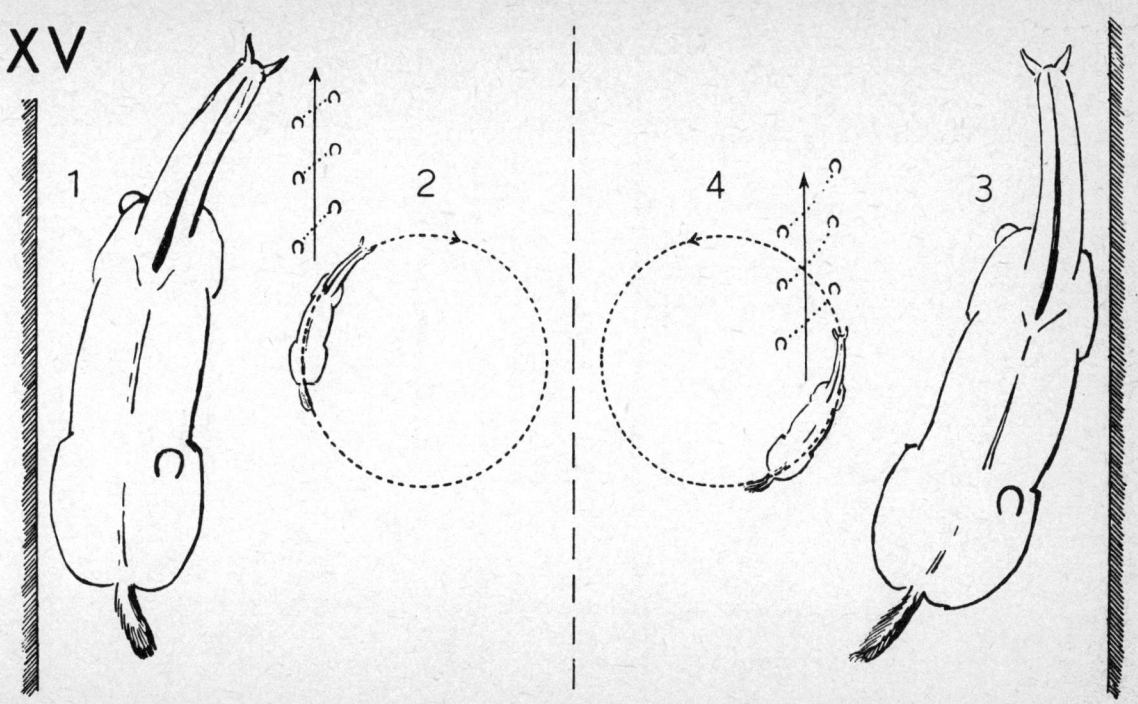

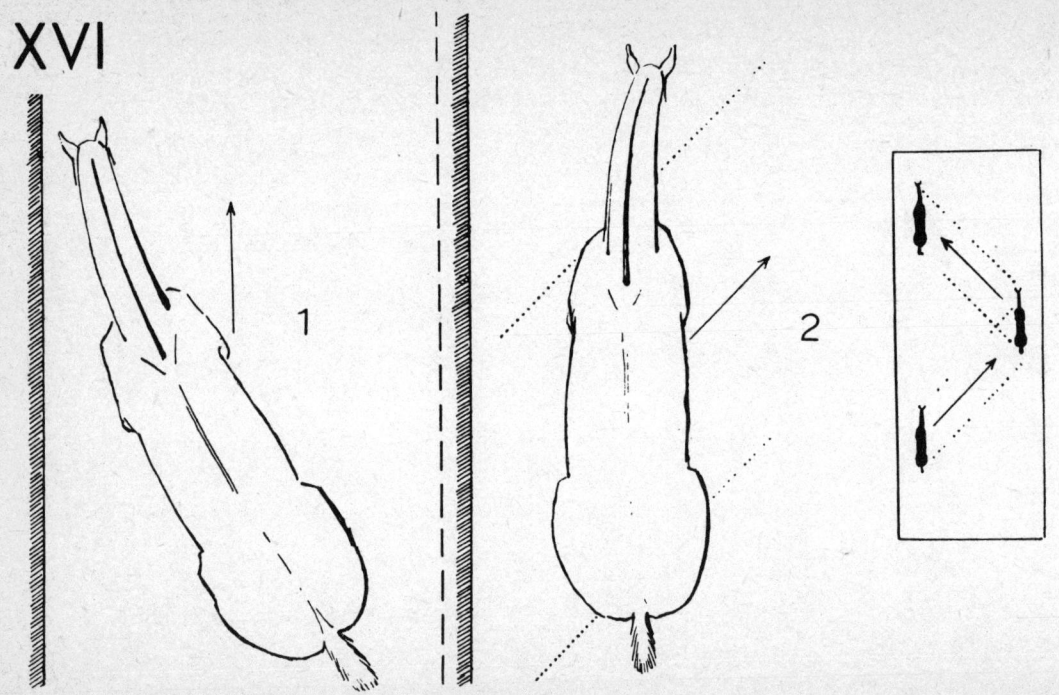

WORK on two TRACKS. SIDE STEPS

1 inside leg (on the side towards which the horse moves)

2 to " hold " the hindquarters
3 to give way to the leg
4 shoulder in   XV, *1, 2*
5 O, haunches-in   *3, 4*

6 to half-pass
7 quarters-in, head to the wall, XVI, *1*
travers
8 half-pass (across the arena)   *2*

9 quarters out, tail to the wall,
renvers

TRAVAIL de deux PISTES. PAS de COTE

jambe de dedans, — interne
(c.à.d. du côté vers lequel le cheval marche)

tenir les hanches
céder à la jambe
l'épaule en dedans
la hanche en dedans ●

appuyer
appuyer la croupe en dedans, — la tête au mur, travers (le long du mur)
appuyer sur la diagonale

la croupe en dehors, renvers, la tête en dedans

ARBEIT auf zwei HUFSCHLÄGEN SEITENGÄNGE

der innere Fuss (d.h. der nächst der Bewegungsrichtung liegende)

das Pferd stellen
dem Schenkel weichen
Schulterherein
O, Hanke-herein, Konterschulter-herein ⌀
seitwärts treten
traversieren, Travers, Kruppeherein

Traversalverschiebung, Traversale, Halbtravers
Renvers

THE INTERNATIONAL HORSEMAN'S DICTIONARY

XVII

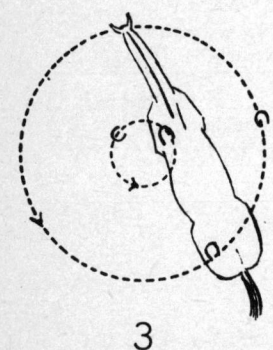

3

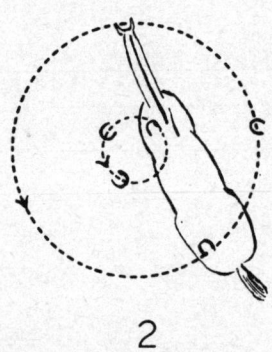

2

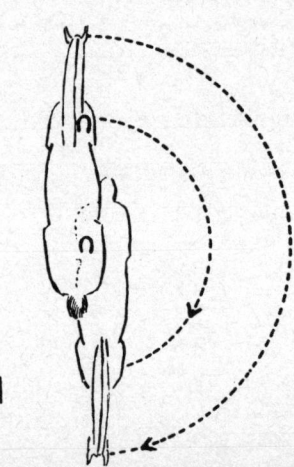

1

XVIII

1a

2

1b

PIROUETTES and TURNS

1. half-turn, half-pirouette   XVII, *1*
2. turn on the forehand, reversed pirouette   *2, 3*
3. turn on the centre   XVIII, *2*
4. turn on the hocks, pirouette   *1a, b*

Les PIROUETTES

la demi-pirouette
la pirouette renversée

la pirouette sur le centre
la pirouette ordinaire

PIROUETTEN und WENDUNGEN

die Kurzkehrtwendung
die Wendung auf der Vorhand

die Wendung auf der Mittelhand
die Wendung auf der Hinterhand, Pirouette

HIGH SCHOOL AIRS

Airs on the Ground
1. school walk
2. school trot
3. passage
4. piaffe
5. school canter
6. redopp (canter on two tracks)

Airs above the Ground
7. mezair
8. levade
9. high levade (at present called in France "courbette"; not to be confused with the school jump "courbette")

Les AIRS d'ECOLE

Airs Bas
le pas d'école
le trot d'école
le passage
le piaffer, le trot sur place
le galop d'école
le redopp (galop de deux pistes)

Airs Relevés
le mezair
la pesade, la levade
la pesade haute (actuellement appelée en France "courbette"; ne pas à confondre avec la courbette classique, qui est un saut) (Bibl. 8, 37–39; 19, 182)

SCHULGÄNGE

Schulen auf der Erde
der Schulschritt
der Schultrab
die Passage, der spanische Tritt
die Piaffe, der Trab am Ort
der Schulgalopp
der Redopp (G. auf zwei Hufschlägen)

Schulen über der Erde
der Mezair
die Levade (auch Pesade)
die (hohe) Pesade (jetzt in Frankreich "courbette" genannt; nicht zu verwechseln mit dem gleichnamigen Schulsprung).

SCHOOL JUMPS	**SAUTS d'ECOLE**	**SCHULSPRÜNGE**
1 courbette	la courbette classique	die Kurbette
2 croupade	la croupade	die Kruppade
3 ballotade	la ballotade	die Ballotade
4 capriole (this jump and the croupade can be performed in two different manners)	la cabriole (ce saut, ainsi que la croupade, s'exécute de deux manières différentes)	die Kapriole (dieser Sprung, wie auch die Kruppade, kann auf zweierlei Art ausgeführt werden)
5 high school horse	le cheval d'école	das Schulpferd
6 " sauteur " (a horse which performs the school jumps)	le sauteur (cheval exécutant les sauts d'école)	der " Springer " (Schulpferd, das Schulsprünge ausführt)
7 work in the saddle	travail monté	Arbeit unter dem Reiter
8 work in hand	travail à la main	Arbeit an der Hand
9 work in long reins	travail aux longues rênes	Arbeit am langen Zügel
10 work in the pillars	travail aux piliers	Arbeit in den Pilaren

RIDERS, ECUYERS	**CAVALIERS, ECUYERS**	**REITER, BEREITER**
1 rider, equestrian	le cavalier	der Reiter
2 lady rider, equestrienne, horsewoman	la cavalière, l'amazone	die Reiterin, die Amazone
3 " écuyer ", school rider, riding instructor, circus rider	l'écuyer	der Reitmeister, -künstler, -lehrer, Bereiter, Schulreiter, Zirkusreiter
4 circus equestrienne	l'écuyère	die Schulreiterin, Zirkusreiterin
5 gentleman rider, amateur, horseman	le gentleman-rider, l'amateur	der Herrenreiter, Amateur
6 professional	le professionnel	der Berufsreiter
7 jockey	le jockey	der Jockey
8 trainer	l'entraîneur	der Trainer
9 learner, pupil	l'élève	der Reitschüler, die -in
10 riding instructor	le maître d'équitation	der Reitlehrer
11 assistant riding instructor	le maître de manège	der Hilfs-Reitlehrer
12 chief riding instructor	l'instructeur en chef d'équitation	der Chef-Reitlehrer
13 team's captain	le capitaine d'équipe, le chef —	der Equipenchef, der Kapitän
14 captain of cavalry	le capitaine de cavalerie	der Rittmeister
15 pupil, student [1]	l'écuyer-élève [1]	der Bereiter-Eleve [1]
16 assistant " écuyer "	l'aide-écuyer	der Scholar
17 under " écuyer "	le sous-écuyer	der Bereiter
18 " écuyer "	l'écuyer	der Oberbereiter
19 chief " écuyer "	l'écuyer en chef	der Chef-Bereiter, Reitmeister
20 Master of the Horse	le Grand Ecuyer	der Hofstallmeister
21 Equerry	l'Ecuyer-Cavalcadour	der Leibstallmeister
22 beginner, novice	le débutant	der Anfänger
23 skilled rider	le cavalier confirmé	der geschulte Reiter

[1] Officers of the Saumur Cavalry School and officials of the Spanish Riding-School in Vienna.

[1] Membres du Cadre Noir de Saumur et de l'école espagnole de Vienne.

[1] Personal des " Cadre Noir " in Saumur und der spanischen Reitschule Wien.

RIDERS, ECUYERS	**CAVALIER, ECUYERS**	**REITER, BEREITER**
1 a masterly rider, fine horseman, expert	un maître, une fine cravache	ein Meister im Sattel
2 a true horseman	un homme de cheval	ein Pferdemann, -kenner, -freund

The DRESSAGE TEST

Class:
1. elementary
2. medium
3. difficult
4. arena, school
5. markings
6. exercises to be carried out
7. execution of the test
8. dressage test
9. additional test (in case of a tie)
10. additional presentation at choice of rider
11. Prix St. Georges
12. Olympic Dressage Test (Grand Prix)

Le CONCOURS de DRESSAGE

Degré:
élémentaire
de difficulté moyenne
difficile
la piste
les points de repère
le texte de la reprise
l'exécution, *f.*
la reprise
la reprise de rappel
présentation à volonté, représentation libre
Prix St.-Georges
Grande Reprise Olympique

Die DRESSURPRÜFUNG

Klasse:
leicht (L)
mittel (M)
schwer (S)
der Reitplatz
die Markiertafeln, *f. pl.*
die Dressuraufgabe
die Ausführung
die Prüfung
die zusätzliche Prüfung, das Stechen
die Kür

St. Georg Preis (M)
Olympia-Dressurprüfung (S)

| **JUMPING** | **SAUTS d'OBSTACLES** | **SPRINGEN** |

1. jumper — le sauteur — das Springpferd
2. rider — le cavalier (d'obstacle) — der Springreiter
3. fence, jump, obstacle — l'obstacle, *m.* — das Hindernis
4. jumping ability — l'aptitude de saut, *f.* — das Springvermögen
5. manner of jumping (of horse) — le geste de saut (du cheval) — die Springtechnik (des Pferdes)
6. seat of rider, style of rider — la monte du cavalier, le style — — der Springstil (des Reiters)
7. to school a jumper — entraîner à l'obstacle — einspringen
8. to supple — détendre, assouplir — abreiten, lösen
9. to approach — aborder, attaquer — gegenreiten, anreiten
10. to jump — sauter — springen
11. to take off — s'enlever — abspringen, sich aufnehmen
12. to basculate — basculer — mit Basküle springen
13. to land — se recevoir — fussen, landen
14. to turn — tourner — wenden
15. to turn short, sharply — tourner court — scharf, kurz wenden
16. to take a wide turn — tourner large — im grossen Bogen wenden
17. to lift rapping pole — barrer — barren
18. to school a jumper on the lungeing rein — exercice à la longe, *m.* — Springübungen an der Longe, — Hand
19. jumping at liberty, — along a passage-way (jumping lane) — exercice en liberté, — au couloir — Springübung im Couloir, — — Springgarten
20. work in the saddle — travail monté — Arbeit unter dem Reiter
21. solid fence — obstacle fixe, ferme, *m.* — festes, starres Hindernis
22. attractive-looking fence, inviting — — obstacle sautant — anziehendes Hindernis
23. to respect — respecter — respektieren, achten
24. to neglect — négliger — nachlässig springen, unachtsam —
25. to estimate — taxer — taxieren, abschätzen

| **JUMPING** | **SAUTS d'OBSTACLES** | **SPRINGEN** |

1. to clear — sauter juste, — net — sauber springen
2. to graze, brush — effleurer l'obstacle — das Hindernis streifen
3. to rap — toucher — anschlagen
4. to knock down — déplacer — abwerfen
5. to knock over — renverser — umwerfen
6. to run out — éviter — vorbeilaufen
7. to swerve — se dérober — ausbrechen
8. to stop — s'arrêter — stehen-bleiben
9. to refuse — refuser — verweigern
10. to put up a defence — se défendre — sich wehren, — widersetzen
11. to fall — tomber — stürzen, fallen
12. fall — la chute — der Sturz
13. accident — l'accident, *m.* — der Unfall
14. course, track — le parcours, la piste — die Sprungfolge, die Springbahn
15. jumping competition, show-jumping — le concours hippique, concours de sauts d'obstacles — das Springturnier

Competitions: / *Epreuves d'obstacles, f.:* / *Springkonkurrenzen:*

16. scurry jumping with time factor — épreuve au chronomètre — Zeitspringen
17. scurry jumping with jump-off — épreuve de précision, — avec barrage — Zeitspringen mit Stechen
18. " Puissance ", Test jumping — — de puissance — Puissance, Kanonenspringen
19. open jumping — — de chasse — Jagdspringen
20. six bars — — des six barres — Barrierenspringen
21. touch-and-out — — à l'américaine — amerikanisches Jagdspringen
22. team jumping — la coupe des équipes — Mannschaftsspringen
23. high-jump competition — la compétition du saut en hauteur — Hochsprungkonkurrenz
24. broad-jump competition — — — du saut en largeur — Weitsprungkonkurrenz

JUMPING	**SAUTS d'OBSTACLES**	**SPRINGEN**
1 scheme of marking	le barême	das Richtverfahren
2 bonus points	la bonification	die Gutpunkte, *m. pl.*
3 penalty points	la pénalisation	die Strafpunkte
4 jump off	le barrage	das Stechen
5 placing	le classement	die Placierung
6 to eliminate	éliminer	ausscheiden
7 prize	le prix	der Preis
8 stable-plaque	la plaque d'écurie	die Stallplakette
9 cockade, rosette	le flot de ruban	die Rosette
(fences, see p. 113)	(obstacles: V. p. 113)	(Hindernisse: siehe Seite 113)

OUTDOOR COMPETITIONS

1. cross-country
2. point-to-point
3. long-distance test
4. combined competition
5. three days' event, military

6. three days' event, a typical example (A–C):
   A. Dressage test
   B. Cross-country:
      (1) roads and tracks
      (2) steeple-chase
      (3) cross-country
   C. Jumping

EPREUVES d'EXTERIEUR

le cross
le " point-to-point "
le raid
le concours combiné
le concours complet d'équitation, le military

composition d'un concours complet d'équitation (A–C):
A. épreuve de dressage
B. épreuve de fond:
   (1) parcours de routes
   (2) steeple
   (3) cross
C. épreuve d'obstacles, concours hippique

PRÜFUNGEN im GELÄNDE

Querfeldein-Rennen
" Point-to-Point "
der Distanzritt
die kombinierte Prüfung
die Vielseitigkeitsprüfung, die Military

Beispiel einer Vielseitigkeitsprüfung (A–C):
A. Dressurprüfung
B. Prüfungen im Gelände:
   (1) Prüfung auf Strassen
   (2) Jagdrennen
   (3) Querfeldein
C. Jagdspringen

HUNTING	**CHASSE à COURRE, VENERIE**	**REITJAGD**
1 fox-hunting	la chasse au renard	die Fuchsjagd
2 cub-hunting, cubbing	la chasse au renardeau	die Jungfuchsjagd
3 stag-hunting	courir le cerf	reiten zu Hirschhunden
4 drag-hunting	chasse sur une piste odorante, artificielle, drag	die Schleppjagd
5 paper-chase	le rallye-papiers	die Schnitzeljagd
6 mock-hunt (without hounds or quarry)	le rallye (sans chien ni gibier)	der Jagdritt (ohne Meute u. Wild)
7 quarry	le gibier, l'animal	das Wild, das jagdbare Tier
8 scent	la trace, l'empreinte	die Witterung, die Spur
9 kennel	le chenil	der Zwinger
10 pack	la meute	die Meute
11 couple	le couple	die Koppel
12 hound	le chien	der Hund
13 master of hounds	le maître d'équipage de chasse	der Jagdherr, der Master
14 huntsman	le piqueur, piqueux	der Hundsmann
15 whipper-in, whip	la valet-de-chiens	der Pikör
16 field	le peloton	das Feld
17 follower of the hunt	le veneur	der Jagdreiter
18 hunter	le cheval de chasse	das Jagdpferd
19 second horse	le cheval de rechange, de relais	das Ersatzpferd
20 meet	le rendez-vous	das Stelldichein, Rendez-vous
21 the " gone away "	le lancer	freie Jagd
22 run	la poursuite	die Folge
23 at bay	forcer l'animal	das Stellen (des Wildes)
24 to kill	servir l'animal	Abfangen des Wildes
25 the kill	le hallali	das Halali, der Tod

| **HUNTING** | **CHASSE à COURRE, VENERIE** | **REITJAGD** |

1 "curée" (parts of quarry given to the hounds) — la curée — das Küree
2 trophy — le trophée — die Trophäe
3 presentation of stag's foot (end of French hunt ceremony) — les "honneurs du pied" (France) — zeremonielle Überreichung eines Hirschlaufs (Frankreich)
4 "green branch" (German and Polish ceremony) — le "rameau vert" (Allemagne, Pologne) — der grüne Bruch (Deutschland, Polen)
5 brush — la queue de renard — die Fuchslunte
6 dagger — la dague, le coutelas — das Waidmesser, der Hirschfänger
7 hunting-horn (French type) — la trompe, le cor de chasse — das (frz.) Jagdhorn
8 hunting-horn (English type, carried on the saddle) — la cornette à l'anglaise (fixée à la selle) — das kurze (englische) Jagdhorn am Sattel geschnallt
9 hunting-whip, -crop — le fouet de chasse — die Hetzpeitsche
10 hunt uniform — l'uniforme de l'équipage, *m.* — die Jaguniform, -dress
11 scarlet coat, pink — — l'habit rouge, *m.* — der rote Rock

RACING	**COURSES**	**RENNEN**
1 race	la course	das Rennen
2 flat race	la course plate	das Flachrennen
3 hurdle race	la course de haies	das Hürdenrennen
4 steeple-chase	la course d'obstacles	das Hindernis-, Jagdrennen
5 classic	la course classique	klassisches Rennen
6 handicap	le handicap	Handicap, Ausgleichsrennen
7 selling-plate	la course à réclamer	Verkaufsrennen
8 racehorse	le cheval de course	das Rennpferd
9 stayer	cheval de course ayant du fond, stayer	der Steher
10 sprinter	le flyer, le sprinter	der Flieger, Sprinter
11 quality, class	la classe	die Klasse
12 disposition	l'aptitude, *f.*	die Eignung
13 race-track, — course	la piste de course	die Rennbahn
14 weighing-in	le pesage	das Wiegen
15 preliminary canter to the starting post	le galop d'essai, le canter	der Aufgalopp
16 start	le départ, le start	der Start
17 the race	le galop, le run	der Run, das Rennen
18 turn	le tournant	die Wendung, die Kurve
19 pace, speed	la vitesse, le train	das Tempo, die Pace
20 finish	la lutte finale, le finish	der Endkampf, das Finish
21 winning-post	l'arrivée, *f.*	das Ziel
22 one length	une longueur de cheval	eine Pferdelänge
23 dead-heat	" ex aequo "	totes Rennen
24 walk-over	course sans concurrent, " walk over "	Einzelrennen (ohne Konkurrenten) " Walk over "

EQUIPMENT
Le MATERIEL
Das MATERIAL

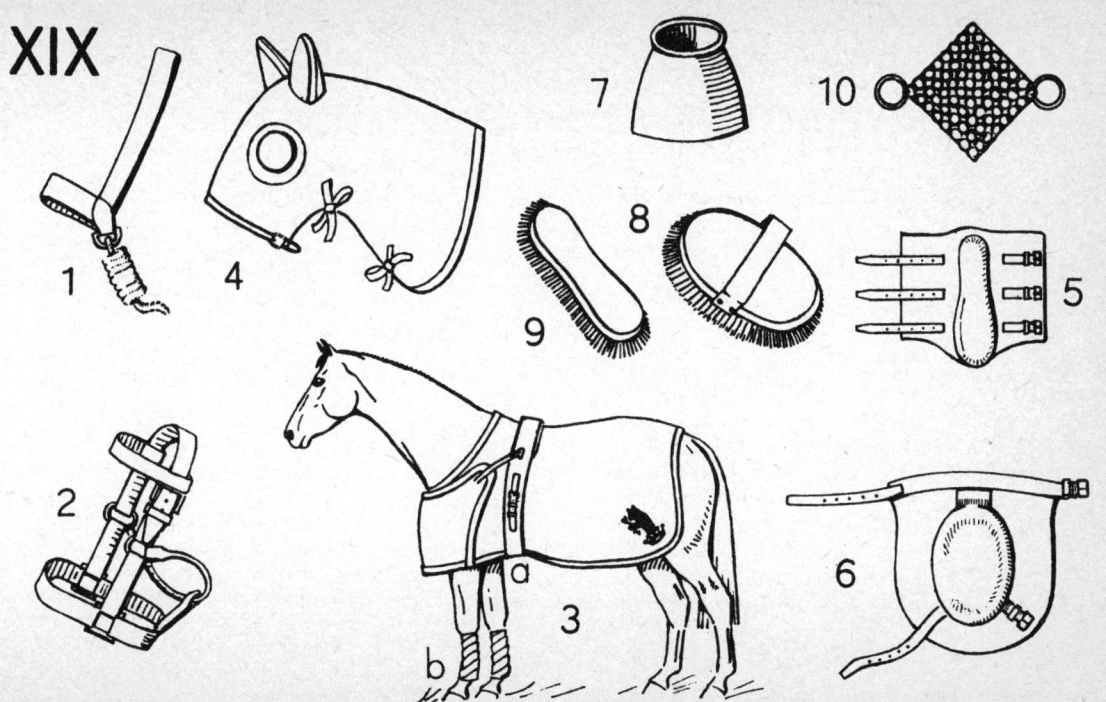

The STABLE and EQUIPMENT		l'ECURIE, les ACCESSOIRES	STALL, STALLGERÄT
1 loose-box		le box	die Box
2 stall		la stalle	der Stand
3 pillar		le pilier	die Standsäule
4 swinging rail		la branloire, les bat-flancs, *m*.	der Flankierbaum
5 manger		la mangeoire	die Krippe
6 hay-rack, hay-net		le ratelier	die Heuraufe
7 water-bowl, trough		l'abreuvoir, *m*.	die Tränke
8 forage		le fourrage	das Futter
9 saddle-room		la sellerie	die Sattelkammer
10 wheelbarrow		la brouette	der Karren
11 bedding, bed		la litière	die Streu
12 pitchfork		la fourche	die Gabel
13 broom, yard broom		le balai	der Besen
14 bucket		le seau	der Eimer
15 apron		le tablier	die Schürze
16 halter, stable headstall	XIX *1, 2*	le licol	die Stallhalfter
17 head-rope, tether		la longe d'attache	der Anbinderiemen
18 chain		la chaîne	die Kette
19 rug	*3*	la couverture	die Decke
20 hood	*4*	le camail, le béguin	das Kopfstück
21 roller, surcingle	*3a*	le surfaix	der Deckengurt
22 bandages	*3b*	les bandes, *f*.	die Bandagen, *f. pl.*
23 boots	*5*	les bottines, *f*.	die Streichkappen, *f. pl.*
24 knee-caps	*6*	les genouillères, *f*.	die Kniekappen, *f. pl.*
25 over-reach boots	*7*	les cloches, *f*.	die Gummiglocken, *f. pl.*
26 body-brush	*8*	la brosse à panser	die Kardätsche

The STABLE and EQUIPMENT	l'ECURIE, les ACCESSOIRES	STALL, STALLGERÄT
1 water-brush　　　　　　XIX, 9	la brosse chiendent	die Waschbürste
2 brush for putting on polish	la brosse à graisser	die Auftragbürste
3 brush for polishing	la brosse polissoir	die Glanzbürste
4 curry-comb	l'étrille, *f.*	der Striegel
5 sweat scraper	le couteau de chaleur	das Schweissmesser
6 sponge	l'éponge, *f.*	der Schwamm
7 chamois leather	la peau de chamois	das Waschleder
8 stable rubber	le torchon	das Wischtuch
9 burnisher　　　　　　　　*10*	la gourmette-polissoir	die Polierkette
10 saddle soap	le savon de selle	die Sattelseife
11 polishing cream	le cirage	die Wichse
12 grease for hoofs	la graisse à sabot	das Huffett
13 twitch	le tort-nez	die Nasenbremse

STABLE MANAGEMENT	SOINS à l'ECURIE	STALLDIENST
1 to water	abreuver	tränken
2 to feed	fourrager	füttern
3 to exercise	sortir, promener	bewegen
4 to clean, muck out the box	nettoyer le box	den Stand ausräumen
5 to remove the droppings	enlever les crottins	ausmisten
6 bed, litter	la litière	das Strohbett, die Streu
7 continental bedding	la litière croisée	die Matratze
8 mucking out (the bedding)	refaire la litière	die Streu erneuern, — richten
9 to clean	nettoyer	reinigen, säubern
10 to brush	brosser	bürsten
11 to groom	panser	putzen
12 to pick out the foot	curer le pied (sabot)	den Huf ausräumen
13 to rub, massage	bouchonner, frotter, masser	abreiben, massieren
14 to dry	sécher	abtrocknen
15 to sponge	éponger	abschwammen
16 to wash	laver	waschen
17 to bathe the horse (continental custom)	baigner (un cheval)	in die Schwemme
18 to grease	graisser	einfetten
19 quick grooming, quartering	le pansage sommaire (avant la sortie)	flüchtiges Überputzen (vor der Arbeit)
20 thorough grooming	le pansage à fond (après le retour)	gründliches Putzen (nach der Arbeit)
21 to comb	peigner	kämmen
22 groom, lad, stable-boy	le palefrenier, garçon d'écurie	der Pferdewärter, Stallbursche
23 head groom, stud —, head lad	le premier garçon, le chef d'écurie	der Stallmeister
24 motor-horsebox, trailer	le van, la remorque (pour transporter les chevaux)	der Pferdetransportwagen, der Anhänger

XX

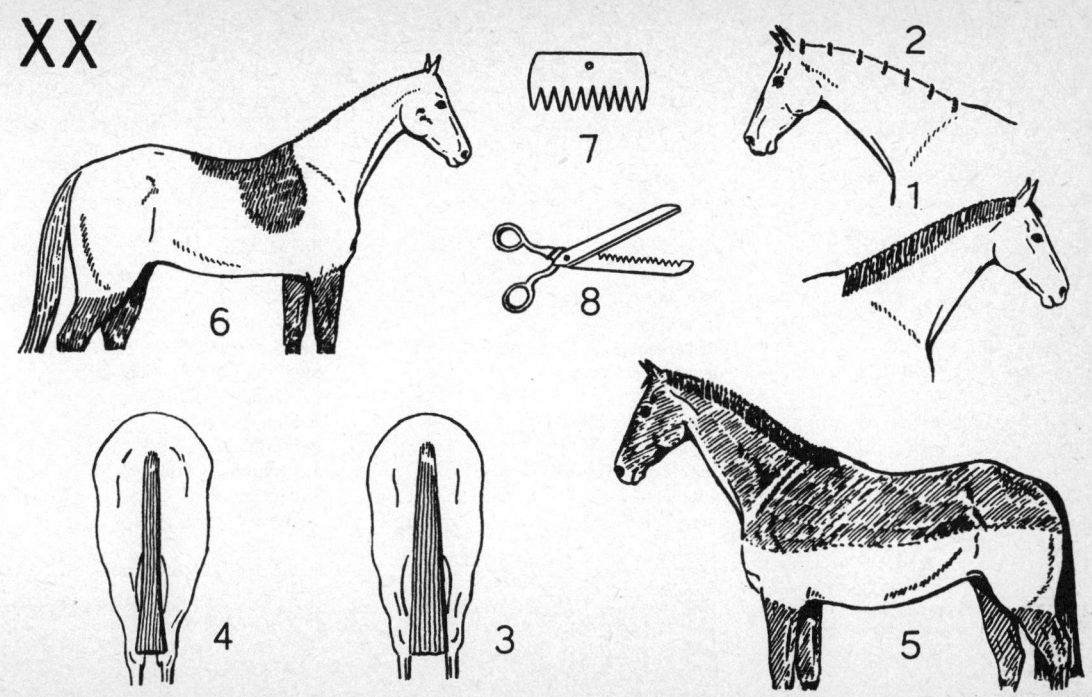

TRIMMING	**La TOILETTE**	**Die TOILETTE, FRISUR**
1 coat	le pelage, le(s) poil(s)	die Haardecke, das Haarkleid
2 summer coat, winter coat	poil d'été, poil d'hiver	das Sommerhaar, Winterhaar
3 changing the coat	la mue	der Haarwechsel
4 mane, tail	les crins, *m.*	die Schweif-, Mähnenhaare, *n. pl.*
5 fetlock	le fanon	die Fesselhaare, die Kötenhaare
6 parting (of horse's coat, esp. on the neck)	l'épi, *m.*	der Haarwirbel
7 tuft	la mèche, la touffe	der Haarbüschel
8 mane	la crinière	die Mähne
9 forelock	le toupet	der Schopf
10 tail	la queue, le fouet	der Schweif
11 dock	le tronçon	die Schweifrübe
12 root of the tail	la naissance de la queue, l'attache	der Schweifansatz
13 tail carriage	le port de queue	die Tragweite des Schweifes
14 trimming	la toilette	die Toilette, die Frisur
15 to thin (the tail or mane)	dégrossir, éclaircir	lichten, verlesen
16 to hog	écourter	verkürzen
17 to trim	régulariser, égaliser	ausrichten, egalisieren
18 to take away	enlever	entfernen
19 to pull	arracher, étirer	ausreissen, verziehen
20 to cut	tailler	schneiden
21 to cut	couper	schneiden, abschneiden
22 to clip	tondre	scheren
23 to singe	brûler, flamber	brennen, sengen
24 to plait	tresser	flechten
25 to dock	tronçonner, sectionner	kupieren
26 hogged mane	la crinière rase	die geschorene Mähne

TRIMMING		**La TOILETTE**	**Die TOILETTE, FRISUR**
1 trimmed mane	XX, *1*	la crinière toilettée	die gepflegte (halblange) Mähne
2 plaited mane	*2*	la crinière tressée	die geflochtene Mähne
3 short tail, cock —, docked —		courte queue	der Stummelschweif
4 racehorse-type tail	*3*	queue à tous crins	der Lang-, Naturschweif
5 hunter's-type tail	*4*	— en éventail	der " Fächerschweif "
6 cob-type tail, hackney —		— en balai	der Fasanenschweif
7 clipping		la tonte	das Scheren, die Schur
8 trace clipped	*5*	" la demi-tonte "	der Streifenschnitt
9 saddle marked	*6*	tonte en chasse	der Jagdschnitt
10 comb	*7*	le peigne	der Kamm
11 scissors	*8*	les ciseaux, *m.*	die Schere

THE INTERNATIONAL HORSEMAN'S DICTIONARY

XXI

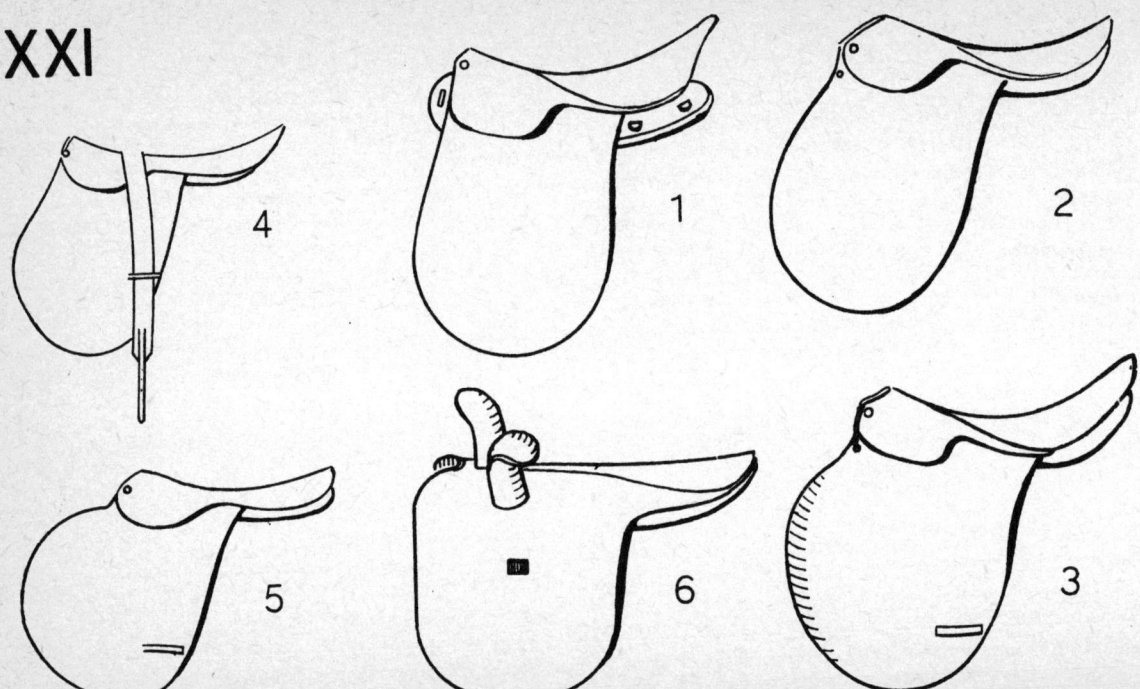

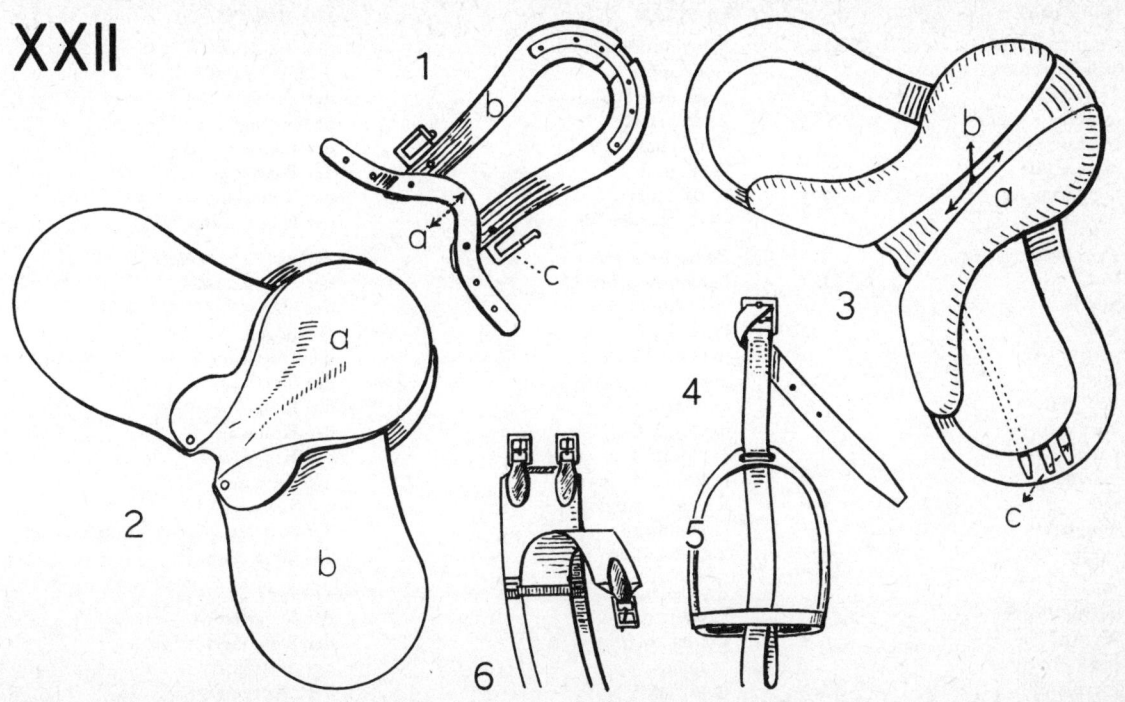

The SADDLE		La SELLE	Der SATTEL
1 regulation saddle	XXI, 1	selle d'ordonnance	der Armeesattel
2 ordinary riding-saddle		— de sport	der Sportsattel
3 dressage-saddle	2	— de dressage	der Dressursattel
4 jumping-saddle	3	— d'obstacle	der Springsattel
5 hunting-saddle		— de chasse	der Jagdsattel
6 polo-saddle		— de polo	der Polosattel
7 racing-saddle	4, 5	— de course	der Rennsattel
8 side-saddle	6	— d'amazone, de dame	der Damensattel
Parts of the saddle:		*Parties de la selle :*	*Bestandteile des Sattels :*
9 tree	XXII, 1	l'arçon de selle, *m.*	der Sattelbaum
10 side-bar	1a	la bande de fer	der Steg
11 arch	1b	l'arcade, *f.*	der Bogen
12 stirrup-bar	1c	le porte-étrivière	die Sturzfeder
13 seat	2a	le siège	der Sitz
14 flap, skirt	2b	le quartier	das Blatt
15 knee roll		l'avance, *f.*	der Kniewulst
16 panel	3a	le panneau, la matelassure	das Kissen, die Polsterung
17 channel	3b	la liberté de garrot	die Kammer
18 tab	3c	le contre-sanglon	die Strippe
19 pommel		le pommeau	der Sattelknopf, das Vorderzwiesel
20 cantle		le troussequin	das Hinterzwiesel
Accessories:		*Accessoires :*	*Zubehör :*
21 stirrup-leather	4	l'étrivière, *f.*	der Steigriemen
22 stirrup-iron	5	l'étrier, *m.*	der Steigbügel
23 girth	6	la sangle	der Sattelgurt
24 surcingle	XXI, 4	le surfaix	der Obergurt

The SADDLE

1. saddle-blanket, Numnah
2. saddle-cloth
3. breast-plate
4. breast-plate
5. to fit the saddle properly
6. to saddle a horse
7. to tighten the girth
8. to slacken the girth
9. to unsaddle
10. saddler
11. harness-maker
12. saddlery
13. saddler's shop
14. saddle-room

La SELLE

le tapis de selle
la housse
le poitrail
le collier de chasse
ajuster la selle
seller un cheval
sangler
lâcher la sangle
desseller
le sellier
le bourrelier, le harnacheur
la sellerie
la sellerie
la sellerie

Der SATTEL

die Satteldecke
der Überzug
das Vorderzeug
das Jagdzeug
den Sattel verpassen
satteln
die Gurte anziehen
die Gurte lösen, lockern
absatteln
der Sattler
der Riemer, der Geschirrmacher
das Sattelzeug
die Sattlerei
die Sattelkammer

THE INTERNATIONAL HORSEMAN'S DICTIONARY

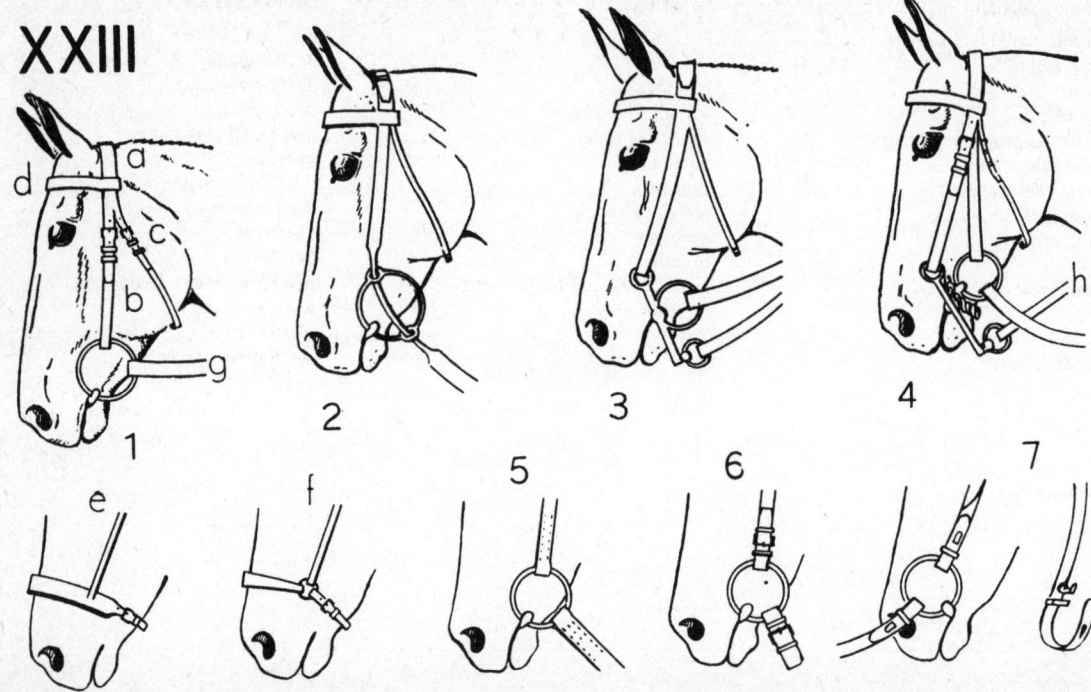

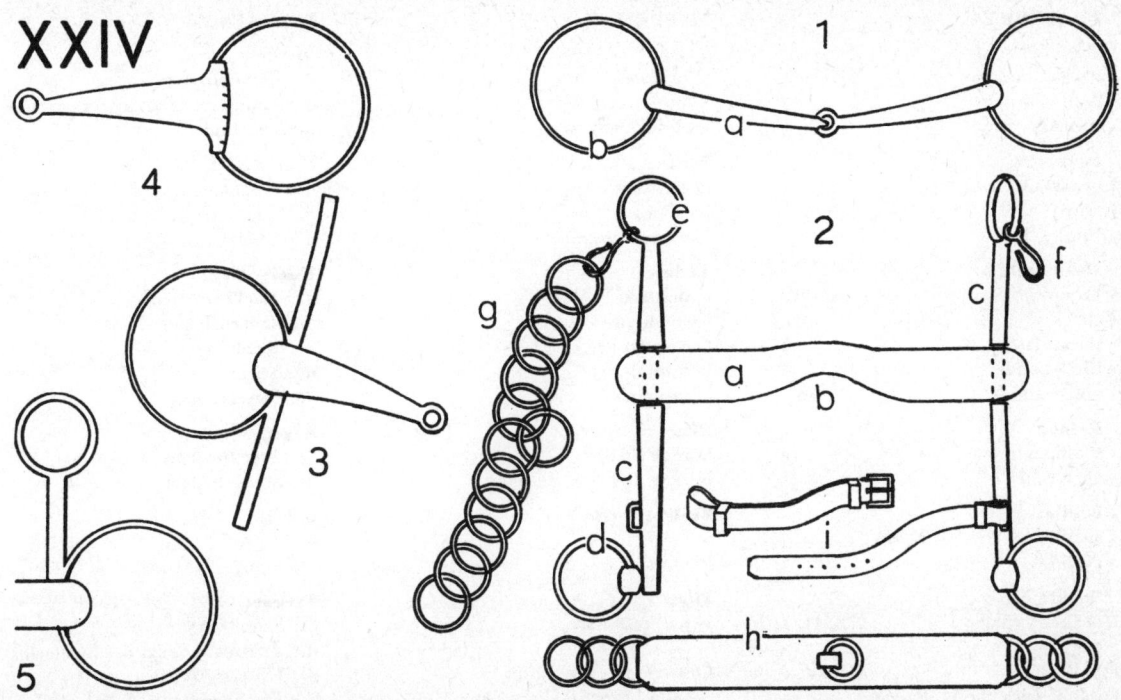

The BRIDLE

Types:
1. snaffle, bridoon — XXIII, *1*
2. double bridle — *4*
3. special bridles — *2, 3*

Parts:
4. headstall
5. reins
6. bridle, bit

Headstall:
7. headpiece — *1a*
8. cheek — *1b*
9. throat-lash — *1c*
10. brow-band — *1d*
11. nose-band — *1e, f*

Reins:
12. snaffle rein — *1g*
13. curb rein — *4h*

Bridle:
14. snaffle bit — XXIV, *1, 3, 4, 5*
15. curb bit — *2*

Snaffle Bit:
16. ordinary snaffle — XXIII, *1*
17. gag — *2*
18. bridoon — XXIV, *1*
19. snaffle with cheeks, Baucher — *3, 5*

La BRIDE

Types:
le bridon
la bride (complète)
les brides spéciales

Parties:
la têtière
les rênes
l'embouchure, *f.*

Têtiere:
le dessus de la tête
les montants, *m.*
la sous-gorge
le frontal
la muserole

Rênes:
la rêne de filet
la rêne de bride, de mors

Embouchure:
le filet
le mors

Filet:
le filet ordinaire
— — releveur
— — de mors de bride
— — à branches, Baucher

Das ZAUMZEUG

Modelle:
der Trensenzaum
der Kandarenzaum, Stangenzaum
Spezialzäume

Bestandteile:
das Kopfgestell
die Zügel, *m. pl.*
das Gebiss

Kopfgestell:
der Nackenriemen
die Backenriemen
der Kehlriemen
der Stirnriemen
der Nasenriemen

Zügel:
die Trensenzügel
die Stangenzügel

Gebiss:
die Trense
die Stange, Kandare

Trense:
die Schultrense
die Zugtrense, Gag, das Steiggebiss
die Unterlegtrense
die Knebeltrense

The BRIDLE

1 egg-butt snaffle   XXIV, *4*
2 bit for horse which sticks out its tongue

Parts:
3 mouth-piece   XXIV, *1a*
4 rings   *1b*

Curb-bit:
5 straight   XXIII, *4*
6 swinging bit, Weymouth   XXIV, *2*

Parts:
7 mouthpiece   XXIV, *2a*
8 port   *2d*
9 cheeks   *2e*
10 rings   *2b*
11 holes   *2c*
12 hooks   *2f*
13 curb chain   *2g, h*
14 lipstrap   *2i*
15 plain mouthpiece
16 jointed mouthpiece
17 half-moon mouthpiece
18 pelham   XXIII, *3*
19 bridle, stitched   *5*
20 bridle, buckled   *6*
21 bridle with studs   *7*
22 to bit, bridle
23 take the bridle off

La BRIDE

le filet à olives
— — pour chevaux passant la langue

Parties:
le canon
les anneaux

Mors:
le mors ordinaire
— — à pompe, l'hotte

Parties:
le canon
la liberté de langue
les branches, *f.*
les anneaux, *m.*
les porte-brides, *m.*
les crochets, *m.*
la gourmette
la fausse gourmette
le canon d'une seule pièce
— — brisé
— — cintré
le pelham
la bride cousue
— — à boucles
— — à crochets
brider
débrider

Das ZAUMZEUG

die Renntrense
das Zungenstreckergebiss

Bestandteile:
das Mundstück
die Ringe, *m. pl.*

Stange:
die einfache Stange
Stange mit Pumpgebiss

Bestandteile:
das Mundstück
die Zungenfreiheit
die Bäume, *m. pl.*
die Zügelringe, *m. pl.*
die Stellöcher, *n. pl.*
die Kinnkettenhaken, *m. pl.*
die Kinnkette
der Scherriemen
einteiliges Mundstück
gebrochenes —
gewölbtes —
das Pelham
Zaum mit eingenähtem Gebiss
— — Schnallen
— — Knöpfen
aufzäumen
abzäumen

XXV

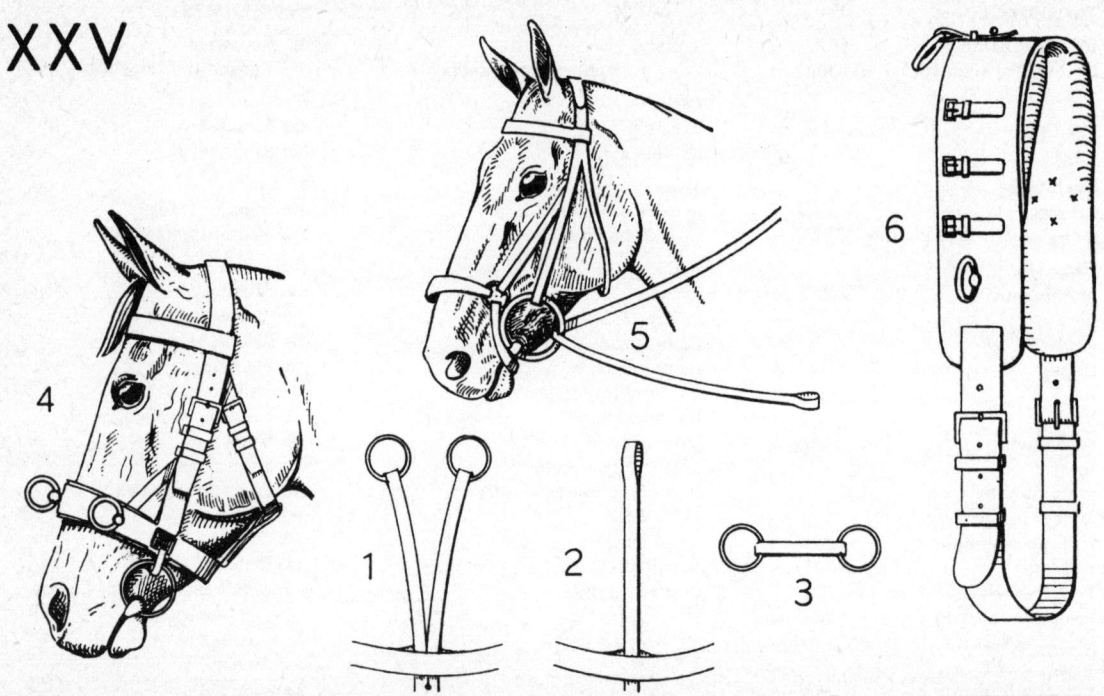

XXVI

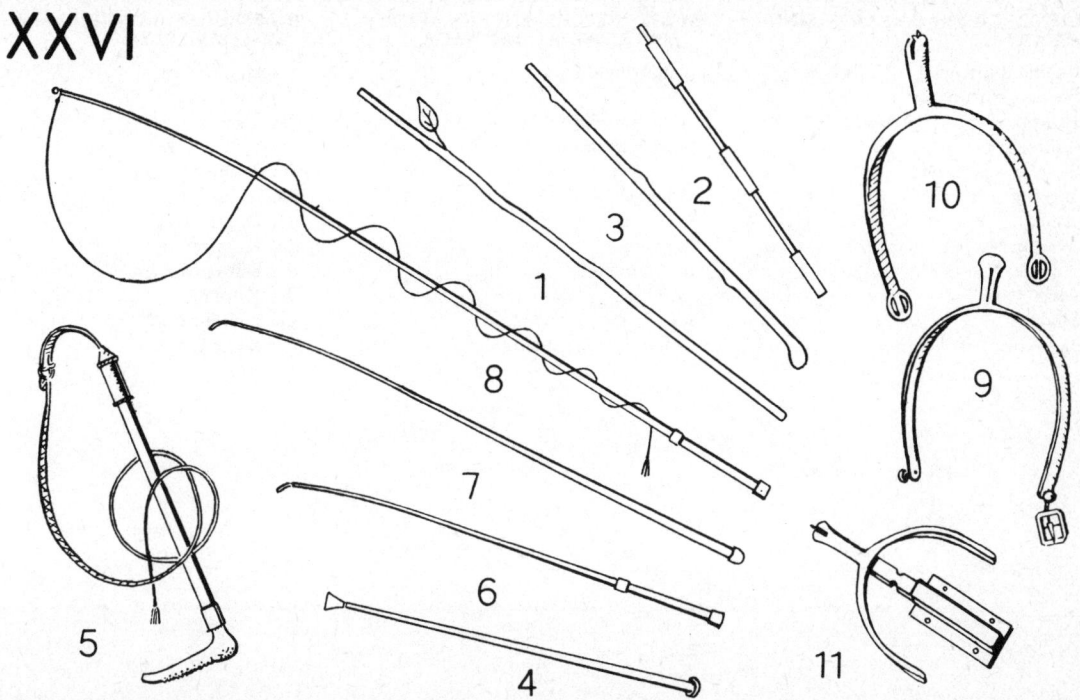

MARTINGALES and LUNGEING GEAR		**MARTINGALES, ENRENEMENT, MATERIEL de DRESSAGE**	**HILFSZÜGEL, LONGIER- und DRESSURZEUG**
1 running martingale	XXV, *1*	la martingale à anneaux	das Jagdmartingal
2 standing martingale	*2*	— — fixe	das starre Martingal
3 Irish martingale	*3*	— — irlandaise	das irische —
4 running-rein	*5*	la rêne coulante	der Schlaufzügel
5 side-rein, check rein		— — fixe	der Ausbindezügel
6 lungeing rein		la longe	die Longe
7 surcingle	*6*	le surfaix	der Longiergurt
8 cavesson	*4*	le caveçon	der Kappzaum
9 crupper		la croupière	der Schweifriemen
10 collar		le collier	das Kummt
11 pillars		les piliers, *m.*	die Pilaren, *m .pl.*
12 long reins		la longue rêne, les guides	der lange Zügel

WHIPS and SPURS		**FOUETS et EPERONS**	**PEITSCHEN und SPOREN**
1 switch	XXVI, *1*	la gaule (fraîchement coupée)	die Gerte (frisch geschnitten)
2 cane	*2*	la baguette	die Reitgerte
3 riding-stick	*3, 4*	le bâton, le stick	der Reitstock
4 hunting-whip	*5*	le fouet de chasse	die Hetzpeitsche
5 cutting-whip	*6, 7*	la cravache	die Dressurpeitsche
6 lungeing-whip	*8*	la chambrière	die Bahnpeitsche
7 stick		le manche	der Peitschenstock
8 thong		la monture	die Peitschenschnur
9 lash		la mèche	der Peitschenschmitz
10 spurs		les éperons, *m.*	die Sporen, *m. pl.*
11 neck		la tige	der Hals
12 rowel		la molette	das Spornrädchen
13 buckle		la boucle	die Schnalle
14 dummy spur	*9*	l'éperon lisse, le garde-crotte	der stumpfe Sporn
15 sharp spur	*10*	l'éperon pointu	der scharfe —
16 strapped spur		l'éperon à l'écuyère	der Anschnallsporn
17 straps		les courroies, *f,*	die Spornriemen
18 box spur	*11*	l'éperon à boîte	der Kastensporn
19 spur-maker		l'éperonnier	der Sporer

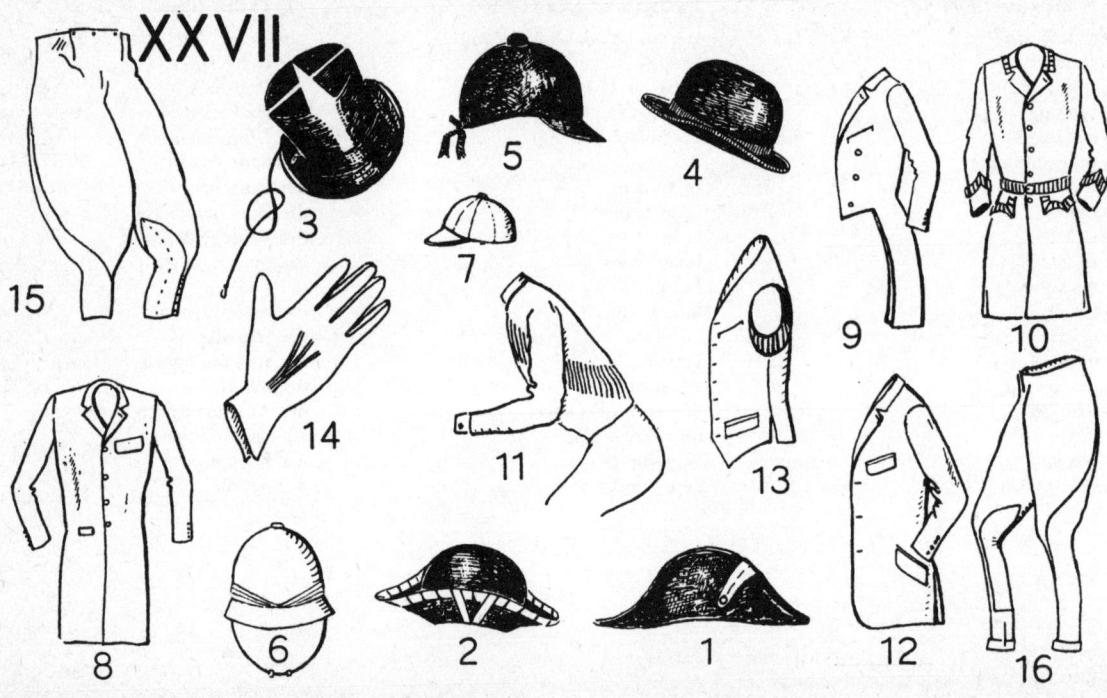

THE INTERNATIONAL HORSEMAN'S DICTIONARY

XXVIII

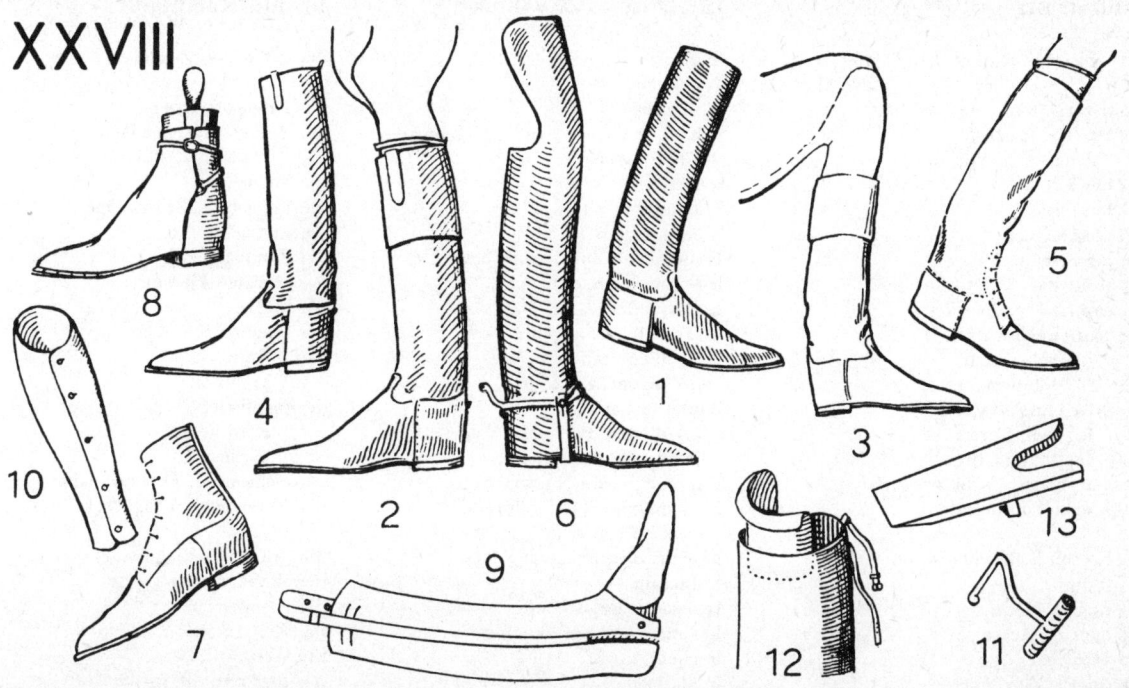

RIDING KIT

1 " bicorn " (two-cornered hat) XXVII, *1*
2 tricorn (three-cornered hat)
3 top-hat, silk hat   *3*
4 bowler   *4*
5 hunting-cap   *5*
6 polo helmet   *6*
7 jockey cap   *7*
8 (soft) hat
9 cap
10 coat (English style)
   (*a*) riding-coat   *8*
   (*b*) hunting-coat   *8*
11 dress (English style)
   (*a*) riding-dress   *9*
   (*b*) hunting-dress   *9*
   ((*a*) black; (*b*) bl. or scarlet)
12 French hunting-coat   *10*

13 French hunt uniform
14 tunic
15 racing colours   *11*
16 hacking jacket   *12*
17 waistcoat   *13*
18 stock

La TENUE du CAVALIER

le bicorne

le tricorne
le haut-de-forme, le tube, le chapeau à huit reflets

le melon
la bombe de chasse
le casque de polo
la toque de course, — de jockey
le feutre, le chapeau mou
la casquette
la jaquette (à l'anglaise)
   (*a*) d'équitation
   (*b*) de chasse à courre
l'habit (à l'anglaise)
   (*a*) d'équitation
   (*b*) de chasse à courre
   ((*a*) noir; (*b*) n. ou rouge)
la redingote (à la française) de chasse à courre

la tenue d'équipage de vénerie
la tunique
la casaque de jockey
la veste (le veston) d'équitation
le gilet
le plastron

Die REITKLEIDUNG

der Zweispitz, Zweimaster

der Dreispitz, Dreimaster
der Zylinderhut, der Reithut

die Melone
die Jagdkappe, Sturzkappe
der Polohelm
die Rennkappe, die Jockeymütze
der (weiche) Filzhut
die Mütze
der (englische)
   (*a*) Reitrock
   (*b*) Jagdrock
der (englische)
   (*a*) Reitfrack
   (*b*) Jagdfrack
   ((*a*) schwarz; (*b*) schw. oder rote)
der (französische) Jagdrock

die (franz.) Reitjagduniform
der Waffenrock
die Rennjacke
das Reitjackett
die Weste
der Plastron, die Jagdkrawatte

RIDING KIT

1 stock-pin		
2 glove		XXVII, *14*
3 overcoat		
4 raincoat		
5 breeches		*15*
6 Jodhpurs		*16*
7 straps		
8 lady's riding skirt		
9 boots		
10 riding boot		XXVIII, *1*
11 top-boot, hunting boot		*2*
12 jockey boot, racing boot		*3*
13 polo boot		*4*
14 field-boot		*5*
15 jack-boot		*6*
16 soft-legged, stout-legged boot		
17 ankle boot		*7*
18 Jodhpur boot		*8*
19 tree		*9*
20 protecting bag for boots		
21 legging		*10*
22 hook		*11*
23 jockey lift		*12*
24 boot-jack		*13*
25 cleaning kit		
26 brush		
27 polish, cream		

La TENUE du CAVALIER

l'agrafe, *f.*
le gant
le pardessus
l'imperméable, *m.*
les culottes, *f.*
les culottes Jodhpurs
les olives, *f.*
la jupe d'amazone
les bottes
la botte d'équitation
— — (à revers) de vénerie
— — à revers de jockey
— — de polo
— — de campagne
— — à l'écuyère
— — à tige molle, tige forte
les bottines
la bottine Jodhpur
un embauchoir
la housse
la guêtre
le crochet
le chausse-botte
le tire-botte
la trousse de nettoyage
la brosse
le cirage

Die REITKLEIDUNG

die Agraffe
der Handschuh
der Überzieher, der Mantel
der Regenmantel
die Reithose, die Breeches, *f. pl.*
die lange Reithose
die Kniebesätze, *m. pl.*
das Damenreitkleid
die Stiefel, *m. pl.*
der Reitstiefel, hohe Stiefel
der Stulpen-, Jagdstiefel
der Renn-, Jockeystiefel
der Polostiefel
der Feldstiefel
der Kanonenstiefel
Stiefel mit weichem (steifem) Schaft
der Schuh, Schnürstiefel
der Jodhpurstiefel
der Stiefelblock, die Stiefelleiste
der Stiefelüberzug
die Gamasche
der Stiefelhaken
der Stiefellöffel
der Stiefelknecht
das Putzzeug
die Bürste
die Wichse, die Paste

RIDING KIT	La TENUE du CAVALIER	Die REITKLEIDUNG
1 polishing bone	l'os polissoir	der Polierknochen
2 to clean the boots	nettoyer les bottes	die Stiefel reinigen, — putzen
3 to polish	cirer	schmieren
4 to brush	brosser	bürsten
5 to bone, polish	astiquer	polieren, wienern
6 to pull on one's boots	se botter, se chausser	die Stiefel anziehen
7 to take off one's boots	se débotter, se déchausser	— — ausziehen
8 to dress	s'habiller	sich ankleiden, — anziehen
9 to change	se changer	sich umankleiden, — umanziehen
10 to undress	se déshabiller	sich entkleiden
11 bootmaker	le bottier	der Stiefelmacher
12 shoemaker	le cordonnier	der Schuhmacher
13 breeches-maker	le culottier	der Reithosenschneider
14 tailor	le tailleur	der Schneider

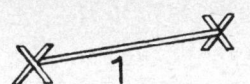 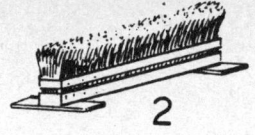 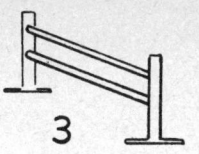 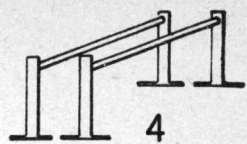

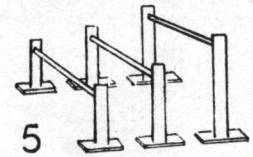 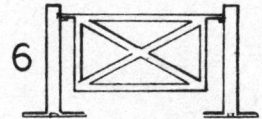  

OBSTACLES, JUMPS

1. stand, post
2. pole
3. guard-rail
4. wing
5. cavaletti   XXIX, *1*
6. upright obstacle
7. broad obstacle
8. high and broad obstacle
9. simple obstacle
10. double obstacle
11. triple obstacle
12. course, track
13. hedge, brush   *2*
14. post and rails   *3*

Les OBSTACLES

le support, le chandelier
la perche, la barre
le pied, la barre d'appel
l'encadrement, *m.*
le cavaletti
l'obstacle vertical, droit
l'obstacle large
l'obstacle haut et large
l'obstacle simple
l'obstacle double
l'obstacle triple
le parcours, la piste
la haie
la stationata

Die HINDERNISSE

der Ständer
die Stange
den Absprung markierende Stange
der Fang
das Bodenrick, das Cavaletti
steiles Hindernis
breites Hindernis
hochweites Hindernis
einfaches Hindernis
zweifaches Hindernis
dreifaches Hindernis
die Sprungfolge, die Springbahn
die Hürde
die Staccionata, das Rick

XXX

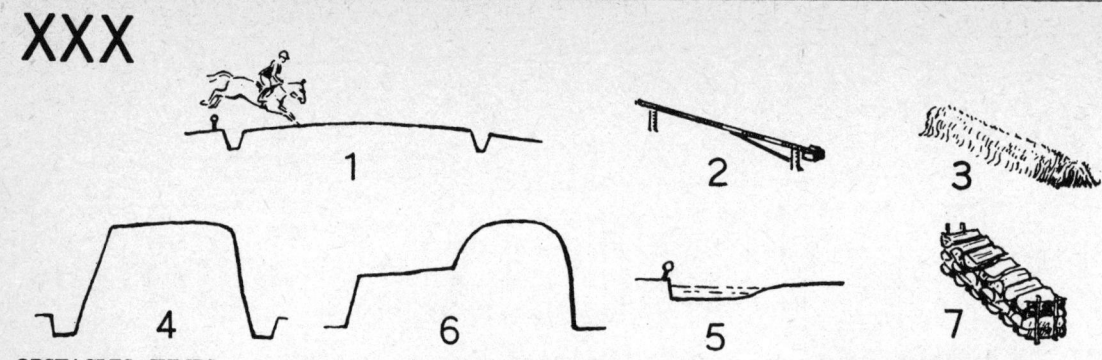

OBSTACLES, JUMPS

1 oxer	XXIX, 4
2 triple bars	5
3 gate	6
4 brick wall	7
5 stone wall	8
6 road crossing (in and out)	XXX, 1
7 level-crossing	2
8 bank	3
9 Irish bank	4
10 bank, "piano"	6
11 woodpile	7
12 open ditch	
13 brook, water	5

Les OBSTACLES

l'oxer *m.*
les triples barres
le portail
le mur de brique
le mur de pierre
le passage de route
le passage à niveau
le talus
la butte, banquette, irlandaise
le piano
le stère de bois, tas de fagots
le fossé
la rivière

Die HINDERNISSE

der Oxer
die Trippelbarre
das Tor, das Gatter
die Mauer, Backsteinmauer
die Steinmauer
der Wegübergang
die Eisenbahnschranke, Barriere
der Wall, der Erdwall
die irische Bank
das Piano
der Holzscheit
der Graben
der Wassergraben, der Bach

INDEXES

I
ENGLISH

Anglais
Englisch

A

ability, jumping —, 80 (4)
academic riding, 60 (3)
accepting the bridle, 43 (13), 49 (18)
accident, 81 (13)
action, 7 (22), 33 (1), 42 (19)
— of hind legs, driving —, 44 (3)
— of leg, displacing —, 55 (9)
— of legs, simultaneous —, 55 (11)
— of legs, stop the —, 55 (12)
— of one leg only, 55 (8)
— of the leg, opposing —, 55 (10)
— of the reins, opposing —, 56 (13)
active leg, 55 (7)
— rein, 56 (2)
additional aids, 54 (17)
— presentation, 79 (10)
— test, 79 (9)
adjust the reins, to —, 55 (18)
admixture of new blood, 7 (5)
affinity, 5 (22)
aids, 54 (12)
 additional —, 54 (17)
 diagonal —, 57 (5)
 lateral —, 57 (4)
 on the —, 50 (8)
air, change of leg in the —, 58 (11)
 leg in the —, 42 (9)
airs above the ground, 75

airs on the ground, 75
"airs", artificial —, 33 (6)
 High School —, 75
 school —, 33 (5)
alert, 45 (10)
amateur, 77 (5)
amble, 33 (15)
ambler, 3 (14)
ancestry, 5 (17)
angle, hock at an open —, 24 (10)
angles, 28 (11)
Anglo-Arab, 3 (3)
animate, to —, 54 (23)
ankle boot, 111 (17)
anus, 15 (17)
appreciation, general —, 28
approach, to —, 80 (9)
apron, 90 (15)
aptitude, 8 (4)
Arab, pure-bred —, 3 (1)
arch (of saddle), 98 (11)
arched neck, 18 (16)
 back, 19 (15)
arena, 79 (4)
arm, 21 (26)
 long —, 22 (2)
 short —, 22 (1)
 sloping —, 22 (4)
 straight —, 22 (3)
 upper —, 15 (27)
art, equestrian —, 57 (13)
art of riding, 60 (3)
artificial "airs", 33 (6)
— insemination, 7 (16)

assistant "écuyer", 77 (16)
— riding instructor, 77 (11)
astride, to ride —, 62 (1)
attractive-looking fence, 80 (22)
axis, longitudinal —, 43 (2)

B

back, 15 (8), 19 (10)
 arched —, 19 (15)
 hollow —, 50 (11)
 long —, 19 (12)
 rounded —, 50 (10)
 short —, 19 (11)
 stiff —, 50 (10)
 straight —, 19 (13)
 strong —, 19 (18)
 supple —, 50 (9)
 weak —, 19 (17)
 well-coupled-up —, 19 (18)
back muscles, 54 (16)
back of the saddle, position on the —, 54 (7)
back sores, 35 (23)
backed, roach- —, 19 (16)
 saddle- —, 19 (14)
bag for protecting boots, 111 (20)
balance, 7 (20), 44 (10)
balanced, 28 (24)
ballotade, 76 (3)
band, dorsal —, 32 (15)
bandages, 90 (22)
bank, 114 (8, 10)
 Irish —, 114 (9)
bareback, to ride —, (62 (3)
barley, 12 (5)

barrel, 41 (2)
bars, six —, 81 (20)
 triple —, 114 (2)
basculate, to —, 80 (12)
basic notions, 41–44
bastard, 6 (13)
bathe the horse, to —, 92 (17)
Baucher, 102 (19)
bay, 30 (18)
 bright or clear —, 30 (20)
 brown —, 30 (24)
 dark —, 30 (22)
 fawn —, 30 (21)
 golden —, 30 (20)
 light —, 30 (19)
 plum-coloured —, 30 (23)
 tawny —, 30 (21)
bay, at —, 84 (23)
beans, 35 (6)
beat, one —, 42 (12)
bedding, bed, 90 (11), 92 (6)
 continental —, 92 (7)
before the legs, 50 (6)
beget, to —, 7 (14)
beginner, 77 (22)
behind the bit, 50 (3)
 the legs, 50 (7)
bellied, cow- —, 20 (6)
 grey-hound- —, 20 (8)
 pot- —, 20 (5)
belly, 15 (10), 20 (2)
 normal —, 20 (3)
 pendulous —, 20 (4)
 tucked up —, 20 (7)
bent at the poll, 43 (17)

bent horse, 43 (10)
between legs and hands, 50 (8)
"bicorn", 110 (1)
big head, 17 (3)
bit, to —, 103 (22)
bit, behind the —, 50 (3)
   champ the —, 49 (11)
   curb —, 102 (15), 103 (3)
   in front of the —, 50 (1)
   on the —, 49 (21)
   over the —, 50 (2)
   put the tongue over the —, 49 (15)
   snaffle —, 102 (14)
   swinging —, 103 (6)
— for horse which sticks its tongue out, 103 (2)
— in the teeth, to take the —, 49 (17)
bite, to —, 50 (17)
biting teeth, 34 (23)
black, 30 (5)
   coal —, 30 (6)
   dull —, 30 (7)
black centres, 35 (6)
blacksmith, 34 (13)
blanket, saddle- —, 98 (25)
blaze, 32 (7)
blemish, 36 (21)
blemishes, 35 (9)
blood, admixture of new —, 7 (5)
bloodline, 5 (20)
blue grey, slaty —, 31 (14)
blue roan, 31 (12)
blurred hock, 24 (12)
bodily defects, 35 (9)
body-brush, 90 (26)

bog-spavin, 35 (17, 19)
bolt, to —, 51 (6)
bone, to —, 112 (5)
bone, 13 (3)
   polishing —, 112 (1)
bone, cannon- —, 16 (5)
   with good —, 28 (7)
bone-spavin, 35 (18)
bonus points, 82 (2)
bony withers, 19 (25)
boot, ankle —, 111 (17)
   field —, 111 (14)
   hunting —, 111 (11)
   jack —, 111 (15)
   jockey —, 111 (12)
   Jodhpur —, 111 (18)
   polo —, 111 (13)
   racing —, 111 (12)
   riding —, 111 (10)
   soft-legged —, 111 (16)
   stout-legged —, 111 (16)
   top —, 111 (11)
boots, 90 (23), 111 (9)
   overreach —, 90 (25)
   protecting bag for —, 111 (20)
   to clean —, 112 (2)
boot-hook, 103 (10), 111 (22)
boot-jack, 111 (24)
bootmaker, 112 (11)
bore, to —, 50 (1)
both hands, reins in —, 56 (10)
bottom, 65 (6)
bound, 51 (4)
bowler, 110 (4)
box, muck out the —, 92 (4)
box spur, 107 (18)
bran, 12 (15)

"branch, green —", 85 (4)
brand, 10 (3)
break in, to —, 45 (17)
break into, to —, 57 (15)
   into a canter, to —, 58 (8)
breast-plate, 99 (3, 4)
breasted, chicken- —, 19 (2)
   pigeon- —, 19 (3)
bred, half- —, 3 (4)
   part- —, 3 (4)
— Arab, pure —, 3 (1)
breeches, 111 (5)
breeches-maker, 112 (13)
breed, 5 (8)
   create a —, 6 (15)
   improve a —, 6 (14)
   mixed —, 6 (21)
breeder, 5 (4)
breeding, 5 (2)
   close —, 6 (24)
   horse used for —, 4 (8)
   incestuous —, 7 (1)
   line —, 7 (4)
   pure —, 6 (22)
— industry 5 (2)
— selection, 6 (17)
brick wall, 114 (4)
bridle, 102–103, 102 (6)
   accepting the —, 43 (13), 49 (18)
   buckled —, 103 (20)
   combined effect of legs and —, 57 (7)
   double —, 102 (2)
   special —, 102 (3)
   stitched —, 103 (19)
   to take off the—, 103 (23)
— with studs 103 (21)

bridle, to —, 103 (22)
bridle path, 65 (10)
bridoon, 102 (1, 18)
bright bay, 30 (20)
bringing in hand, 43 (14)
broad croup, 20 (22)
— jump competition, 81 (24)
— obstacle, 113 (7)
broken in horse, 45 (18)
broken wind, 36 (8)
brood mare, 7 (12)
brook, 114 (13)
broom, 90 (13)
   yard- —, 90 (13)
brow-band, 102 (10)
brown bay, 30 (24)
— skewbald, 31 (6)
brush (of fox), 85 (5)
brush, to —, 92 (10), 112 (4)
brush, to — (defect), 36 (1)
brush, to — (an obstacle), 81 (2)
brush for polishing, 91 (3)
— for putting on polish, 91 (2)
   water- —, 91 (1)
brush (boot-), 111 (26)
brush (fence), 113 (13)
bucket, 90 (14)
bucking, 51 (3)
buckle, 107 (13)
buckled bridle, 103 (20)
bull-necked, 18 (12)
burnisher, 91 (9)
buttock, 16 (12)

C

cadence, 33 (3), 42 (24)
calf-kneed, 27 (11)
calm, 45 (6)

calm, to —, 54 (22)
cane, 107 (2)
canine teeth, 35 (1)
cannon (-bone), 16 (5), 22 (26)
  circumference of —, 38 (3)
  clearly defined —, 23 (6)
  free from gumminess —, 23 (6)
  long —, 22 (27)
  round —, 23 (1)
  short —, 23 (3)
  strong —, 23 (5)
  weak —, 23 (2)
  wide —, 23 (4)
canter, 33 (14), 67–68, 68 (7)
  break into a —, 58 (8)
  collected —, 68 (3)
  disunited —, 50 (14), 68 (16)
  extended —, 68 (5)
  false —, 58 (13), 68 (14)
  natural —, 67 (15)
  ordinary —, 68 (1)
  preliminary —, 86 (15)
  school —, 75 (5)
  service —, 67 (16)
  slow —, 68 (2)
  strike off at the —, 58 (1, 8)
  strong —, 68 (4)
  utility —, 67 (16)
canter, to —, 58 (2, 3)
— at the counterlead, 58 (13), 68 (14)
— at the true lead, 68 (11)
— at the wrong lead, 68 (15)
— near fore leading, 68 (13)
— off fore leading, 68 (12)
— on two tracks, 75 (6)
cantle, 98 (20)

cantle, position on the —, 54 (7)
cap, 110 (9)
  hunting —, 110 (5)
  jockey —, 110 (7)
capped hock, 35 (11)
capriole, 76 (4)
captain of team, 77 (13)
— of cavalry, 77 (14)
caress, 54 (20)
carriage, tail —, 21 (13), 94 (13)
carriage-horse, 3 (16)
  light —, 3 (20)
carried low neck, 18 (13)
carrot, 12 (14)
cart-horse, 3 (12)
  heavy —, 3 (18)
carty chest, 19 (4)
castor, 16 (3)
castrate, to —, 37 (7)
castration, 37 (6)
cavaletti, 113 (5)
cavalry, captain of —, 77 (14)
cavesson, 106 (8)
central incisors, 35 (2)
centre, turn on the —, 74 (3)
centres, black —, 35 (6)
certificate, official —, 10 (4)
chaff, 12 (8)
chain, 90 (18)
  curb —, 103 (13)
chamois leather, 91 (7)
champ the bit, to —, 49 (11)
change (one's clothes), to —, 112 (9)
change gait, to —, 58 (15)
— hand, to —, 58 (14)
— in the air, to —, 58 (11)

change of direction, 42 (22)
— of hand, diagonal —, 65 (16)
— of hand in the circle, 66 (5)
— of hand on the middle line, 65 (15)
— of hand through the circle, 66 (5)
— of hand through the middle of the school, 65 (14)
— of leg, 58 (10)
— of leg at every stride, 58 (12)
— speed, to —, 58 (16)
— the hand, to —, 65 (12)
— the rein, to —, 58 (7)
changing the coat, 94 (3)
— the teeth, 34 (22)
channel (of saddle), 98 (17)
character, 45 (1)
charger, 4 (5)
check rein, 106 (5)
cheek, 102 (8)
cheeks, 103 (9)
  snaffle with —, 102 (19)
chest, 15 (6), 18 (22)
  deep —, 19 (1)
  hollow —, 18 (26)
  narrow —, 18 (23)
  narrow at the —, 27 (3)
  proportioned —, 18 (24)
  wide —, 18 (25)
  wide at the —, 27 (4)
chestnut, 16 (3)
chestnut (colour), 30 (8)
  dark —, 30 (10)
  golden —, 30 (13)
  light —, 30 (9)
  liver —, 30 (10)
  maroon —, 30 (12)

chestnut, washed out —, 30 (11)
— roan, 31 (10)
chicken-breasted, 19 (2)
chief " écuyer ", 77 (19)
chief riding instructor, 77 (12)
circle, 65 (20)
  change of hand through the —, 66 (5)
  to leave the —, 66 (6)
  through the —, 66 (5)
circumference of cannon, 38 (3)
— of girth, 38 (2)
circus equestrienne, 77 (4)
— rider, 77 (3)
— riding, 61 (13)
class (quality), 86 (11)
class (of test), 79
classic manner of holding reins, 55 (14)
classic race, 86 (5)
classical equitation, 60 (2)
clean shoulder, 21 (21)
clean, to —, 92 (4, 9), 112 (2)
cleaning kit, 111 (25)
clear, to —, 81 (2)
clear bay, 30 (20)
clearly defined cannon, 23 (6)
— second thigh, 23 (26)
clicking, tongue- —, 54 (18)
clip, to —, 94 (22)
clipped, trace- —, 95 (8)
clipping, 95 (7)
close breeding, 6 (24)
close to the ground, 28 (8)
close to the ground, hock —, 24 (9)
cloth, saddle- —, 99 (1)
clover, 12 (13)

coach-horse, 3 (21)
coal black, 30 (6)
coarse head, 17 (7)
— shoulder, 21 (23)
coat, 13 (15), 94 (1)
　changing the —, 94 (3)
　hunting —, 110 (10b)
　pink —, 85 (11)
　riding —, 110 (10a)
　scarlet, 85 (11)
　summer —, 94 (2)
　winter —, 94 (2)
cob-type tail, 95 (6)
cockade, 82 (9)
cock tail, 95 (3)
cold, 45 (9)
— to the leg, 50 (7)
cold-blooded horse, 3 (9)
colic, 36 (10)
collar, 106 (10)
collect the horse, to —, 44 (5, 6)
collected, 49 (22)
— canter, 68 (3)
— halt, 59 (3)
— paces, 33 (10)
— trot, 67 (12)
— walk, 67 (5)
collection of high degree, 44 (7)
colour, 13 (17)
colours and shades, 29–31
colours, racing —, 110 (15)
colt, 9 (6)
comb, 95 (10)
　curry- —, 91 (4)
comb, to —, 92 (21)
combined competition, 83 (4)
— effect of legs and bridle, 57 (7)

comfortable horse, 45 (20)
common head, 17 (9)
compact, 28 (4)
competition, broad-jump —, 81 (24)
　combined —, 83 (4)
　high-jump —, 81 (23)
　jumping —, 61 (10), 81 (15)
competitions, outdoor —, 83
complete stride, 42 (14)
completely loose rein, 56 (6)
composite colours, 29 (3)
concave head, 17 (12)
— side, 43 (4)
condition, 45 (22)
　bad —, 45 (22)
　good —, 46 (1)
conduct, equestrian —, 57 (11)
conformation, 7 (23), 13 (1)
consanguinity, 5 (21)
constancy, 6 (16)
constitution, 7 (24), 13 (1)
contact, 43 (12)
　no —, 49 (18)
　walk with —, 67 (4)
contagious, 37 (4)
continental bedding, 92 (7)
contracted hoof, 34 (8)
convex side, 43 (5)
corn, 12 (1)
corner, 65 (5)
corner incisors, 35 (4)
coronet, 16 (8)
　white markings at back of —, 32 (9)
　white markings at front of —, 32 (8)
correct seat, 54 (11)

cough, 36 (5)
counter-change, 65 (13)
counter-rein, 56 (20)
counterlead, canter at the —, 58 (13), 68 (14)
couple, 84 (11)
coupled back, well —, 19 (18)
courbette, 76 (1)
course, 81 (14), 113 (12)
cow-bellied, 20 (6)
cow-hocked, 27 (16)
cracked heels, 35 (12), 36 (14)
cream, polishing —, 91 (11), 111 (27)
creamy white, 30 (4)
create a breed, 6 (15)
crest, 15 (5)
crip biting, 36 (13)
crop, hunting- —, 85 (9)
cross-breeding, utility —, 6 (20)
Cross-country, 61 (6), 83 (1, 6B)
cross-country horse, 4 (4)
crossing, 6 (18)
　level- —, 114 (7)
　road —, 114 (6)
croup, 15 (13), 20 (18)
　broad —, 20 (22)
　flat —, 20 (23, 24)
　goose-rumped —, 20 (25)
　long —, 20 (20)
　narrow —, 20 (21)
　oval —, 20 (27)
　overbuilt —, 21 (1)
　sharp —, 20 (26)
　short —, 20 (19)
　sloping —, 20 (25)
　strong —, 21 (3)
　too high —, 21 (1)

croup, too high at —, 28 (23)
　weak —, 21 (2)
"croupade," 76 (2)
crupper, 106 (9)
crushed, 12 (6)
cub-hunting, cubbing, 84 (2)
cull a horse, to —, 37 (9)
curb (defect), 35 (16)
curb, false —, 35 (15)
curb bit, 102 (15), 103
— chain, 103 (13)
curb only, on the —, 56 (12)
curb rein, 102 (13)
curb-groove, 15 (1)
"curée", 85 (1)
curry-comb, 91 (4)
curved ribs, 19 (9)
cut, to —, 94 (20, 21)
cutting whip, 107 (5)
cutting, speedy —, 36 (2)

D

dagger, 85 (6)
daily ration, 12 (22)
dam, 9 (12)
dappled grey, 31 (19)
dark bay, 30 (22)
— chestnut, 30 (10)
— dun isabella, 30 (17)
— grey, 31 (15)
— head, 32 (14)
— mouse-coloured, 30 (27)
— red roan, 31 (11)
— wolf-coloured, 31 (3)
dead mouth, 49 (7)
dead-heat, 26 (23)
decontract the jaws, 43 (15)
deep chest, 19 (1)

deep set tail, 21 (11)
defect, 36 (21)
 inborn —, 6 (8)
 redhibitory —, 37 (5)
defective set of the legs, 27 (2)
defects, bodily —, 35 (9)
defence, 36 (24)
defence, to put up a —, 81 (10)
defences, 49–51
degenerate, 6 (12)
degree, 5 (23)
degree of training, 45–46
delicate feeder, 46 (3)
depth, 28 (2)
derived colours, 29 (6)
descendants, 5 (18)
destroy a horse, to —, 37 (10)
diagonal, trot on the —, 58 (6)
diagonal aids, 57 (5)
— change of hand, 65 (16)
— pairs, 42 (6)
difficult, 45 (5), 79 (3)
direct opposition, rein of —, 57 (1)
direction, change the —, 65 (12)
 change of —, 42 (22)
— of movement, 42 (21)
dirty white, 30 (4)
disease, 37 (3)
 navicular —, 36 (17)
diseases, 36–37
dish, to —, 36 (3)
dish-nosed head, 17 (13)
dismount, to —, 54 (2)
disobedience, 36 (24), 49–51
disobedient, 51 (1)
displacing action of leg, 55 (9)
disposition, 8 (4), 86 (12)

disunited canter, 50 (14), 68 (16)
ditch, open —, 114 (12)
dock, 15 (15), 94 (11)
dock, to —, 94 (25)
docked tail, 95 (3)
dorsal band, 32 (15)
double bridle, 102 (2)
— obstacle, 113 (10)
"doubler", to —, 65 (11)
drag-hunting, 84 (4)
dress, to —, 112 (8)
dress, hunting —, 110 (11b)
 riding —, 110 (11a)
dressage saddle, 98 (3)
— seat, 54 (4)
— test, 79 (8), 83 (6A)
— test, Olympic —, 79 (12)
driving action of hind legs, 44 (3)
droppings, remove the —, 92 (5)
dry, to —, 92 (14)
dry food, 12 (2)
— head, 17 (6)
dual purpose horse, 3 (17)
dull black, 30 (7)
dummy spur, 107 (14)
dun, isabella dark —, 30 (17)
 yellow —, 31 (1)

E

ear, 14 (3)
"écuyer", 77 (3, 18)
 assistant —, 77 (16)
 chief —, 77 (19)
 under —, 77 (17)
eel stripe, 32 (15)
effect of legs and bridle, combined —, 57 (7)
effect of the seat, 54 (15)

effects of the single rein, 56 (18)
egg-butt snaffle, 103 (1)
eight, figure of —, 66 (4)
elbow, 16 (1), 22 (5)
 inclined inwards —, 22 (8)
 inclined outwards —, 22 (7)
 loose —, 22 (6)
 tied-in —, 22 (9)
 weak —, 22 (6)
elementary, 79 (1)
eliminate, to —, 82 (6)
empty mare, 9 (14)
endurance, 8 (6)
engage the haunches, to —, 44 (4)
engender, to —, 7 (14)
English measures, 38
— style coats, 119 (10)
— thoroughbred, 3 (2)
entire, 9 (5)
Equerry, 77 (21)
equestrian, 77 (1)
— art, 57 (13)
— conduct, 57 (11)
— feel, 57 (8)
— games, 61 (12)
— gift, 57 (10)
— influence, 57 (11)
— skill, 57 (13)
— style, 57 (12)
— tact, 57 (9)
— talent, 57 (10)
equestrienne, 77 (2)
 circus —, 77 (4)
equipment, 90 *et seq.*
equitation, 60 (1)
 classical —, 60 (2)
 practical —, 61
ergot, 16 (10)

estimate, to —, 80 (25)
event, three days' —, 83 (5, 6)
ewe-necked, 18 (18)
execution of the test, 79 (7)
exercise, to —, 92 (3)
exercises to be carried out —, 79 (6)
exhausted, 46 (2)
expert, 78 (1)
expressive head, 17 (8)
extend, to —, 58 (17)
extended canter, 68 (5)
— paces, 33 (9)
— trot, 67 (14)
— walk, 67 (7)
extension, moment of —, 42 (10)
extension of the neck, full —, 44 (1)
exterior of the horse, 13 (22)
eye, 14 (5)
 silver —, 32 (13)
 wall —, 32 (13)

F

fall, 81 (12)
fall, to —, 81 (11)
false canter, 58 (13), 68 (14)
— curb, 35 (15)
family, 5 (9)
fancy riding, 61 (13)
Fantasia, 62 (7)
farm, stud —, 9 (1, 2)
farrier, 34 (13)
 prick by —, 34 (11)
farriery, 34 (14)
fast gallop, 68 (9)
fault, 36 (22)
fawn bay, 30 (21)

feather, 16 (19)
feed, to —, 92 (2)
feeder, a delicate —, 46 (3)
   a good —, 46 (4)
   a shy —, 46 (3)
feel, equestrian —, 57 (8)
feet out-turned, 27 (9)
fence, 80 (3)
   attractive-looking —, 80 (22)
   inviting-looking —, 80 (22)
   solid —, 80 (21)
fencing, 11 (6)
fetlock, 16 (6), 94 (5)
   over-shot —, 27 (12)
   under-shot —, 27 (13)
field, 84 (16)
— boot, 111 (14)
fiery, 45 (4)
figure of eight, 66 (4)
filly, 9 (9)
fine mouth, 49 (5)
— neck, 18 (10)
finish, 86 (20)
firm rein, 56 (1)
fit, 46 (1)
fit the saddle properly, 99 (5)
flank, 15 (11)
flap (saddle-), 98 (14)
flat croup, 20 (23, 24)
— forearm, 22 (14)
— hoof, 34 (7)
— knee, 22 (23)
— race, 86 (2)
— ribs, 19 (8)
fleabitten grey, 31 (17)
flex, to —, 49 (20)
flexed, 43 (16)
flexed position, horse in —, 43 (9)

flexion of jaws, 43 (15)
— of the neck, 43 (18)
floating rein, 56 (5)
foal, 9 (19)
   weaning of a —, 9 (21)
— at foot, mare with —, 9 (13)
— mare, in —, 9 (11)
foaling, 9 (18)
— mare, 9 (12)
foam, 49 (12)
fodder, green —, 12 (3)
follower of the hunt, 84 (17)
food, dry —, 12 (2)
foodstock, 12 (21)
foot, 16 (9), 34
   pick out the —, 92 (12)
   stag's —, 85 (3)
foot (measure), 38
forage, 90 (8)
fore, strike off on near —, 58 (9)
fore-legs, 42 (2)
forearm, 16 (2), 22 (10)
   flat —, 22 (14)
   large —, 22 (13)
   long —, 22 (12)
   narrow —, 22 (15)
   short —, 22 (11)
   wide —, 22 (13)
forehand, 28 (13), 41 (1)
   turn on the —, 74 (2)
forehead, 14 (4)
forelock, 16 (17), 94 (9)
forge, 34 (14)
fork, to ride on the —, 54 (8)
form, 45 (22)
formation of the legs, 27
forward seat, 54 (5)

foundation colours, 29 (1)
— sire, 7 (8)
— stock, 5 (10)
four-square, set —, 28 (20)
fox-hunting, 84 (1)
frame, 28 (18)
free from gumminess, cannon —, 23 (6)
free generation, 7 (2)
— paces, 33 (9)
— walk, 67 (1)
French equestrian display (quadrille), 62 (8)
— hunting coat, 110 (12)
— hunt uniform, 110 (13)
— manner of holding reins, 55 (14)
— type of hunting horn, 85 (7)
fresh, 45 (11)
— mouth, 49 (10)
fretful mouth, 49 (4)
frog, 34 (5)
front of coronet, white markings at —, 32 (8)
— of the bit, in —, 50 (1)
   thick in —, 19 (4)
full extension of the neck, 44 (1)
— of go, 45 (10)
— second thigh, 24 (2)
furlong, 38

G

gag, 102 (17)
gait, 42 (23)
   change —, 58 (15)
gaits, 33 (2)
gallop, to —, 58 (3)

gallop, 33 (14), 67-68
   fast —, 68 (9)
   hunting —, 68 (6)
   racing —, 68 (10)
   hand- —, 68 (8)
Galvayne's groove, 35 (8)
games, equestrian —, 61 (12)
gaskins, 23 (23)
gate, 114 (3)
gather the horse, to —, 44 (5, 6)
gathered, 49 (21)
gathered between legs and hands, 50 (8)
gathered paces, 33 (10)
gay, 45 (11)
geld, to —, 37 (7)
gelding, 37 (8)
general appreciation, 28
general utility horse, 4 (7)
generation, free —, 7 (2)
gentle, 45 (3)
gentleman rider, 77 (5)
gestation, period of —, 9 (17)
gift, equestrian —, 57 (10)
girth, 28 (2), 98 (23)
   circumference of —, 38 (2)
   to slacken the —, 99 (8)
   to tighten the —, 99 (7)
give, to —, 49 (20), 55 (21)
— way to the leg, 71 (3)
glanders, 36 (16)
glove, 111 (2)
go, full of —, 45 (10)
golden bay, 30 (20)
— chestnut, 30 (13)
"gone away", 84 (21)
good bone, with —, 28 (7)
good feeder, 46 (4)

goose-rumped croup, 20 (25)
grass, 12 (11)
   turning out to —, 11 (3)
grassland, 11
graze, to —, 11 (7)
graze (obstacle), to —, 81 (2)
grease, to —, 92 (18)
grease for hoofs, 91 (12)
"green branch", 85 (4)
green fodder, 12 (3)
— horse, 45 (16)
— mouth, 49 (2)
grey, 31 (13)
   dappled —, 31 (19)
   dark —, 31 (15)
   fleabitten —, 31 (17)
   iron —, 31 (16)
   slaty blue —, 31 (14)
   speckled —, 31 (18)
greyhoundy, 20 (8)
grind the teeth, to —, 49 (16)
grinding surface, 35 (5)
— teeth, 34 (24)
groom, 9 (25), 92 (22)
   head —, 92 (23)
   stud —, 9 (23), 92 (23)
groom, to —, 92 (11)
grooming, quick —, 92 (19)
   thorough —, 92 (20)
groove, Galvayne's —, 35 (8)
ground, airs on the —, 75
   airs above the —, 75
   close to the —, 28 (8)
   leg on the —, 42 (8)
   standing over much —, 28 (9)
gumminess, free from —, 23 (6)
guard-rail, 113 (3)
Gymkhana, 62 (5)

H

hack, 4 (3)
hacking, 61 (2)
— jacket, 110 (16)
hackney tail, 95 (6)
hair, 13 (16)
"hairs, some white —", 32 (1)
hairy heel, 16 (19)
half-breed, 3 (4)
half-halt, 56 (15)
half-moon mouthpiece, 103 (17)
half-pass, to —, 66 (7), 71 (6, 8)
half-pirouette, 74 (1)
half-turn, 65 (17), 74 (1)
half-turn on the hocks, to —, 66 (1)
half volt, 65 (18)
halt, 42 (17), 66 (8)
   collected —, 59 (3)
— on a loose rein, 59 (2)
halt, to —, 59 (1)
halter, 90 (16)
hand (measure), 38 (9)
hand, bringing in —, 43 (14)
   change —, 58 (14), 65 (12)
   counter-change of —, 65 (13)
   diagonal change of —, 65 (16)
   in —, 43 (16), 49 (21)
   in front of the —, 50 (1)
   work in —, 76 (8)
— in the circle, change of —, 66 (5)
— on the middle line, change of —, 65 (14, 15)
hand-gallop, 68 (8)
handicap, 86 (6)
handling of reins, 55 (13)

hands, 54 (14)
   between legs and —, 50 (8)
   reins in both —, 56 (10)
   reins in one —, 56 (11)
"hands without legs, legs without hands", 57 (6)
hang out the tongue, 49 (14)
hanging rein, 56 (5)
hard mouth, 49 (8)
hardness, 8 (2)
harmonious, 28 (26)
harness-maker, 99 (11)
hat, silk —, 110 (3)
   soft —, 110 (8)
   top- —, 110 (3)
haunches, 41 (3)
   engage the —, 44 (4)
   half-turn on the —, 66 (1)
— in, 71 (5)
"haute école", 60 (5)
hay, first, second cut of —, 12 (9, 10)
hay-net, 90 (6)
hay-rack, 90 (6)
head, 13 (19), 14 (1), 17 (1)
   badly set on —, 18 (3)
   big —, 17 (3)
   coarse —, 17 (7)
   common —, 17 (9)
   concave —, 17 (12)
   convex profile —, 18 (1)
   dark —, 32 (14)
   dish-nosed —, 17 (13)
   dry —, 17 (6)
   expressive —, 17 (8)
   heavy —, 17 (5)
   lean —, 17 (6)
   light —, 17 (4)

head, noble —, 17 (8)
   sheep's profile —, 18 (1)
   small —, 17 (2)
   straight —, 17 (10)
   wedge-shaped —, 17 (11)
   well set on —, 18 (3)
head, toss the —, 50 (5)
   lower abruptly, 50 (4)
head groom, 92 (23)
head lad, 92 (23)
head-raising, 43 (19)
— rope, 90 (17)
— shaking, 50 (5)
— to the wall, 71 (7)
head-halter, 90 (16)
headpiece, 102 (7)
headstall, 102 (4)
   stable —, 90 (16)
health, 7 (25)
heavy cart-horse, 3 (18)
— head, 17 (5)
— horse, 3 (9)
— neck, 18 (12)
heavy-weight horse, 4 (2)
hedge, 113 (13)
heel, 34 (3)
   hairy —, 16 (19)
heels, cracked —, 35 (12), 36 (14)
height, 28 (1)
— at withers, 38 (1)
helmet, polo —, 110 (6)
heredity, 6 (5)
herring-gutted, 20 (8)
heterogeneous, 5 (25)
high and broad obstacle, 113 (8)
— jump competition, 81 (23)
— levade, 75 (9)
— school, 60 (5)

high school airs, 75
— school horse, 76 (5)
— set on neck, 18 (20)
— withers, 19 (23)
— at croup, too —, 28 (23)
— at withers, too —, 28 (22)
— couraged, 45 (10)
— degree, collection of —, 44 (7)
high-set tail, 21 (9)
high-spirited, 45 (11)
highly strung, 45 (4)
hind-legs, 42 (3)
hind legs, driving action of —, 44 (3)
hindquarters, 28 (15), 41 (3)
"hold" the —, 71 (2)
hip, 21 (4)
  normal —, 21 (5)
  pointed —, 21 (6)
  point of —, 15 (14)
  prominent —, 21 (7)
  ragged —, 21 (6)
hit, to —, 55 (3)
hock, 16 (16), 24 (3)
  at an open angle —, 24 (10)
  blurred —, 24 (12)
  capped —, 35 (11)
  close to the ground —, 24 (9)
  half-turn on the —, 66 (1)
  large —, 24 (6)
  lean —, 24 (8)
  long —, 24 (4)
  spongy —, 24 (13)
  straight —, 24 (11)
  strong —, 24 (16)
  weak —, 24 (15)
  well-defined —, 24 (7)
  wide —, 24 (5)

hock, woolly outline —, 24 (14)
hocked, cow- —, 27 (16)
hocks, narrow at the —, 27 (14)
  half-turn on the —, 66 (1)
  turn on the —, 74 (4)
  wide at the —, 27 (15)
hog, to —, 94 (16)
hogged mane, 94 (26)
"hold" the hindquarters, to —, 71 (2)
holding reins, manner of —, 55 (13)
holes (of bit), 103 (11)
hollow back, 50 (11)
— chest, 18 (26)
homogeneous, 5 (24)
hood, 90 (20)
hoof, 16 (9), 34
  contracted —, 34 (8)
  flat —, 34 (7)
  pare the —, 34 (16)
  pick off the —, 92 (12)
  pumiced —, 34 (6)
hoof-bound, 34 (9)
hoofs, grease for —, 91 (12)
hook (boot-), 111 (22)
hooks (of bit), 103 (12)
horn, hunting —, 85 (7, 8)
horny wall, 34 (1)
horse, bathe the —, 92 (17)
  bent —, 43 (10)
  carriage —, 3 (16)
  cart —, 3 (12)
  coach —, 3 (21)
  cold-blooded —, 3 (9)
  collect the —, 44 (5, 6)
  comfortable —, 44 (20)
  cross-country —, 4 (4)

horse, dual-purpose —, 3 (17)
  exhausted —, 46 (2)
  fit —, 46 (1)
  gather the —, 44 (5, 6)
  general utility —, 4 (7)
  heavy —, 3 (9)
  heavy cart —, 3 (18)
  heavy-weight —, 4 (2)
  high school —, 76 (5)
  improved native —, 3 (5)
  light —, 3 (8)
  light carriage —, 3 (20)
  light-weight —, 3 (25)
  made —, 45 (19)
  Master of the —, 77 (20)
  middle-weight —, 4 (1)
  Oriental —, 3 (6)
  overridden —, 46 (2)
  pack —, 3 (19)
  points of the —, 13 (22), 17–24
  race —, 3 (11, 22)
  reactions of the ridden —, 49–51
  ride-and-drive —, 3 (17)
  riding —, 3 (15)
  saddle —, 3 (15)
  second —, 84 (19)
  straight —, 43 (7)
  to shoe a —, 34 (17)
  unfit —, 45 (23)
  warm-blooded —, 3 (8)
  well-mannered —, 45 (20)
  well-schooled —, 45 (19)
  Western —, 3 (7)
horse broken in, 45 (18)
— in flexed position, 43 (9)
— in good, bad condition, 45 (22), 46 (1)

horse in straight position, 43 (8)
— used for breeding, 4 (8)
— with supple back, 50 (9)
horseback, riding on —, 60 (1)
  touring on —, 61 (8)
horse-box, motor —, 92 (24)
horseman, 77 (5)
  a fine —, 78 (1)
  a true —, 78 (2)
horse's conformation, 7 (23), 13 (1)
horsewoman, 77 (2)
hot, 45 (4)
hound, 84 (12)
hounds, master of —, 84 (13)
  riding to —, 61 (4)
hunt, mock —, 84 (6)
— follower, 84 (17)
— uniform, 85 (10)
— uniform (French), 110 (13)
hunter, 3 (24), 4 (4), 84 (18)
hunter's type tail, 95 (5)
hunting, 61 (4), 84–85
  cub- —, 84 (2)
  drag- —, 84 (4)
  fox- —, 84 (1)
  stag- —, 84 (3)
hunting boot, 111 (11)
— cap, 110 (5)
— coat, 110 (10b)
— coat (French), 110 (12)
— crop, 85 (9)
— dress, 110 (11b)
— gallop, 68 (6)
— horn, 85 (7, 8)
— saddle, 98 (5)
— whip, 85 (9), 107 (4)
huntsman, 84 (14)

hurdle race, 86 (3)
hybrid, 6 (1)

I

immobility, 36 (12), 42 (17)
improve a breed, 6 (14)
improved native horse, 3 (5)
impulsion, 42 (18)
in hand, 49 (21)
in-foal mare, 9 (11)
inactive leg, 55 (6)
inborn defect, 6 (8)
inbreeding, 6 (23, 24)
incestuous breeding, 7 (1)
inch, 38
incisors, 34 (23)
  central —, 35 (2)
  corner —, 35 (4)
  lateral —, 35 (3)
inclined inwards, elbow —, 22 (7)
inclined outwards, elbow —, 22 (8)
indirect opposition, rein of —, 57 (2, 3)
individual, 5 (12)
influence, equestrian —, 57 (11)
inheritance, 6 (6)
injuries, 35 (9)
injury, 36 (25)
inner rein, 56 (7)
inseminate, 7 (15)
insemination, artificial —, 7 (16)
insensitive to the leg, 50 (7)
inside, 41 (6)
inside leg, 71 (1)
instructor, chief riding —, 77 (12)
  riding —, 77 (3, 10)
  assistant riding —, 77 (11)
intermediary produce, 6 (19)

inviting-looking fence, 80 (22)
Irish bank, 114 (9)
— martingale, 106 (3)
iron grey, 31 (16)
irregular paces, 33 (8)
isabella, 30 (14)
  dark dun —, 30 (17)
  light —, 30 (16)
  ordinary —, 30 (15)

J

jab of the spurs, 55 (5)
jack, boot- —, 111 (24)
jack-boot, 111 (15)
jacket, hacking —, 110 (16)
jag of reins, 56 (16)
jaw, lower —, 15 (2)
jaws, decontract the —, 43 (15)
  flexion of —, 43 (15)
jerk, 56 (16)
Jiggit, 62 (6)
jockey, 77 (7)
— boot, 111 (12)
— cap, 110 (7)
— lift, 111 (23)
— seat, 54 (6)
Jodhpur boot, 111 (18)
Jodhpurs, 111 (6)
jog, to —, 50 (13)
jointed mouthpiece, 103 (16)
joints, 13 (4)
jump, 80 (3)
jump, to —, 80 (10)
jump competition, broad —, 81 (24)
— competition, high —, 81 (23)
— off, 82 (4)
— sideways, 51 (4)

jumper, 3 (23), 80 (1)
  school a —, 80 (7)
  show —, 3 (23)
— on the lungeing rein, to school a —, 80 (18)
jumping, 80–82, 83 (6C)
— ability, 80 (4)
— along a passage-way, 80 (19)
— at liberty, 80 (19)
— competition, 61 (10), 81 (15)
— lane, 80 (19)
— saddle, 98 (4)
— with jump-off, scurry —, 81 (17)
— with time factor, scurry —, 81 (16)
  manner of —, 80 (5)
  open —, 81 (19)
  show- —, 61 (10), 81 (15)
  team —, 81 (22)
  Test —, 81 (18)
jumps, 113–114

K

kennel, 84 (9)
kick, to —, 50 (16)
kill, the —, 84 (25)
kill, to —, 84 (24)
knee, 16 (4), 22 (16)
  flat —, 22 (23)
  knotted —, 22 (24)
  large —, 22 (17)
  lean —, 22 (21)
  long —, 22 (19)
  rounded —, 22 (20)
  tied-in —, 22 (25)
  well-defined —, 22 (22)
  wide —, 22 (18)

knee, stocking rising above —, 32 (12)
— caps, 99 (24)
— roll, 98 (15)
knee-cap, 16 (14)
knees, over at the —, 27 (10)
  wide at the —, 27 (7)
knock down, to —, 81 (4)
knock over, to —, 81 (5)
knock-kneed, 27 (5, 6)
knotted knee, 22 (24)

L

lad, 92 (22)
  head —, 92 (23)
lady rider, 77 (2)
lady's mount, 4 (6)
— riding skirt, 111 (8)
lameness, 36 (18)
land, to —, 80 (13)
lane, jumping —, 80 (19)
large forearm, 22 (13)
— hock, 24 (6)
— knee, 22 (17)
— stifle, 23 (20)
lash, 107 (9)
lash out, to —, 50 (16)
lateral aids, 57 (4)
— incisors, 35 (3)
— pairs, 42 (5)
lazy, 45 (9)
leading rein, 56 (19)
lean head, 17 (6)
— hock, 24 (8)
— knee, 22 (21)
— shoulder, 21 (21)
— stifle, 23 (21)
— withers, 19 (24)

leap, 51 (4)
learner, 77 (9)
leave the circle, 66 (6)
left diagonal, trot on the —, 58 (6)
leg, active —, 55 (7)
  change of —, 58 (10)
  cold to the —, 50 (7)
  displacing action of —, 55 (9)
  give way to the —, 71 (3)
  inactive —, 55 (6)
  insensitive to the —, 50 (7)
  inside —, 71 (1)
  — in the air, 42 (9)
  — on the ground, 42 (8)
  opposing action of —, 55 (10)
  passive —, 55 (6)
leg at every stride, change of —, 58 (12)
leg only, action of one —, 55 (8)
legging, 111 (21)
legs, 42 (1), 54 (13)
  before the —, 50 (6)
  behind the —, 50 (7)
  driving action of hind —, 44 (3)
  fore-—, 42 (2)
  hind —, 42 (3)
  pairs of —, 42 (4)
  play of the —, 42 (7)
  set of the —, 27
  simultaneous action of —, 55 (11)
  stop the action of —, 55 (12)
legs and bridle, combined effect of —, 57 (7)
legs and hands, between —, 50 (8)

" legs without hands ", 57 (6)
length, one —, 86 (22)
lengthen the reins, 55 (19)
leopard, 31 (8)
levade, 75 (8)
  high —, 75 (9)
level-crossing, 114 (7)
level loins, 20 (14)
levers, 28 (12)
liberty, jumping at —, 80 (19)
lift, jockey —, 111 (23)
lift rapping pole, 80 (17)
light bay, 30 (19)
— carriage-horse, 3 (20)
— chestnut, 30 (9)
— head, 17 (4)
— horse, 3 (8)
— isabella, 30 (16)
— mouse-coloured, 30 (26)
— mouth, 49 (6)
— neck, 18 (10)
— weight horse, 3 (25)
— wolf-coloured, 31 (2)
lightness, 44 (9)
limbs, 13 (20), 21 (14)
line, 5 (11)
line breeding, 7 (4)
lineage, 5 (19)
lines, 28 (10)
linseed, 12 (16)
lipstrap, 103 (14)
list, 32 (15)
litter, 92 (6)
liver chestnut, 30 (10)
loaded shoulder, 21 (23)
loins, 15 (12), 20 (9)
  level —, 20 (14)
  long —, 20 (11)

loins, narrow —, 20 (12)
  short —, 20 (10)
  strong —, 20 (17)
  sunken —, 20 (15)
  weak —, 20 (16)
  wide —, 20 (13)
long arm, 22 (2)
— back, 19 (12)
— cannon, 22 (27)
— croup, 20 (20)
— forearm, 22 (12)
— hock, 24 (4)
— knee, 22 (19)
— loins, 20 (11)
— neck, 18 (8)
— pastern, 23 (9)
— rein, walk on a —, 67 (3)
— reins, 106 (12)
— reins, work in —, 76 (9)
— ribs, 19 (7)
— second thigh, 23 (24)
— shoulder, 21 (17)
— thigh, 23 (16)
— withers, 19 (21)
long-distance ride, 61 (7)
— test, 83 (3)
longitudinal axis, 43 (2)
loose elbow, 22 (6)
— rein, completely —, 56 (6)
— rein, halt on a —, 59 (2)
— rein, walk on a —, 67 (2)
— shoulder, 21 (24)
loose-box, 90 (1)
low neck, 18 (20)
— school, 60 (4)
— set on neck, 18 (20)
— withers, 19 (22)
low-set tail, 21 (10)

lower head abruptly and with force, 50 (4)
lower jaw, 15 (2)
lower part, 28 (17)
lucerne, 12 (12)
lungeing gear, 106
lungeing rein, 106 (6)
  school a jumper on —, 80 (18)
lungeing whip, 107 (6)

M

made horse, 45 (19)
maiden, 9 (9)
maintenance ration, 12 (23)
manager, stud —, 9 (22)
management, stable —, 92
mane, 16 (18), 94 (4, 8)
  hogged —, 94 (26)
  plaited —, 95 (2)
  trimmed —, 95 (1)
manège, 65 (1)
mange, 36 (15)
manger, 90 (5)
manner of holding reins, 55 (13)
— of holding reins, classic —, 55 (14)
  French —, 55 (14)
  military —, 55 (15)
  modern —, 55 (16)
  neoclassic —, 55 (16)
  normal —, 55 (17)
manner of jumping, 80 (5)
mannered horse, well-—, 45 (20)
mare, 9 (8)
  brood —, 7 (12)
  empty —, 9 (14)
  foaling —, 9 (12)
  in foal —, 9 (11)

mare, served —, 9 (10)
  tap-root —, 7 (9)
— with foal at foot, 9 (13)
marked, saddle —, 95 (9)
marked withers, poorly —, 20 (1)
marking, scheme of —, 82 (1)
markings at back of coronet, white —, 32 (9)
— at front of coronet, white —, 32 (8)
  without —, 32 (17)
markings (in test), 79 (5)
maroon chestnut, 30 (12)
martingale, Irish —, 106 (3)
  running —, 106 (1)
  standing —, 106 (2)
mash, 12 (19)
massage, to —, 92 (13)
master of hounds, 84 (13)
Master of the Horse, 77 (20)
masterly rider, 78 (1)
mating, 7 (13)
— service, 9 (16)
meadow, 11 (1)
measure, rigid —, 38 (5)
measurement, 38
measures, metric and English —, 38
measuring stick, 38 (7)
— tape, 38 (6)
— unit, 38 (8)
medium, 79 (2)
meet, 84 (20)
metric measure, 38
mezair, 75 (7)
middle line, change of hand on —, 65 (14, 15)
— piece, 28 (14)

middle-weight horse, 4 (1)
mile, 38
military, 83 (5)
— manner of holding reins, 55 (15)
milk teeth, 34 (19, 20)
milky white, 30 (2)
mixed, 5 (26)
mixed breed, 6 (21)
— colours, 29 (4)
mock-hunt, 84 (6)
modern manner of holding reins, 55 (16)
molars, 34 (24)
moment of extension, 42 (10)
— of suspension, 42 (11)
motor-horsebox, 92 (24)
mount, to —, 54 (1)
mount, lady's —, 4 (6)
mouse-coloured, 30 (25)
  light —, 30 (26)
  dark —, 30 (27)
mouth, 14 (8), 49 (1)
  dead —, 49 (7)
  fine —, 49 (5)
  fresh —, 49 (10)
  fretful —, 49 (4)
  green —, 49 (2)
  hard —, 49 (8)
  light —, 49 (6)
  numb —, 49 (7)
  sensitive —, 49 (3, 5)
  spoiled —, 49 (9)
  wet —, 49 (10)
mouth-piece, 103 (3, 7)
  half-moon —, 103 (17)
  jointed —, 103 (16)
  plain —, 103 (15)

movement, 7 (22), 33 (1), 42 (20)
  direction of —, 42 (21)
muck out the box, 92 (4)
mucking out, 92 (8)
multicoloured, 29 (5)
muscled, neck well, badly, —, 18 (21)
  second thigh well —, 24 (1)
  thigh well —, 23 (18)
muscles, 13 (11)
  back —, 54 (16)

N

nail, picked-up —, 34 (12)
nappy, 51 (2)
narrow at the chest, 27 (3)
— at the hocks, 27 (14)
— chest, 18 (23)
— croup, 20 (21)
— forearm, 22 (15)
— loins, 20 (12)
— neck, 18 (9)
native horse, improved —, 3 (5)
natural canter, 67 (15)
— paces, 33 (4)
— trot, 67 (8)
navel, 15 (24)
navicular disease, 36 (17)
near fore, strike off on —, 58 (9)
near fore leading, canter —, 68 (13)
near-side, 41 (5)
neck (of spur), 107 (11)
nomenclature, 14–16
neck, 15 (4), 18 (5)
  arched —, 18 (16)
  badly-muscled-up —, 18 (21)
  carried low —, 18 (13)
  fine —, 18 (10)

neck, heavy —, 18 (12)
  high set on —, 18 (20)
  light —, 18 (10)
  long —, 18 (8)
  low —, 18 (20)
  narrow —, 18 (9)
  oblique —, 18 (15)
  proportioned —, 18 (7)
  short —, 18 (6)
  sloping —, 18 (15)
  straight —, 18 (14)
  strong —, 18 (11)
  thick —, 18 (11)
  well-muscled-up —, 18 (21)
neck, flexion of the —, 43 (18)
  full extension of the —, 44 (1)
  rein pressed against horse's —, 56 (3)
necked, bull- —, 18 (12)
  ewe- —, 18 (18)
  swan- —, 18 (17)
neglect, to —, 80 (24)
neoclassic manner of holding reins, 55 (16)
nerves, 13 (13)
nervous, 45 (7)
net, hay- —, 90 (6)
new blood, admixture of —, 7 (5)
no contact, 49 (18)
noble, 28 (27)
— head, 17 (8)
nomenclature, 14–16
normal belly, 20 (3)
— hip, 21 (5)
— manner of holding reins, 55 (17)
— seat, 54 (4)

normal set of the legs, 27 (1)
nose, 14 (6)
nose-band, 102 (11)
nosed head, dish- —, 17 (13)
   Roman- —, 18 (2)
nostril, 14 (7)
notions, basic —, 41–44
novice, 77 (22)
numb mouth, 49 (7)
Numnah, 99 (1)

O

oats, 12 (4)
obedience, 44 (11)
oblique neck, 18 (15)
— shoulder, 21 (19)
obstacle, 80 (3)
   broad —, 113 (7)
   double —, 113 (10)
   high and broad —, 113 (8)
   simple —, 113 (9)
   triple —, 113 (11)
   upright —, 113 (6)
off fore leading, canter —, 68 (12)
off-side, 41 (4)
official certificate describing horse, 10 (4)
offspring, 5 (13, 18)
Olympic Dressage Test, 79 (12)
on the aids, 50 (8)
on the bit, 49 (21)
one beat, 42 (12)
— hand, reins in —, 56 (11)
— leg only, action of —, 55 (8)
— length, 86 (22)
— step, 42 (12, 13)
— stride, 42 (13)
one-sided, 43 (3)

open angle, hock at an —, 24 (10)
— ditch, 114 (12)
— jumping, 81 (19)
— stifle, 23 (22)
opening rein, 56 (20)
opposing action of leg, 55 (10)
— — of reins, 56 (13)
opposition, rein of direct —, 57 (1)
   rein of indirect —, 57 (2, 3)
ordinary canter, 68 (1)
— isabella, 30 (15)
— riding-saddle, 98 (2)
— snaffle, 102 (16)
— trot, 67 (10)
— walk, 67 (6)
organs, 13 (10)
Oriental horse, 3 (6)
origin, 5 (16)
outdoor competitions, 83
— school, 65 (2)
outbreeding, 7 (3)
outer rein, 56 (8)
outline, woolly —, 24 (14)
outlines, 28 (10)
outside, 41 (7)
— riding, 61 (3)
out-turned feet, 27 (9)
oval croup, 20 (27)
over at the knees, 27 (10)
— the bit, 50 (2)
overbent, 50 (3)
overbuilt, 28 (23)
— croup, 21 (1)
overcoat, 111 (3)
overreach, 36 (2)
— boots, 90 (25)

overridden, 46 (2)
over-shot fetlock, 27 (12)
oxer, 114 (1)

P

pace, 33 (15), 42 (23), 86 (19)
pacer, 3 (14)
paces, 33 (2)
   collected —, 33 (10)
   extended —, 33 (9)
   free —, 33 (9)
   gathered —, 33 (10)
   irregular —, 33 (8)
   natural —, 33 (4)
   principal —, 33 (11)
   regular —, 33 (7)
paces of low school, 67–68
pack, 84 (10)
pack-horse, 3 (19)
paddock, 11 (4, 5)
pairs of legs, 42 (4)
pairs, lateral —, 42 (5)
   diagonal —, 42 (6)
panel, 98 (16)
paper-chase, 61 (5), 84 (5)
parapet, 65 (4)
pare the hoof, 34 (16)
part, lower —, 28 (17)
   upper —, 28 (16)
part-bred, 3 (4)
parting, 94 (6)
parts, principal —, 13 (18)
parturition, 9 (18)
passage, 75 (3)
passage-way, jumping along —, 80 (19)
passive leg, 55 (6)
— rein, 56 (4)

pastern, 16 (7), 23 (7)
   long —, 23 (9)
   short —, 23 (8)
   sloping —, 23 (11)
   too long —, 23 (13)
   upright —, 23 (10)
   weak —, 23 (12)
pasture, 11 (2)
pat, to —, 54 (21)
pedigree, 10 (1)
pelham, 103 (18)
pelvis, 13 (9)
penalty points, 82 (3)
pendulous belly, 20 (4)
penis, 15 (21)
performance test, 8 (7)
period of gestation, 9 (17)
periods, 35 (7)
peritonitis, 36 (11)
permanent teeth, 34 (21)
phlegmatic, 45 (8)
piaffe, 75 (4)
"piano", 114 (10)
pick out the foot, 92 (12)
pick-up nail, 34 (12)
piebald, 31 (4, 7)
piece, middle —, 28 (14)
pigeon-breasted, 19 (3)
pigeon-toed, 27 (8)
pillar, 90 (3)
pillars, 106 (11)
pillars, work in the —, 76 (10)
pin, thorough —, 35 (10)
pink coat, 85 (11)
pirouette, 66 (2), 74 (4)
   half- —, 74 (1)
   reversed —, 74 (2)
pitchfork, 90 (12)

placing, 82 (5)
plain mouthpiece, 103 (15)
plait, to —, 94 (24)
plaited mane, 95 (2)
plaque, stable- —, 82 (8)
plate, breast- —, 99 (2, 3)
   selling- —, 86 (7)
play of the legs, 42 (7)
plum-coloured bay, 30 (23)
pneumonia, 36 (7)
point of hip, 15 (14)
— of shoulder, 15 (26)
point-to-point, 83 (2)
pointed hip, 21 (6)
points, penalty —, 82 (3)
   bonus —, 82 (2)
— of the horse, 13 (22), 17–24
pole, 113 (2)
polish, 111 (27)
   brush for putting on —, 91 (2)
polish, to —, 112 (3, 5)
polishing, brush for —, 91 (3)
— bone, 112 (1)
— cream, 91 (11)
poll, 14 (2)
   bent at the —, 43 (17)
polo, 61 (11)
— boot, 111 (13)
— helmet, 110 (6)
polo-saddle, 98 (6)
pommel, 98 (19)
pony, 3 (10)
poorly marked withers, 20 (1)
porcelain white, 30 (3)
port (of bit), 103 (8)
position, 43 (11), 54 (3)
   horse in flexed —, 43 (9)

position, horse in straight —, 43 (8)
— " in hand ", 43 (16)
— in the back of the saddle, 54 (7)
— on the cantle, 54 (7)
post, 113 (1)
   winning —, 86 (21)
post and rails, 113 (14)
pot-bellied, 20 (5)
potency, 6 (4)
power, 8 (1)
   staying —, 8 (6)
practical equitation, 61
pre-potency, 6 (7)
preliminary canter to the starting post, 86 (15)
presentation, additional —, 79 (10)
— of stag's foot, 85 (3)
prick by farrier, 34 (11)
principal parts, 13 (18)
— paces, 33 (11)
" Prix St. Georges ", 79 (11)
prize, 82 (7)
procreate, 7 (14)
produce, 5 (13)
   intermediary —, 6 (19)
productive, 7 (17)
professional, 77 (6)
profile, sheep's —, 18 (1)
   convex —, 18 (1)
prolific, 7 (17)
prominent hip, 21 (7)
pronounced shoulder, 21 (22)
— withers, 19 (27)
Prophet's thumb mark, 32 (16)
proportioned, 28 (25)

proportioned chest, 18 (24)
— neck, 18 (7)
protecting bag for boots, 111 (20)
prototype of the species, 7 (6)
" Puissance ", 81 (18)
pull, to —, 50 (1), 94 (19)
pull on one's boots, to —, 112 (6)
pull up, to —, 59 (1)
pumiced hoof, 34 (6)
punish, to —, 55 (2)
punishment, 55 (2)
pupil, 77 (9, 15)
pure breeding, 6 (22)
pure-bred Arab, 3 (1)
put up a defence, to —, 81 (10)

Q

" quadrille ", 62 (8)
quality, 7 (19), 86 (11)
quarry, 84 (7)
quartering, 92 (19)
quarters in, 71 (7)
quarters out, 71 (9)
quick grooming, 92 (19)
quiet, 45 (6)

R

race, 5 (8), 86 (1, 16)
   classic —, 86 (5)
   flat —, 86 (2)
   hurdle —, 86 (3)
race (marking), 32 (5)
race riding, 61 (9)
— course, track, 86 (13)
race-horse, 3 (11, 22), 86 (8)
— type tail, 95 (4)
racing, 86
— boot, 111 (12)

racing colours, 110 (15)
— gallop, 68 (10)
— saddle, 98 (7)
ragged hip, 21 (6)
rail, guard —, 113 (3)
   swinging —, 90 (4)
raincoat, 111 (4)
raising, head- —, 43 (19)
rake, to —, 50 (4)
rally, 61 (5)
ram-headed, 18 (2)
rap, to —, 81 (3)
rapping pole, lift —, 80 (17)
rat-tail, 21 (12)
ration, daily —, 12 (22)
   maintenance —, 12 (23)
   supplementary —, 12 (25)
   working —, 12 (24)
rear, to —, 51 (5)
rearer, 5 (5)
rearing, 5 (3)
record, 8 (8)
rectangular, 28 (21)
redhibitory defect, 37 (5)
redopp, 75 (5)
refuse, to —, 81 (9)
regular paces, 33 (7)
regulation saddle, 98 (1)
rein, active —, 56 (2)
   change the —, 58 (7)
   check —, 106 (5)
   completely loose —, 56 (6)
   counter —, 56 (20)
   curb —, 102 (13)
   effects of the single —, 56 (18)
   firm —, 56 (1)
   floating —, 56 (5)

rein, halt on a loose —, 59 (2)
  hanging —, 56 (5)
  inner —, 56 (7)
  leading —, 56 (19)
  lungeing —, 80 (18), 106 (6)
  opening —, 56 (19)
  outer —, 56 (8)
  passive, 56 (4)
  running- —, 106 (4)
  school a jumper on lungeing —, 80 (18)
  side —, 106 (5)
  single —, 56 (17)
  snaffle —, 102 (12)
  walk on a loose —, 67 (2)
rein back, to —, 59 (4)
rein of direct opposition, 57 (1)
— of indirect opposition, 57 (2, 3)
— pressed against horse's neck, 56 (3)
reins, 102 (5)
  adjust the —, 55 (18)
  jag of —, 56 (16)
  lengthen the —, 55 (19)
  long —, 106 (12)
  manner of holding —, 55 (13)
  release of the —, 44 (2)
  to separate the —, 56 (9)
  opposing action of the —, 56 (13)
  work in long —, 76 (9)
  shorten the —, 55 (20)
reins in both hands, 56 (10)
— in one hand, 56 (11)
relaxed, 45 (15)
release of the reins, 44 (2)
remove the droppings, 92 (5)

remove the shoe, 34 (18)
renvers, 71 (9)
respect, to —, 80 (23)
responsiveness, 44 (8)
retrogressive, 6 (10)
reversed pirouette, 74 (2)
reward, 54 (19)
rhythm, 42 (25)
ribs, 13 (8), 15 (7), 19 (5)
  curved —, 19 (9)
  flat —, 19 (8)
  long —, 19 (7)
  short —, 19 (6)
  well-sprung —, 19 (9)
ride (track), 65 (10)
ride, 42 (15)
  long distance —, 61 (7)
ride-and-drive horse, 3 (17)
ride astride, 62 (1)
— bareback, 62 (3)
— on the fork, to —, 54 (8)
— side-saddle, 62 (2)
rider, 77 (1), 80 (2)
  circus —, 77 (3)
  gentleman —, 77 (5)
  lady —, 77 (2)
  masterly —, 78 (1)
  presentation at choice of —, 79 (10)
  school —, 77 (3)
  seat of —, 80 (6)
  skilled —, 77 (23)
  style of —, 80 (6)
rider's weight, 54 (15)
riding, academic —, 60 (3)
  art of —, 60 (3)
  circus —, 61 (13)
  fancy —, 61 (13)

riding, outside —, 61 (3)
  race —, 61 (9)
  school —, 60 (3)
  show —, 61 (1)
riding boot, 111 (10)
— coat, 110 (10a)
— dress, 110 (11a)
— for sport, 61 (1)
— horse, 3 (15)
— instructor, 77 (3, 10)
— instructor, assistant —, 77 (11)
— instructor, chief —, 77 (12)
— kit, 110–112
— on horseback, 60 (1)
— saddle, ordinary —, 98 (2)
— school, 65 (1)
— skirt, lady's —, 111 (8)
— stick, 107 (3)
— technique, 54–59, 57 (14)
— to hounds, 61 (4)
right diagonal, to trot on the —, 58 (6)
rigid measure, 38 (5)
ringbone, 35 (14)
rings, 103 (4, 10)
rising trot, 58 (5)
roach-backed, 19 (16)
road crossing, 114 (6)
roads and tracks, 83 (6B)
roan, 31 (9)
  blue —, 31 (12)
  chestnut —, 31 (10)
  dark red —, 31 (11)
  sorrel —, 31 (11)
  strawberry —, 31 (10)
roaring, 36 (9)
rock-salt, 12 (18)
roll, knee —, 98 (15)

roll the tongue, 49 (13)
rolled (corn), 12 (6)
roller, 90 (21)
Roman-nosed, 18 (2)
root of the tail, 94 (12)
rope, head- —, 19 (17)
rosette, 82 (9)
roughage, 12 (2)
round, tail going —, 50 (12)
round cannon, 23 (1)
rounded knee, 22 (20)
— back, 50 (10)
rowel, 107 (12)
rub, to —, 92 (13)
rubber, stable —, 91 (8)
rug, 90 (19)
run, 84 (22)
run away, to —, 51 (6)
run out, to —, 81 (6)
running martingale, 106 (1)
running-rein, 106 (4)

S

saddle, 98–99
  dressage —, 98 (3)
  hunting —, 98 (5)
  jumping —, 98 (4)
  ordinary —, 98 (2)
  polo —, 98 (6)
  racing —, 98 (7)
  regulation —, 98 (1)
  riding —, 98 (2)
  side —, 98 (8)
  to fit the —, 99 (5)
  position in the back of the —, 54 (7)
  work in the —, 76 (7), 80 (20)
saddle a horse, to —, 99 (6)

saddle-backed, 19 (14)
saddle-blanket, 99 (1)
saddle-cloth, 99 (2)
saddle-horse, 3 (15)
saddle-marked 95 (9)
saddle-room, 90 (9), 99 (14)
saddle soap, 91 (10)
saddler, 99 (10)
saddler's shop, 99 (13)
saddlery, 99 (12)
salt, 12 (18)
   rock- —, 12 (18)
salute, 66 (9)
sand, 65 (7)
sand-crack, 34 (10)
Saumur Cavalry School, 77 (20)
"sauteur", 76 (6)
scarlet coat, 85 (11)
scent, 84 (8)
scheme of marking, 82 (1)
school, 79 (4)
   change of hand through middle of —, 65 (14)
   high —, 60 (5)
   low —, 60 (4)
   outdoor —, 65 (2)
   paces of the low —, 67–68
   riding —, 65 (1)
   to turn across the —, 65 (11)
school a jumper, to —, 80 (7)
— a jumper on the lungeing rein, 80 (18)
school "airs", 33 (5)
— airs, high —, 75
— canter, 75 (3)
— rider, 77 (3)
— trot, 75 (2)
— walk, 75 (1)

school-riding, 60 (3)
schooled horse, well- —, 44 (19)
schooling, 45 (21)
scimitar-shaped, 27 (18)
scissors, 95 (11)
scrotum, 15 (18)
scurry-jumping with jump-off, 81 (17)
— with time factor, 81 (16)
season, 9 (15)
seat, 54 (3)
   correct —, 54 (11)
   dressage —, 54 (4)
   forward —, 54 (5)
   jockey —, 54 (6)
   normal —, 54 (4)
   stiff —, 54 (9)
   supple —, 54 (10)
seat, effect of the —, 54 (15)
seat of rider, 80 (6)
seat of saddle, 98 (13)
second horse, 84 (19)
second thigh, 16 (15), 23 (23)
   clearly defined —, 23 (26)
   full —, 24 (2)
   long —, 23 (24)
   strong —, 23 (25)
   well-muscled —, 24 (1)
selection, breeding —, 6 (17)
selling-plate, 86 (7)
sensitive mouth, 49 (3, 5)
sensitive to the legs, 50 (6)
separate the reins, to —, 56 (9)
serpentine, 66 (3)
served mare, 9 (10)
service, mating —, 9 (16)
service canter, 67 (16)
serving, 7 (13)

set four-square, 28 (20)
shades, 30–31
shank, 16 (5)
shape, 5 (15)
shaped, scimitar- —, 27 (18)
   sickle- —, 27 (17)
   wedge- —, 17 (11)
sharp croup, 20 (26)
   spur, 107 (15)
sharply, to turn —, 80 (15)
sheath, 15 (20)
sheep's profile, 18 (1)
shoe, 34 (15)
   remove the —, 34 (18)
shoe a horse, to —, 34 (17)
shoemaker, 112 (12)
short, turn —, 80 (15)
short arm, 22 (1)
— back, 19 (11)
— cannon, 23 (3)
— croup, 20 (19)
— forearm, 22 (11)
— loins, 20 (10)
— neck, 18 (6)
— pastern, 23 (8)
— ribs, 19 (6)
— shoulder, 21 (16)
— tail, 95 (3)
— withers, 19 (20)
shortcoming, 37 (2)
shorten, to —, 58 (18)
— the reins, 55 (20)
shoulder, 15 (25), 21 (15)
   clean —, 21 (21)
   coarse —, 21 (23)
   lean —, 21 (21)
   loaded —, 21 (23)
   long —, 21 (17)

shoulder, loose —, 21 (24)
   oblique —, 21 (19)
   pronounced —, 21 (22)
   short —, 21 (16)
   sloping —, 21 (20)
   straight —, 21 (18)
   tied-in —, 21 (25)
   upright —, 21 (18)
   weak —, 21 (24)
shoulder, point of —, 15 (26)
shoulder in, 71 (4)
show jumper, 3 (23)
— jumping, 61 (10), 81 (15)
— riding, 61 (1)
shy, 45 (7)
— feeder, 46 (3)
shy, to —, 50 (15)
sickle-shaped, 27 (17)
side, concave —, 43 (4)
side, convex —, 43 (5)
side steps on two tracks, 71
side-bar, 98 (10)
side-rein, 106 (5)
side-saddle, 98 (8)
   to ride —, 62 (2)
sided, one- —, 43 (3)
sideways, jump —, 51 (4)
silk hat, 110 (3)
silver eye, 32 (13)
simple colours, 29 (2)
— obstacle, 113 (9)
simultaneous action of legs, 55 (11)
singe, to —, 94 (23)
single rein, 56 (17)
— rein, effects of the —, 56 (18)
sire, 7 (10)
sire, foundation —, 7 (8)

sitting trot, 58 (4)
six bars, 81 (20)
size, 28 (19)
skeleton, 13 (2)
skewbald, 31 (4, 5, 6)
skill, equestrian —, 57 (13)
skilled rider, 77 (23)
skin, 13 (14)
skirt (of saddle), 98 (14)
skirt, lady's riding —, 111 (8)
slacken the girth, to —, 99 (8)
slaty blue grey, 31 (14)
sloping arm, 22 (4)
— croup, 20 (25)
— neck, 18 (15)
— pastern, 23 (11)
— shoulder, 21 (20)
— thigh, 23 (17)
— wall, 65 (4)
slow down, to —, 58 (18)
slow trot, 67 (11)
— canter, 68 (2)
sluggish, 45 (8)
small head, 17 (2)
smithy, 34 (14)
snaffle, 102 (1)
 egg-butt —, 103 (1)
 ordinary —, 102 (16)
snaffle bit, 102 (14)
— rein, 102 (12)
— with cheeks, 102 (19)
snap, to —, 50 (17)
snip, 32 (2, 6)
soap, saddle —, 91 (10)
soberness, 8 (3)
sock, 32 (10)
soft hat, 110 (8)
soft-legged boot, 111 (16)

sole, 34 (4)
solid fence, 80 (21)
"some white hairs", 32 (1)
sores, back —, 35 (23)
sorrel roan, 31 (11)
soundness, 7 (25)
Spanish Riding School, 77 (20)
spavin, bog- —, 35 (17, 19)
 bone- —, 35 (18)
special bridles, 102 (3)
species, 5 (6)
 prototype of the —, 7 (6)
speckled grey, 31 (18)
speed, 8 (5), 86 (18)
 change —, 58 (16)
speedy cutting, 36 (2)
spine, 13 (5)
 straighten the horse's —, 43 (6)
splint, 35 (13)
split, 6 (11)
spoiled mouth, 49 (9)
sponge, 91 (6)
sponge, to —, 92 (15)
spongy hock, 24 (11)
sport, riding for —, 61 (1)
sprained tendons, 36 (19)
sprains, 35 (21)
sprinter, 86 (10)
spur, box —, 107 (18)
 dummy —, 107 (14)
 sharp —, 107 (15)
 strapped —, 107 (16)
spur-maker, 107 (19)
spurs, 107 (10)
 jab of the —, 55 (5)
stable, 90–91
— head-stall, 90 (16)

stable management, 92
— rubber, 91 (8)
stable-boy, 92 (22)
stable-plaque, 82 (8)
stag-hunting, 84 (3)
stag's foot, presentation of —, 85 (3)
stall, 90 (2)
stallion, 7 (11), 9 (4)
stallion man, 9 (24)
stamina, 8 (6)
stand, 113 (1)
standing martingale, 106 (2)
— over much ground, 28 (9)
— stretched, 27 (20)
— under, 27 (19)
star, 32 (3)
star-gaze, to —, 50 (2)
start, 86 (16)
start at a walk, trot, 58 (1)
stayer, 86 (9)
staying power, 8 (6)
steeple-chase, 83 (6B), 86 (4)
step, 42 (12, 13)
sterile, 7 (18)
stick, 107 (7)
— measure, 38 (5)
 measuring —, 38 (7)
 riding —, 107 (3)
stiff, 45 (13)
— back, 50 (10)
— seat, 54 (9)
stifle, 16 (13), 23 (19)
 large —, 23 (20)
 lean —, 23 (21)
 open —, 23 (22)
stirrup-bar, 98 (12)
stirrup-iron, 98 (22)

stirrup-leather, 98 (21)
stitched bridle, 103 (19)
stock (cravat), 110 (18)
stock, foundation —, 5 (10)
 young —, 9 (3)
stock-pin, 111 (1)
stocking, 32 (11)
— rising above knee, 32 (12)
stocky, 28 (5)
stone (weight), 38 (10)
stone wall, 114 (5)
stop, to —, 59 (1), 81 (8)
— the action of legs, 55 (12)
stout-legged boot, 111 (16)
straight arm, 22 (3)
— back, 19 (13)
— curb bit, 103 (5)
— head, 17 (10)
— hock, 24 (11)
— horse, 43 (7)
— neck, 18 (14)
— shoulder, 21 (20)
straight position, horse in —, 43 (8)
straighten the horse's spine, 43 (6)
strain, 5 (19)
 tap-root —, 7 (7)
strangles, 36 (6)
straps, 107 (17), 111 (7)
strapped spur, 107 (16)
straw, 12 (7)
strawberry roan, 31 (10)
strength, 8 (1)
stretched, standing —, 27 (20)
stride, 42 (13)
 change of leg at every —, 58 (12)

stride, complete —, 42 (14)
strike off, to —, 57 (15)
— at the canter, 58 (1, 8)
— on near-fore, 58 (9)
stringhalt, 35 (20)
stripe, 32 (4)
  eel —, 32 (15)
stroke of the whip, 55 (4)
strong back, 19 (18)
— cannon, 23 (5)
— canter, 68 (4)
— croup, 21 (3)
— hock, 24 (16)
— loins, 20 (17)
— neck, 18 (11)
— second thigh, 23 (25)
— trot, 67 (13)
stubborn, 51 (1)
stud farm, 9 (1, 2)
— groom, 9 (23), 92 (23)
— manager, 9 (22)
stud-book, 10 (2)
student, 77 (15)
studs, bridle with —, 103 (21)
stumble, to —, 36 (4)
sturdy, 28 (6)
style, equestrian —, 57 (12)
— of rider, 80 (6)
suck, 9 (20)
sugar, 12 (17)
summer coat, 94 (2)
sunken loins, 20 (15)
supple, to —, 80 (8)
supple back, 50 (9)
— seat, 54 (10)
supplementary ration, 12 (25)
surcingle, 90 (22), 98 (24), 106 (7)

surface, 65 (6)
  grinding —, 35 (5)
  table —, 35 (5)
suspension, moment of —, 42 (11)
swallow the tongue, 49 (13)
swan-necked, 18 (17)
sweat scraper, 91 (5)
swerve, to —, 81 (7)
switch, 107 (1)
switch the tail, 50 (12)
swinging rail, 90 (4)
— bit, 103 (6)

T

tab (of saddle), 98 (18)
table surface, 35 (5)
tact, equestrian —, 57 (9)
tail, 15 (16), 21 (8), 94 (4, 10)
  cob type —, 95 (6)
  cock- —, 95 (3)
  deep-set —, 21 (11)
  docked —, 95 (3)
  hackney —, 95 (6)
  high-set —, 21 (9)
  hunter's type —, 95 (5)
  low-set —, 21 (10)
  racehorse type —, 95 (4)
  rat- —, 21 (12)
  root of the —, 94 (12)
  short —, 95 (3)
  switch the —, 50 (12)
tail carriage, 21 (13), 94 (13)
— going round, 50 (12)
— to the wall, 71 (9)
tailor, 112 (14)
take, to —, 49 (19)
— a wide turn, 80 (16)
— away, to —, 94 (18)

take off one's boots, to —, 112 (6)
— the bit in the teeth, 49 (17)
— the bridle off, 103 (23)
take off, to —, 80 (11)
talent, equestrian —, 57 (10)
tan, 65 (8)
tape, measuring —, 38 (6)
tape-measure, 38 (4)
tap-root mare, 7 (9)
— strain, 7 (7)
tawny bay, 30 (21)
team jumping, 81 (22)
team's captain, 77 (13)
teaser, 9 (7)
technique, riding —, 54–59, 57 (10)
teeth, 34–35
  biting —, 34 (23)
  canine —, 35 (1)
  grinding —, 34 (24)
  milk —, 34 (19, 20)
  permanent —, 34 (21)
teeth, grind the —, 49 (16)
  changing the —, 34 (22)
  take the bit in the —, 49 (17)
temperament, 7 (21), 45 (2)
tempo, 33 (3), 42 (24)
tendons, 13 (12)
  sprained —, 36 (19)
tense, 45 (14)
test, additional —, 79 (9)
  dressage —, 79 (8), 83 (6A)
  execution of the —, 79 (7)
  long-distance —, 83 (3)
  performance —, 8 (7)
Test jumping, 81 (18)
testicles, 15 (19)
tether, 90 (17)

thick in front, chest —, 19 (4)
thick neck, 18 (11)
— withers, 19 (26)
thick-set, 28 (5)
thigh, 16 (11), 23 (15)
  long —, 23 (16)
  second —, 16 (15), 23 (23)
  sloping —, 23 (17)
  well-muscled —, 23 (18)
thin, to —, 94 (15)
thin withers, 19 (25)
thong, 107 (8)
thorax, 13 (7)
thorough grooming, 92 (20)
— pin, 35 (10)
Thoroughbred, English —, 3 (2)
three-cornered hat, 110 (2)
three days' event, 83 (5, 6)
throat, 15 (3)
throat-lash, 102 (9)
throw-back, 6 (9)
throw the rider, 51 (7)
thrush, 35 (22)
thumb mark, Prophet's —, 32 (16)
tied-in elbow, 22 (9)
— knee, 22 (25)
— shoulder, 21 (25)
tighten the girth, to —, 99 (7)
time factor, scurry jumping with —, 81 (16)
tired, 45 (12)
toe, 34 (2)
tongue, hang out the —, 49 (14)
  roll the —, 49 (13)
  swallow the —, 49 (13)
tongue over the bit, put the —, 49 (15)

tongue-clicking, 54 (18)
top-boot, 111 (11)
top-hat, 110 (3)
toss the head, to —, 50 (5)
touch up with the whip, 55 (1)
touch-and-out, 81 (21)
touring on horseback, 61 (8)
trace clipped, 95 (8)
track; 42 (16), 65 (9), 81 (14), 113 (12)
  race —, 86 (13)
tracks, side steps on two —, 71
  canter on two —, 75 (6)
trailer, 92 (24)
trainer, 77 (8)
training, 45 (21)
  degree of —, 45–46
transition, 43 (1)
travers, 71 (7)
tree (of saddle), 98 (9)
— (boot-), 111 (19)
tricorn, 110 (2)
trim, to —, 94 (17)
trimmed mane, 95 (1)
trimming, 94–95, 94 (14)
triple bars, 114 (2)
— obstacle, 113 (11)
trophy, 85 (2)
trot, to —, 58 (2, 3)
trot, 33 (13), 67
  collected —, 67 (12)
  extended —, 67 (14)
  natural —, 67 (8)
  ordinary —, 67 (10)
  rising —, 58 (5)
  school —, 75 (2)
  sitting —, 58 (4)
  slow —, 67 (11)

trot, strong —, 67 (13)
  utility —, 67 (9)
  start at a —, 58 (1)
trot on the diagonal, 58 (6)
trotter, 3 (13)
trough, 90 (7)
true-lead, canter at the —, 68 (11)
trunk, 18 (4)
tucked-up belly, 20 (7)
tuft, 94 (7)
tunic, 110 (14)
turn, 65 (21), 86 (17)
turn, to —, 80 (14)
  take a wide —, 80 (16)
— across the school, 65 (11)
— on the centre, 74 (3)
— on the forehand, 74 (2)
— on the hocks, 74 (4)
— sharply, 80 (15)
— short, 80 (15)
turning out to grass, 11 (3)
turns, 74
tushes, 35 (1)
twitch, 91 (13)
two-cornered hat, 110 (1)
two tracks, side steps on —, 71
  canter on —, 75 (6)
type, 5 (14)
  not true to —, 6 (3)
typical, 6 (2)

U

udder, 15 (23)
unbroken, 45 (16)
under " écuyer ", 77 (17)
under-shot fetlock, 27 (13)
undress, to —, 112 (10)

unfit, 45 (23)
uniform, hunt —, 85 (10), 110 (13)
unit, measuring —, 38 (8)
unsaddle, to —, 99 (9)
unsoundness, 37 (5)
upper arm, 15 (27)
upper part, 28 (16)
upright obstacle, 113 (6)
— pastern, 23 (10)
— shoulder, 21 (18)
utility cross-breeding, 6 (20)
— canter, 67 (16)
— horse, general —, 4 (7)
— trot, 67 (9)

V

variety, 5 (7)
vaulting, 62 (4)
vertebra, 13 (6)
vibration, 56 (14)
vice, 36 (23)
voice, 54 (18)
volt, 65 (19)
voltige, 62 (4)
vulva, 15 (22)

W

waistcoat, 110 (17)
walk, to —, 58 (2)
walk, 33 (12), 67
  collected —, 67 (5)
  extended —, 67 (7)
  free —, 67 (1)
  ordinary —, 67 (6)
  school —, 75 (1)
  start at a —, 58 (1)
— on a long rein, 67 (3)

walk on a loose rein, 67 (2)
— with contact, 67 (4)
walk-over, 86 (24)
wall, 65 (3)
  brick —, 114 (4)
  head to the —, 71 (7)
  horny —, 34 (1)
  sloping —, 65 (4)
  stone —, 114 (5)
  tail to the —, 71 (9)
wall eye, 32 (13)
warm-blooded horse, 3 (8)
wash, to —, 92 (16)
washed-out chestnut, 30 (11)
water, 12 (20)
water (obstacle), 114 (13)
water, to —, 92 (1)
water-bowl, 90 (7)
water-brush, 91 (1)
way to the leg, give —, 71 (3)
weak back, 19 (17)
— cannon, 23 (2)
— croup, 21 (2)
— elbow, 22 (6)
— hock, 24 (15)
— loins, 20 (16)
— pastern, 23 (12)
— shoulder, 21 (24)
weakness, 37 (1)
weaning of a foal, 9 (21)
wedge-shaped head, 17 (11)
weighing-in, 86 (14)
weight, rider's —, 54 (15)
well-defined hock, 24 (7)
— knee, 22 (22)
well-mannered horse, 45 (20)
well-muscled neck, 18 (21)
— second thigh, 24 (1)

well-muscled thigh, 23 (18)
well-schooled horse, 45 (19)
well set on head, 18 (3)
well-sprung ribs, 19 (9)
Western horse, 3 (7)
wet mouth, 49 (10)
Weymouth bit, 103 (6)
wheelbarrow, 90 (10)
whip, cutting —, 107 (5)
  hunting- —, 85 (9), 107 (4)
  lungeing —, 107 (6)
  stroke of the —, 55 (4)
  touch up with the —, 55 (1)
whipper-in, whip, 84 (15)
whistling, 36 (9)
white, 30 (1)
  creamy —, 30 (4)
  dirty —, 30 (4)
  milky —, 30 (2)

white, porcelain —, 30 (3)
" white hairs, some — ", 32 (1)
white markings at back of coronet, 32 (9)
— at front of coronet, 32 (8)
whole-coloured, 32 (17)
wide at the chest, 27 (4)
— at the hocks, 27 (15)
— at the knees, 27 (7)
— cannon, 23 (4)
— chest, 18 (25)
— forearm, 22 (13)
— hock, 24 (5)
— knee, 22 (18)
— loins, 20 (13)
— turn, take a —, 80 (16)
wind, broken —, 36 (8)
windgall, 35 (10)
wing, 113 (4)

winning-post, 86 (21)
winter coat, 94 (2)
withers, 15 (9), 19 (19)
  bony —, 19 (25)
  high —, 19 (23)
  lean —, 19 (24)
  long —, 19 (21)
  low —, 19 (22)
  poorly marked —, 20 (1)
  pronounced —, 19 (27)
  short —, 19 (20)
  thick —, 19 (26)
  thin —, 19 (25)
  too high at —, 28 (22)
without markings, 32 (17)
wolf-coloured, 31 (1)
  dark —, 31 (3)
  light —, 31 (2)
woodpile, 114 (11)

woolly outline, 24 (14)
work in hand, 76 (8)
— in long reins, 76 (9)
— in the pillars, 76 (10)
— in the saddle, 76 (7), 80 (20)
working ration, 12 (24)
worms, 36 (20)
wrong lead, canter at the —, 68 (15)

Y

yard (measure), 38
yard broom, 90 (13)
yellow-dun, 31 (1)
young stock, 9 (3)

Z

zootechnique, 5 (1)

II
FRANCAIS

French
Französisch

A

abandonnée, rêne —, 56 (6)
abandonnées, les rênes —, 67 (2)
abâtardi, 6 (13)
abimée, bouche —, 49 (9)
aborder, 80 (9)
abreuver, 92 (1)
abreuvoir, 90 (7)
académique, équitation —, 60 (3)
accessoires, 90-91
accident, 81 (13)
accouplement, 7 (13)
acculé, 50 (3)
action, 7 (22), 42 (19)
— déplaçante de la jambe, 55 (9)
— d'une jambe isolée, 55 (8)
— simultanée des jambes, 55 (11)
active, jambe —, 55 (7)
  rêne —, 56 (2)
" aequo, ex — ", 86 (23)
agitée, bouche —, 49 (4)
agrafe, 111 (1)
aide-écuyer, 77 (16)
aides, 54 (12)
— diagonales, 57 (5)
— latérales, 57 (4)
— supplémentaires, 54 (17)
aimable, bouche —, 49 (5, 6)
air, changer de pied en l' —, 58 (11)
airs bas, 75
— d'école, 75
— relevés, 75
ajuster la selle, 99 (5)

ajuster les rênes, 55 (18)
alezan, 30 (8)
— brûlé, 30 (12)
— clair, 30 (9)
— doré, 30 (13)
— foncé, 30 (10)
— lavé, 30 (11)
  pie —, 31 (5)
alignement, 7 (4)
allaitement, 9 (20)
allant, 45 (10)
allée cavalière, 65 (10)
aller au trot assis, 58 (4)
allongé, galop —, 68 (5)
  pas —, 67 (7)
  trot —, 67 (14)
allonger, 58 (17)
— les rênes, 55 (19)
allure, 42 (23)
  changer d'—, 58 (15)
allures, 33 (2)
— artificielles, 33 (6)
— d'école, 33 (5)
— étendues, 33 (9)
— irrégulières, 33 (8)
— libres, 33 (9)
— naturelles, 33 (4)
— principales, 33 (11)
— raccourcies, 33 (10)
— rassemblées, 33 (10)
— régulières, 33 (7)
— vives, 33 (5)
amateur, 77 (5)
amazone, 77 (2)
  cheval d'—, 4 (6)

amazone, jupe d'—, 111 (8)
  monter en —, 62 (2)
  selle d'—, 98 (8)
amble, 33 (15)
ambleur, 3 (14)
amélioré, cheval indigène —, 3 (5)
améliorer une race, 6 (14)
américaine, épreuve à l'—, 81 (21)
anglais, pur sang —, 3 (2)
anglaise, cornette a l'—, 85 (8)
  habit à l'—, 110 (11)
  jaquette à l'—, 110 (10)
  trot à l'—, 58 (5)
anglaises, mesures —, 38
angles, 28 (11)
anglo-arabe, 3 (3)
animal, 84 (7)
  forcer l'—, 84 (23)
  servir l'—, 84 (24)
animer, 54 (23)
anneaux, 103 (4, 10)
  martingale à —, 106 (1)
antérieurs, 42 (2)
anus, 15 (17)
aplomb défectueux, 27 (2)
— normal, 27 (1)
— régulier, 27 (1)
aplombs, 27
appel, barre d'—, 113 (3)
— de langue, 54 (18)
appréciation globale, 28
appui (du cheval), 43 (13)
  membre à l'—, 42 (8)

appui, rêne d'—, 56 (3)
  sans —, 49 (18)
appuyer, 71 (6, 7, 9)
— la croupe en dedans, 71 (7)
— la croupe en dehors, 71 (9)
— la tête au mur, 71 (7)
aptitude, 8 (4), 86 (12)
— de saut, 80 (4)
arabe, pur sang —, 3 (1)
arcade, 98 (11)
arçon de selle, 98 (9)
ardoise, gris —, 31 (14)
aronde, queue d'—, 35 (8)
arqué, 27 (10)
arracher, 94 (19)
arrêt, 42 (17), 59 (3), 66 (8)
— libre, 59 (2)
  demi-—, 56 (15)
arrêter, 59 (1)
  s'—, 81 (8)
arrière des jambes, en —, 50 (7)
— du garrot, en —, 57 (3)
arrière-main, 41 (3)
arrière-train, 28 (15)
arrivée, 86 (21)
arrondie, disposition—, 43 (10)
arrondies, côtes —, 19 (9)
art du cavalier, 57 (13)
articulation, 13 (4)
artificielle, insémination —, 7 (16)
  piste —, 84 (4)
artificielles, allures —, 33 (6)
artistique, équitation —, 60 (3)

139

ascendance, 5 (17)
asseoir, 44 (5)
assiette, 54 (3)
— correcte, 54 (11)
— crispée, 54 (9)
— souple, 54 (10)
  impression de l'—, 54 (15)
assis, trot —, 58 (4)
assoupli de dos, 50 (9)
assouplir, 80 (8)
astiquer, 112 (5)
asymétrie, 43 (3)
attache, 94 (12)
— de la tête, 18 (3)
  longe d'—, 90 (17)
attaque d'éperons, 55 (5)
attaquer, 80 (9)
attelage, cheval d'—, 3 (16)
aubère, 31 (9)
au-dessus de la main, 50 (2)
auteur, 7 (10)
avalé, ventre —, 20 (5)
avalée, croupe —, 20 (25)
avance, 98 (15)
avant de la main, en —, 50 (1)
avant des jambes, en —, 50 (6)
avant du garrot, en —, 57 (2)
avant-bras, 16 (2), 22 (10)
— court, 22 (11)
— étroit, 22 (15)
— large, 22 (13)
— long, 22 (12)
— plat, 22 (14)
avant-main, 41 (1)
avoine, 12 (4)
axe longitudinal, 43 (2)
  incurvation de l'—, 43 (3)

B

baguette, 107 (2)
bai, 30 (18)
— brun, 30 (24)
— cerise, 30 (23)
— clair, 30 (19)
— doré, 30 (20)
— fauve, 30 (21)
— marron, 30 (22)
  pie —, 31 (6)
baigner, 92 (17)
balai, 90 (13)
balai, queue en —, 95 (6)
ballotade, 76 (3)
balzane, grande —, 32 (11)
  petite —, 32 (10)
  principes de —, 32 (8)
  trace de —, 32 (9)
— haut-chaussée, 32 (12)
bancal, 27 (18)
bande de fer, 98 (10)
bandes, 90 (22)
banquette irlandaise, 114 (9)
barbotage, 12 (19)
barème, 82 (1)
barrage, 82 (4)
  épreuve avec —, 81 (17)
barre, 113 (2)
— d'appel, 113 (3)
barrer, 80 (17)
barres, épreuve des six —, 81 (20)
  les triples —, 114 (2)
barrière, 11 (6)
  jambe formant —, 55 (10)
bas d'état, 45 (23)
bas, les airs —, 75
  garrot —, 19 (22)

bas, jarret —, 24 (9)
bas greffée, encolure —, 18 (20)
bas jointé, 27 (13)
bas plantée, queue —, 21 (10)
basculer, 80 (12)
base, école de —, 60 (4)
  notions de —, 41–44
base de sustension, 28 (9)
basse, école —, 60 (4)
bassin, 13 (9)
  position sur les os du —, 54 (7)
bât, cheval de —, 3 (19)
bat-flancs, 90 (4)
bâti en montant, 28 (22)
bâton, 107 (3)
battue, 42 (12)
Baucher, filet —, 102 (19)
bavarde, bouche —, 49 (4)
bave, 49 (12)
béguin, 90 (20)
belle face, 32 (5)
bicorne, 110 (1)
bidet, 3 (10)
billarder, 36 (3)
bipèdes, 42 (4)
— diagonaux, 42 (6)
— latéraux, 42 (5)
blanc (de naissance), 30 (1)
— mat, 30 (2)
— porcelaine, 30 (3)
— sale, 30 (4)
blanc, boit dans son —, 32 (7)
blessure, 36 (25)
— de selle, 35 (23)
bleu, gris —, 31 (14)
bois, stère de —, 114 (11)
boit dans son blanc, 32 (7)
boîte, éperon à —, 107 (18)

boiterie, 38 (18)
bombe de chasse, 110 (5)
bombé, genou —, 22 (20)
bon train, galop —, 68 (9)
bond, 51 (4)
bondir, 51 (4)
bonification, 82 (2)
bord supérieur de l'encolure, 15 (5)
botte à l'écuyère, 111 (15)
— à revers, 111 (11, 12)
— à tige forte, 111 (16)
— à tige molle, 111 (16)
— d'équitation, 111 (10)
— de campagne, 111 (14)
— de polo, 111 (13)
botter, se —, 112 (6)
bottes, 110 (9)
—, nettoyer les —, 112 (2)
bottier, 112 (11)
bottine, 90 (23), 111 (17)
bottine Jodhpur, 111 (18)
bouche, 14 (8), 49 (1)
— abimée, 49 (9)
— agitée, 49 (4)
— aimable, 49 (5, 6)
— bavarde, 49 (4)
— contractée, 49 (8)
— crue, 49 (2)
— dure, 49 (8)
— fine, 49 (5)
— fraîche, 49 (10)
— légère, 49 (6)
— mobile, 49 (4)
— muette, 49 (7)
— sensible, 49 (3)
— souple, 49 (3)
bouchonner, 93 (13)

FRANCAIS

boucle, 107 (13)
boucles, bride à —, 103 (20)
boulet, 16 (6)
bouleté, 27 (12)
bourrelier, 99 (11)
bourrer, 50 (1)
bourses, 15 (18)
boute-en-train, 9 (7)
box, 90 (1)
  nettoyer le —, 92 (4)
branche, 5 (11)
— maîtresse, 7 (7)
branches (du mors), 103 (9)
  filet à —, 102 (19)
branloire, 90 (4)
bras, 15 (27), 21 (26)
— court, 22 (1)
— long, 22 (2)
— oblique, 22 (4)
— tendant vers la verticale, 22 (3)
brassage de sang, 7 (3)
brassicourt, 27 (10)
bride, 102-103
— à boucles, 103 (20)
— à crochets, 103 (21)
— complète, 102 (2)
— cousue, 103 (19)
  filet de mors de —, 102 (18)
  rêne de —, 102 (13)
bride seule, sur la —, 56 (12)
brider, 103 (22)
brides spéciales, 102 (3)
bridon, 102 (1)
brique, mur de —, 114 (4)
brisé, canon —, 103 (14)
brochet, tête de —, 17 (13)
brosse, 111 (26)
— à graisser, 91 (2)

brosse à panser, 90 (26)
— chiendent, 91 (1)
— polissoir, 91 (3)
brosser, 92 (10), 112 (16)
brouette, 90 (10)
brouter, 11 (7)
brûlé, alezan —, 30 (12)
brûler, 94 (23)
brun, bai —, 30 (24)
busquée, tête —, 18 (2)
buter, 36 (3)
butte irlandaise, 114 (9)

C

cabrer, se —, 51 (5)
cabriole, 76 (4)
cadence, 33 (3), 42 (25)
cadencé, galop —, 68 (4)
  trot —, 67 (13)
cadre, 28 (18)
Cadre Noir, 77 (20)
cagneux, 27 (8, 17)
califourchon, monter à —, 62 (1)
calme, 45 (6)
calmer, 54 (22)
camail, 90 (20)
campagne, botte de —, 111 (14)
campé, 27 (20)
camuse, tête —, 17 (12)
canne à toise, 38 (7)
canon (du filet), 103 (3)
canon (du mors), 103 (7)
canon brisé, 103 (16)
— cintré, 103 (17)
— d'une seule pièce, 103 (15)
canon, 16 (5), 22 (26)
— court, 23 (3)
— dégagé, 23 (6)

canon faible, 23 (2)
— large, 23 (4)
— long, 22 (27)
— rond, 23 (1)
— solide, 23 (5)
  tour du —, 38 (3)
canter, 68 (7), 86 (15)
cape de maure, 32 (14)
capelet, 35 (11)
capitaine (chef d'équipe), 77 (13)
— de cavalerie, 77 (14)
caractère, 45 (1)
caresse, 54 (20)
caresser, 54 (20)
carossier, 3 (21)
carotte, 12 (14)
carpe, dos de —, 19 (16)
carré, 28 (20)
carrière, 65 (2)
carrousel, 62 (9)
casaque, 110 (15)
casque de polo, 110 (6)
casquette, 110 (9)
castration, 37 (6)
castrer, 37 (7)
Cavalcadour, Ecuyer —, 77 (21)
cavalerie, capitaine de —, 77 (14)
cavaletti, 113 (5)
cavalier, 77 (1), 80 (1)
— confirmé, 77 (23)
  art du —, 57 (13)
  désarçonner le —, 51 (7)
  le don du —, 57 (10)
  la monte du —, 80 (6)
  le poids du —, 54 (15)
  le style du —, 80 (6)
  le tact du —, 57 (9)
  technique du —, 57 (14)

cavalière (amazone), 77 (2)
  allée —, 65 (10)
caveçon, 106 (8)
céder, 55 (21)
— à la jambe, 71 (3)
— la pression, 49 (20)
centre, pirouette sur le —, 71 (3)
cercle, 65 (20)
  changer dans le —, 66 (5)
  quitter le —, 66 (6)
cerf, courir le —, 84 (3)
  encolure de —, 18 (19)
cerise, bai —, 30 (23)
certificat d'origine, 10 (1)
chaîne, 90 (18)
— métrique, 38 (6)
  mesure à la —, 38 (4)
chaleur, couteau de —, 91 (5)
chaleurs, 9 (15)
chambrière, 107 (6)
chamois, peau de —, 91 (7)
chandelier, 113 (1)
chanfrein, 14 (6)
changement de direction, 42 (22)
changer d'allure, 58 (15)
— de diagonale, 58 (7)
— de direction, 58 (14), 65 (12)
— de main, 65 (12)
— de pied, 58 (10)
— de pied au temps, 58 (12)
— de pied en l'air, 58 (11)
— de vitesse, 58 (16)
— dans le cercle, 66 (5)
— dans la demi-longueur, 65 (4)
— dans la longueur, 65 (15)
— en diagonale, 65 (16)
changer, se —, 112 (9)
chapeau à huit reflets, 110 (3)

141

chapeau mou, 110 (8)
charnue, épaule —, 21 (23)
   tête —, 17 (7)
chasse à courre, 61 (4), 84–85
— au renard, 84 (1)
— au renardeau, 84 (2)
— sur une piste odorante, 84 (4)
   bombe de —, 110 (5)
   cheval de —, 3 (24), 84 (18)
   collier de —, 99 (4)
   cor de —, 85 (7)
   épreuve de —, 81 (19)
   fouet de —, 85 (9), 107 (4)
   galop de —, 68 (6)
   habit de —, 110 (11b)
   maître d'équipage de —, 84 (13)
   redingote de —, 110 (12)
   selle de —, 98 (5)
   tonte en —, 95 (9)
châtaigne, 16 (3)
chaud, caractère —, 45 (4)
chauffage de tendon, 35 (21), 36 (19)
chausse-botte, 111 (23)
chausser, se —, 112 (6)
chef d'écurie, 92 (23)
— d'équipe, 77 (13)
   écuyer en —, 77 (19)
   instructeur en —, 77 (12)
   palefrenier —, 9 (23)
chenil, 84 (9)
cheval acculé, 50 (3)
— ayant du fond, 86 (9)
— à bonnes manières, 45 (20)
— à deux fins, 3 (17)
— d'amazone, 4 (6)
— d'attelage, 3 (16)

cheval d'attelage léger, 3 (20)
— d'extérieur, 4 (4)
— de bât, 3 (19)
— de chasse, 3 (24), 84 (18)
— de concours, 3 (23)
— de course, 3 (22), 86 (8)
— de course ayant du fond, 86 (9)
— d'école, 76 (5)
— de gros trait, 3 (18)
— d'obstacle, 3 (23)
— de promenade, 4 (3)
— de rechange, 84 (19)
— de relais, 84 (19)
— de selle, 3 (15)
— de service, 4 (7)
— de somme, 3 (19)
— de trait non rapide, 3 (12)
— débourré, 45 (18)
— difficile à nourrir, 46 (3)
— dressé, 45 (19)
— droit, 43 (7)
— entier, 9 (5)
— entre mains et jambes, 50 (8)
— facile à nourrir, 46 (4)
— indigène amélioré, 3 (5)
— monté, réactions du —, 49–51
— occidental, 3 (7)
— oriental, 3 (6)
— père, 7 (8)
— pour poids léger, 3 (25)
— pour poids lourd, 4 (2)
— pour poids moyen, 4 (1)
— reproducteur, 4 (8)
— sobre, 46 (4)
   extérieur du —, 13 (22)
   homme de —, 78 (2)
   une longueur de —, 86 (22)
   organisation du —, 13 (1)

cheval, voyages à —, 61 (8)
chevillé, coude —, 22 (9)
   genou —, 22 (25)
chevillée, épaule —, 21 (25)
chèvre, encolure de —, 18 (18)
   poitrail de —, 19 (3)
chien, 84 (12)
chiendent, brosse —, 91 (1)
chiffre, huit —, 66 (4)
choc en retrait, 6 (12)
chronomètre, épreuve d'obstacles au —, 81 (16)
chute, 81 (12)
chute des dents, 34 (22)
cintré, canon —, 103 (15)
cirage, 91 (11), 111 (27)
cirer, 112 (3)
cirque, équitation de —, 61 (13)
ciseaux, 95 (11)
clair, alezan —, 30 (9)
   bai —, 30 (19)
   isabelle —, 30 (16)
   louvet —, 31 (2)
   rouan —, 31 (10)
   souris —, 30 (26)
claquage de tendon, 35 (21), 36 (19)
classe, 86 (11)
classement, 82 (5)
classique, équitation —, 60 (2)
   course —, 86 (5)
   tenue —, 55 (14)
cloches, 90 (25)
clos de genou, 27 (5)
clôture, 11 (6)
clou de rue, 34 (12)
coin, 65 (5)
coins, 35 (4)

colique, 36 (10)
collier, 106 (10)
— de chasse, 99 (4)
colonne vertébrale, 13 (5)
combiné, concours —, 83 (4)
comble, pied —, 34 (6)
commune, tête —, 17 (9)
compact, 28 (4)
compétition du saut en hauteur, 81 (23)
— du saut en largeur, 81 (24)
composées, robes —, 29 (3)
composition d'un concours, 83 (6)
concassé, 12 (6)
concave, dos —, 19 (14)
   côté —, 43 (4)
   tête —, 17 (12)
concours, cheval de —, 3 (23)
— combiné, 83 (4)
— complet d'équitation, 83 (5)
— d'obstacles, 81 (15)
— de dressage, 79
— hippique, 61 (10), 81 (15), 83 (6c)
concurrent, course sans —, 86 (24)
condition, 45 (22)
conduire à deux mains, 56 (10)
conduite, 57 (11)
confirmé, cavalier —, 77 (23)
   cheval —, 45 (19)
conformation extérieure, 7 (23)
confortable, cheval —, 45 (20)
conjuguées, rênes —, 29 (5)
consanguinité, 5 (21)
   élevage dans la —, 6 (23)
constance, 6 (16)
constitution, 7 (24)

contact, 43 (12)
  sans —, 49 (18)
contagieux, 37 (4)
contours, 28 (10)
contractée, bouche —, 49 (8)
contraire, rêne —, 56 (20)
— d'opposition, rêne —, 57 (2, 3)
contre-changement, 65 (13)
"contre-galop", 68 (14)
contre-sanglon, 98 (18)
conversion, 65 (21)
convexe, dos —, 19 (15)
  côté —, 43 (5)
convexes, côtes —, 19 (9)
coq, pas de —, 35 (20)
cor de chasse, 85 (7)
cordonnier, 112 (12)
cornage, 36 (9)
cornette à l'anglaise, 85 (8)
correcte, assiette —, 54 (11)
corriger, 55 (2)
costaud, 28 (6)
côté concave, 43 (4)
— convexe, 43 (5)
— extérieur, 41 (7)
— hors montoir, 41 (4)
— intérieur, 41 (6)
— montoir, 41 (5)
  pas de —, 71
côtes, 13 (8), 15 (7), 19 (5)
— arrondies, 19 (9)
— convexes, 19 (9)
— courtes, 19 (6)
— longues, 19 (7)
— plates, 19 (8)
coude, 16 (1), 22 (5)
— chevillé, 22 (9)
— écarté, 22 (7)

coude faible, 22 (6)
— serré, 22 (8)
coulante, rêne —, 106 (4)
couloir, exercice au —, 80 (19)
coup de cravache, 55 (4)
— de lance, 32 (16)
coupe des équipes, 81 (22)
couper, 94 (21)
  se —, 36 (1)
couple, 84 (11)
courbe, 35 (16)
courbette, 75 (9)
— classique, 76 (1)
courir le cerf, 84 (3)
couronne, 16 (8)
courre, chasse à —, 61 (4), 84-85
courroies, 107 (17)
course, 86 (9)
— à réclamer, 86 (7)
— classique, 86 (5)
— d'obstacles, 86 (4)
— de haies, 86 (3)
— plate, 86 (2)
— sans concurrent, 86 (24)
  cheval de —, 3 (22), 86 (8)
  cheval de — ayant du fond, 86 (9)
  piste de —, 86 (13)
  toque de —, 110 (7)
courses, équitation de —, 61 (9)
  galop de —, 68 (10)
  position des —, 54 (6)
  selle de —, 98 (7)
court, avant-bras —, 22 (11)
  bras —, 22 (1)
  canon —, 23 (3)
  dos —, 19 (11)
  garrot —, 19 (20)

court, paturon —, 23 (8)
  rein —, 20 (10)
  tourner —, 65 (17), 80 (15)
courte, croupe —, 20 (19)
  encolure —, 18 (6)
  épaule —, 21 (16)
— queue, 95 (3)
cousue, bride —, 103 (19)
couteau de chaleur, 91 (5)
coutelas, 85 (6)
couvert, manège —, 65 (1)
couverture, 90 (19)
cravache, 107 (5)
— fine, 78 (1)
  coup de —, 55 (4)
creux, dos —, 50 (11)
  genoux —, 27 (11)
  poitrail —, 18 (26)
  rein —, 20 (16)
crevasse, 35 (12), 36 (14)
crinière, 16 (18), 94 (8)
— rase, 94 (26)
— toilettée, 95 (1)
— tressée, 95 (2)
crins, 13 (16), 94 (4)
  queue à tous —, 95 (4)
crispée, assiette —, 54 (9)
crochet, 111 (22)
crochets (dents), 35 (1)
crochets (du mors), 103 (12)
  bride à —, 103 (21)
croisée, litière —, 92 (7)
croisement, 6 (18)
— irrégulier, 7 (3)
croissance, ration de —, 12 (25)
cross, 61 (6), 83 (1), 83 (6b)
crottins, enlever les —, 92 (5)
croupade, 76 (2)

croupe, 15 (13), 20 (18)
— avalée, 20 (25)
— courte, 20 (19)
— de mulet, 20 (26)
— droite, 20 (24)
— en dedans, 71 (7)
— en dehors, 71 (9)
— étroite, 20 (21)
— faible, 21 (2)
— haute, 21 (1)
— horizontale, 20 (23)
— inclinée, 20 (25)
— large, 20 (22)
— longue, 20 (20)
— ovale, 20 (27)
— puissante, 21 (3)
— surélevée, 21 (1)
— tranchante, 20 (26)
  haut de —, 28 (23)
croupière, 106 (9)
cru, 45 (16)
crue, bouche —, 49 (2)
cuisse, 16 (11), 23 (15)
— bien musclée, 23 (18)
— inclinée, 23 (17)
— longue, 23 (16)
culottée, jambe —, 24 (2)
culottes, 111 (5)
— Jodhpurs, 111 (6)
culottier, 112 (13)
curée, 85 (1)
curer le sabot, 92 (12)
cygne, encolure de —, 18 (17)

D

dague, 85 (6)
dame, selle de —, 98 (8)
débotter, se —, 112 (7)

débourré, un cheval —, 45 (18)
débourrer, 45 (17)
débrider, 103 (23)
débutant, 77 (22)
décharné, garrot —, 19 (25)
déchausser, se —, 112 (7)
décontraction de la mâchoire, 43 (15)
dedans de la main, en —, 50 (3)
dedans, la croupe en —, 71 (7)
   l'épaule en —, 71 (4)
   genoux déviés en —, 27 (6)
   hanche en —, 71 (5)
   jambe de —, 71 (1)
défaut, 36 (22)
défauts, 35–36
défectueux, aplombs —, 27 (2)
défendre, se —, 81 (10)
défenses, 49–51
déférrer le pied, 34 (18)
dégagé, canon —, 23 (6)
   jarret —, 24 (10)
dégénéré, 6 (12)
degré, 5 (23)
— de dressage, 45
— (de concours), 79
dégrossir, 94 (15)
dehors, la croupe en —, 71 (9)
demi-arrêt, 56 (15)
demi-longueur, changer dans la —, 65 (14)
demi-pirouette, 71 (1)
demi-sang, 3 (4)
"demi-tonte", 95 (8)
demi-tour sur les hanches, 66 (1)
demi-train, 68 (8)
demi-volte, 65 (18)
dents, 34–35

dents de lait, 34 (19)
— de poulain, 34 (20)
— de remplacement, 34 (21)
   chute des —, 34 (22)
   éruption des —, 34 (22)
   grincer les —, 49 (16)
   prendre le mors aux —, 49 (17)
départ, 86 (16)
déplaçante, action — de la jambe, 55 (9)
déplacer, 81 (5)
dépôt d'étalons, 9 (1)
dépourvu de type, 6 (3)
dérivées, robes —, 29 (6)
dérober, se —, 81 (7)
derrière la main, 50 (3)
derrière, trop ouvert de —, 27 (15)
   trop serré de —, 27 (14)
désarçonner le cavalier, 51 (7)
descendance, 5 (18)
descendre de cheval, 54 (2)
descente des jambes, 55 (12)
— de l'encolure, 44 (1)
— de main, 44 (2)
descendu, rein —, 20 (15)
   ventre —, 20 (4)
déshabiller, se —, 112 (10)
désobéissances, 49–51
desseller, 99 (9)
dessinée, épaule bien —, 21 (22)
dessous, 28 (17)
dessus, 28 (16)
— de la tête, 102 (7)
désuni, 6 (11)
   galop —, 68 (16)
désunir au galop, se —, 50 (14)

détendre, 80 (8)
détendu, 45 (15)
détruire un cheval, 37 (10)
deux fins, cheval à —, 3 (17)
deux mains, conduire à —, 56 (10)
deux pistes, travail de —, 71
devant, 28 (13)
   trop ouvert de —, 27 (4)
   trop serré de —, 27 (3)
diagonale, appuyer sur la —, 66 (7), 71 (8)
   changer de —, 58 (7)
   changer en —, 65 (16)
   trotter sur la —, 58 (6)
diagonales, aides —, 57 (5)
diagonaux, bipèdes —, 42 (6)
difficile, 45 (5), 79 (3)
— à nourrir, 46 (3)
difficulté moyenne, 79 (2)
directe, disposition —, 43 (8)
directe d'opposition, rêne —, 57 (1)
directeur de haras, 9 (22)
direction du mouvement, 42 (21)
direction, changement de —, 42 (22)
   changer de —, 58 (14), 65 (12)
disposition arrondie du cheval, 43 (10)
— directe du cheval, 43 (8)
— infléchie du cheval, 43 (10)
— oblique du cheval, 43 (9)
— ployée du cheval, 43 (10)
djiguite, jeu de —, 81 (4)
don du cavalier, 57 (10)
doré, alezan —, 30 (13)
   bai —, 30 (20)
dos, 15 (8), 19 (10)

dos concave, 19 (14)
— convexe, 19 (14)
— court, 19 (11)
— creux, 50 (11)
— de carpe, 19 (16)
— de mulet, 19 (16)
— droit, 19 (13)
— ensellé, 19 (14)
— faible, 19 (17)
— fort, 19 (18)
— long, 19 (12)
— solide, 19 (18)
— tendu, 50 (10)
— voûté, 19 (15)
   assoupli de —, 50 (9)
   gros —, 50 (10)
double, obstacle —, 113 (10)
doubler, 65 (11)
doux, tempérament —, 45 (3)
drag, 84 (4)
dressage, concours de —, 79
   degré de —, 45
   épreuve de —, 83 (6a)
   position de —, 54 (4)
   selle de —, 98 (3)
dressé, cheval —, 45 (19)
droit, cheval —, 43 (7)
   dos —, 19 (13)
   jarret —, 24 (11)
   paturon —, 23 (10)
   obstacle —, 113 (6)
   sur le pied —, 68 (12)
droite, croupe —, 20 (24)
   encolure —, 18 (12)
   galop à —, 68 (12)
   tête —, 17 (10)
dure, bouche —, 49 (8)
durée, 8 (6)

E

eau, 12 (20)
écarté, coude —, 22 (7)
éclaircir, 94 (15)
école basse, 60 (4)
— de base, 60 (4)
— espagnole, 77 (20)
   allures d'—, 33 (5)
   cheval d'—, 76 (5)
   galop d'—, 75 (5)
   haute —, 60 (5)
   pas d'—, 75 (1)
   sauts d'—, 76
   trot d'—, 75 (2)
écourté, trot —, 67 (11)
écourter, 94 (16)
écurie, 90-91
   chef d'—, 92 (23)
   garçon d'—, 92 (22)
   plaque d'—, 82 (8)
écuyer, 77 (3, 18)
Ecuyer-Cavalcadour, 77 (21)
écuyer en chef, 77 (19)
écuyer, aide- —, 77 (16)
   élève —, 77 (15)
   sous- —, 77 (17)
Ecuyer, Grand —, 77 (20)
écuyère, 77 (4)
   botte à l'—, 111 (15)
   éperon à l'—, 107 (16)
effacé, garrot —, 20 (1)
effet d'ensemble, 57 (7)
— sur l'éperon, 57 (7)
effets, 57 (11)
— de la rêne isolée, 56 (18)
effleurer l'obstacle, 81 (2)
effrayer, s'—, 50 (15)

égaliser, 94 (17)
élémentaire, 79 (1)
élevage, 5 (2)
— dans la consanguinité, 6 (23)
— dans la pureté de race, 6 (22)
— en lignée, 7 (4)
— en proche parenté, 6 (24)
élève, 5 (3, 13), 77 (9)
éleveur, 5 (5)
éliminer, 82 (6)
emballer, s'—, 51 (6)
embauchoir, 111 (19)
embouchure, 102 (6)
   passer la langue sur l'—, 49 (15)
empreinte, 84 (8)
encadré, bien —, 50 (8)
encadrement, 113 (4)
encapuchonné, 50 (3)
encastelé, pied —, 34 (9)
encenser, 50 (5)
enclos, 11 (4)
encolure, 15 (4), 18 (5)
— bas greffée, plantée, 18 (20)
— bien musclée, 18 (21)
— courte, 18 (6)
— de cerf, 18 (19)
— de chèvre, 18 (18)
— de cygne, 18 (17)
— droite, 18 (14)
— étroite, 18 (9)
— fine, 18 (10)
— grosse, 18 (11)
— haut greffée, plantée, 18 (20)
— horizontale, 18 (13)
— légère, 18 (10)
— longue, 18 (8)
— lourde, 18 (12)

encolure mal musclée, 18 (21)
— oblique, 18 (15)
— proportionée, 18 (7)
— rouée, 18 (16)
   bord supérieur de l'—, 15 (5)
   descente de l'—, 44 (1)
   relèvement de l'—, 43 (19)
énergique, 45 (10)
enfoncé, garrot —, 20 (1)
enfourcher le cheval, 54 (1)
enfourchure, position sur l'—, 54 (8)
engager les postérieurs, 44 (4)
enlevé, passer au trot —, 58 (5)
enlever, 94 (18)
— les crottins, 92 (5)
enlever, s'—, 80 (11)
ensellé, dos —, 19 (14)
entier, cheval —, 9 (5)
entraînement, 45 (21)
entraîner à l'obstacle, 80 (7)
entraîneur, 77 (8)
entretien, ration d'—, 12 (23)
épais, garrot —, 19 (26)
éparvin, 35 (18)
— sec, 35 (20)
épaule, 15 (25), 21 (15)
— bien dessinée, 21 (22)
— charnue, 21 (23)
— chevillée, 21 (25)
— chouchée, 21 (20)
— courte, 21 (16)
— en dedans, 71 (4)
— faible, 21 (24)
— fine, 21 (21)
— froide, 21 (25)
— inclinée, 21 (20)

épaule longue, 21 (17)
— oblique, 21 (19)
— prononcée, 21 (22)
— relâchée, 21 (24)
— sèche, 21 (21)
— tendant vers la verticale, 21 (18)
   pointe d'—, 15 (26)
éperon à boîte, 107 (18)
— à l'écuyère, 107 (16)
— lisse, 107 (14)
— pointu, 107 (15)
   attaque d'—, 55 (5)
éperonnier, 107 (19)
éperons, 107 (10)
épi, 94 (6)
éponge, 91 (6)
éponger, 92 (15)
épreuve, 8 (7)
— au chronomètre, 81 (16)
— avec barrage, 81 (17)
— à l'américaine, 81 (21)
— de chasse, 81 (19)
— de dressage, 83 (6A)
— d'extérieur, 83
— de fond, 83 (6B)
— d'obstacles, 61 (10), 81, 83 (6C)
— de précision, 81 (17)
— de puissance, 81 (18)
— de six barres, 81 (20)
épuisé, 46 (2)
équestre, sentiment —, 57 (8)
équestres, jeux —, 61 (12)
   sports —, 61 (1)
équilibre, 7 (20), 44 (10)
équilibré, 28 (24)
équipage, uniforme de l'—, 85 (10)

équipage de chasse, maître d'—, 84 (13)
équipe, capitaine d'—, 77 (13)
  chef d'—, 77 (13)
équipes, coupe des —, 81 (22)
équitation, 60 (1)
— académique, 60 (3)
— artistique, 60 (3)
— classique, 60 (2)
— d'extérieur, 61 (3)
— de cirque, 61 (13)
— de courses, 61 (9)
— de fantaisie, 61 (13)
— de promenade, 61 (2)
— pratique, 61
— savante, 60 (3)
— sportive, 61 (1)
  botte d'—, 111 (10)
  concours complet d'—, 83 (5)
  habit d'—, 110 (11a)
  maître d'—, 77 (10)
  technique de l'—, 54-59
  veste d'—, 110 (16)
ergot, 16 (10)
éruption des dents, 34 (22)
espèce, 5 (6)
  prototype de l'—, 7 (6)
essai, étalon d'—, 9 (7)
  galop d'—, 86 (15)
estompé, jarret —, 24 (12)
étalon, 9 (4)
— d'essai, 9 (7)
étalonnier, 9 (24)
étalons, dépôt d'—, 9 (1)
état, 45 (22)
  bas d'—, 45 (23)
  haut d'—, 46 (1)
été, poil d'—, 94 (2)

étendues, allures —, 33 (9)
étirer, 94 (19)
étoile en tête, 32 (3)
étrier, 98 (22)
étrille, 91 (4)
étrivière, 98 (21)
étroit, avant-bras —, 22 (15)
  poitrail —, 18 (23)
  rein —, 20 (12)
étroite, croupe —, 20 (21)
  encolure —, 18 (9)
éventail, queue en —, 95 (5)
éviter, 81 (6)
" ex aequo ", 86 (23)
excellence héréditaire, 6 (7)
exécution, 79 (7)
exercice à la longe, 80 (18)
— au couloir, 80 (19)
— en liberté, 80 (19)
expressive, tête —, 17 (8)
extension, temps d'—, 42 (10)
  trot en —, 67 (14)
extérieur, cheval d'—, 4 (4)
  côté —, 41 (7)
  épreuves d'—, 83
  équitation d'—, 61 (3)
extérieur du cheval, 13 (22)
extérieure, rêne —, 56 (8)

F

face, belle —, 32 (5)
facile à nourrir, cheval —, 46 (4)
fagots, tas de —, 114 (11)
faible, canon —, 23 (2)
  coude —, 22 (6)
  croupe —, 21 (2)
  dos —, 19 (17)
  épaule —, 21 (24)

faible, jarret —, 24 (15)
faiblesse, 37 (1)
faire souche, 6 (15)
famille, 5 (9)
fanon, 16 (19), 94 (5)
fantaisie, équitation de —, 61 (13)
fantasia, 62 (7)
fatigué, 45 (12)
fausse gourmette, 103 (12)
fauve, bai —, 30 (21)
faux, galop à —, 68 (14, 15)
  galoper à —, 58 (13)
fer, bande de —, 98 (10)
  gris —, 31 (16)
fer à cheval, 34 (15)
ferme, rêne —, 56 (1)
ferrant, maréchal —, 34 (13)
ferrer le pied, 34 (17)
fesse, 16 (12)
feutre, 110 (8)
fèves, germes de —, 35 (6)
filet, 102 (14)
— à branches, 102 (19)
— à olives, 103 (1)
— Baucher, 102 (19)
— de mors de bride, 102 (18)
— ordinaire, 102 (16)
— pour chevaux passant la langue, 103 (2)
— releveur, 102 (17)
  rêne de —, 102 (12)
finale, lutte —, 86 (20)
fine, bouche —, 49 (5)
— cravache, 77 (1)
  encolure —, 18 (10)
  épaule —, 21 (21)
finish, 86 (20)
fins, cheval à deux —, 3 (17)

firme, obstacle —, 80 (21)
fixe, martingale —, 106 (2)
  rêne —, 106 (5)
  obstacle —, 80 (21)
flamber, 94 (23)
flanc, 15 (11)
flegmatique, 45 (8)
flot de ruban, 82 (9)
flottante, rêne —, 56 (5)
flou, jarret —, 24 (14)
flyer, 86 (10)
foin, 12 (9, 10)
foncé, alezan —, 30 (10)
  gris —, 31 (15)
  isabelle —, 30 (17)
  louvet —, 31 (3)
  rouan —, 31 (12)
  souris —, 30 (27)
fond, 8 (6)
  cheval ayant du —, 86 (9)
  épreuve de —, 83 (6B)
  pansage à —, 92 (20)
forcer l'animal, 84 (23)
forge, 34 (14)
forger, 36 (2)
format, 28 (19)
forme, 35 (14), 45 (22)
fossé, 114 (12)
fouailler de la queue, 50 (12)
fouet, 94 (10)
— de chasse, 85 (9), 107 (4)
fouets, 107
foulée, 42 (13)
fourche, 90 (12)
fourchette, 34 (5)
  pourriture de —, 35 (22)
fourrage, 12, 90 (8)
  provision de —, 12 (21)

fourrage " sec ", 12 (2)
fourrager, 92 (2)
fourreau, 15 (20)
fraîche, bouche —, 49 (10)
frais, 45 (11)
franc, noir —, 30 (6)
française, tenue à la —, 55 (14)
 trotter à la —, 58 (4)
frapper, 55 (3)
froid aux jambes, 50 (7)
froide, épaule —, 21 (25)
front, 14 (4)
frontal, 102 (10)
frottement, surface de —, 35 (5)
frotter, 92 (13)
furlong, 38

G

gaillard, 45 (10)
gale, 36 (15)
galop, 33 (14), 86 (17)
— à faux, 68 (14, 15)
— à droite, 68 (12)
— à gauche, 68 (13)
— allongé, 68 (5)
— bon train, 68 (9)
— cadencé, 68 (4)
— d'école, 75 (5)
— d'essai, 86 (15)
— de chasse, 68 (6)
— de course, 68 (10)
— de deux pistes, 75 (6)
— de service, 67 (16)
— désuni, 68 (16)
— juste, 68 (11)
— " moyen ", 68 (4)
— naturel, 67 (15)
— ordinaire, 68 (1)

galop raccourci, 68 (2)
— rassemblé, 68 (3)
— sur le pied droit, 68 (12)
— sur le pied gauche, 68 (13)
— sur le pied intérieur, 68 (11)
— vite, 68 (9)
 marcher au —, 58 (2)
 partir au —, 58 (1)
 passer au —, 58 (8)
 se désunir au —, 50 (14)
galop à gauche, partir au —, 58 (9)
galoper, 58 (3)
— à faux, 58 (13)
galopeur, 3 (11)
ganache, 15 (2)
gant, 111 (2)
garçon d'écurie, 92 (22)
 premier —, 92 (23)
garde-botte, 65 (4)
garde-crotte, 107 (14)
garrot, 15 (9), 19 (19)
— bas, 19 (22)
— court, 19 (20)
— décharné, 19 (25)
— effacé, 20 (1)
— enfoncé, 20 (1)
— épais, 19 (26)
— haut, 19 (23)
— long, 19 (21)
— maigre, 19 (25)
— plat, 20 (1)
— prononcé, 19 (27)
— tranchant, 19 (24)
 en arrière du —, 57 (2)
 en avant du —, 57 (2)
 liberté de —, 98 (17)
 taille au —, 28 (1), 38 (1)

gauche, galop à —, 68 (13)
 galoper à —, 58 (9)
 sur le pied —, 58 (9), 68 (13)
gaule, 107 (1)
génération libre, 7 (2)
 puissance de —, 6 (4)
genou, 16 (4), 22 (16)
— bien sculpté, 22 (22)
— bombé, 22 (20)
— chevillé, 22 (25)
— grand, 22 (17)
— large, 22 (18)
— long, 22 (19)
— net, 22 (21)
— noué, 22 (24)
— plat, 22 (23)
genouillères, 90 (24)
genoux creux, 27 (11)
— déviés en dedans, 27 (6)
 clos de —, 27 (5)
 trop ouvert de —, 27 (7)
gentleman-rider, 77 (5)
Georges, Prix S. —, 79 (11)
germes de fèves, 35 (6)
gestation, 9 (17)
geste de saut, 80 (5)
gibier, 84 (7)
gilet, 110 (17)
globale, appréciation —, 28
glôme, 34 (3)
gorge, 15 (3)
gourme, 36 (6)
gourmette, 103 (13)
 fausse —, 103 (14)
 passage de —, 15 (1)
— polissoir, 91 (9)
graine de lin, 12 (16)
grains, 12 (1)

graisse à sabot, 91 (12)
graisser, 92 (18)
 brosse à —, 91 (2)
Grand Ecuyer, 77 (20)
grande balzane, 32 (11)
grande tête, 17 (3)
grasset, 16 (13), 23 (19)
— grand, 23 (20)
— net, 23 (21)
— ouvert, 23 (22)
greffée, encolure bas —, 18 (20)
 encolure haut —, 18 (20)
grincer les dents, 49 (16)
gris, 31 (13)
— ardoise, 31 (14)
— bleu, 31 (14)
— fer, 31 (16)
— foncé, 31 (15)
—. moucheté, 31 (17)
— pommelé, 31 (19)
— truité, 31 (18)
gros dos, 50 (10)
gros mangeur, 46 (4)
gros trait, cheval de —, 3 (18)
grosse, encolure —, 18 (11)
 race —, 3 (9)
— tête, 17 (3)
guêtre, 111 (21)
guides, 106 (12)
guirlande, rêne en —, 56 (5)
gymkana, 62 (5)

H

habiller, s'—, 112 (8)
habit de chasse-à-courre, 110 (11b)
— d'équitation, 110 (11a)
— rouge, 85 (11)

haie, 113 (13)
haies, course de —, 86 (3)
hallali, 84 (25)
hanche, 21 (4)
— en dedans, 71 (5)
— en poire, 21 (7)
— normale, 21 (5)
— pointue, 21 (6)
— proéminente, 21 (7)
— saillante, 21 (7)
  pointe de —, 15 (14)
hanches, demi-tour sur les —, 66 (1)
  tenir les —, 71 (2)
hand, 38 (9)
handicap, 86 (6)
happer, 50 (17)
haras, 9
  directeur de —, 9 (22)
  marque de —, 10 (3)
harmonieux, 28 (26)
harnacheur, 99 (11)
haut d'état, 46 (1)
haut de croupe, 28 (23)
haut-de-forme, chapeau —, 110 (3)
haut, garrot —, 19 (23)
  obstacle —, 113 (8)
haut-chaussée, balzane —, 32 (12)
haut greffée, encolure —, 18 (20)
haut-jointé, 27 (12)
haut plantée, queue —, 21 (9)
haute, croupe —, 21 (1)
  pesade —, 75 (9)
haute école, 60 (5)
hauteur, saut en —, 81 (23)
herbages, 11
herbe, 12 (11)

herbe, mise à l'—, 11 (3)
héréditaire, excellence —, 6 (7)
  pouvoir —, 6 (6)
  tare —, 6 (8)
hérédité, 6 (5)
hétérogène, 5 (25)
hippique, concours —, 61 (10), 81 (15), 83 (6C)
hippiques, sports —, 60 (1)
hiver, poil d'—, 94 (2)
homme de cheval, 78 (2)
homogène, 5 (24)
hongre, 37 (8)
honneurs du pied, 85 (3)
horizontal, rein —, 20 (14)
horizontale, croupe —, 20 (23)
  encolure —, 18 (13)
hors-montoir, côté —, 41 (4)
hotte, 103 (6)
housse, 99 (2), 111 (20)
huit de chiffre, 66 (4)
huit reflets, chapeau à —, 110 (3)
hybride, 6 (1)

I

immobilité, 36 (12), 42 (17)
imperméable, l'—, 111 (4)
impression de l'assiette, 54 (15)
impulsion, 42 (18)
incestueuse, union —, 7 (1)
incisives, 34 (23)
incliné, paturon —, 23 (11)
inclinée, croupe —, 20 (25)
  cuisse —, 23 (17)
  épaule —, 21 (20)
incurvation de l'axe, 43 (3)
indigène amélioré, cheval —, 3 (5)

individu, 5 (12)
inférieure, mâchoire, —, 15 (2)
infléchie, disposition —, 43 (10)
insémination artificielle, 7 (16)
inséminer, 7 (15)
instructeur en chef, 77 (12)
insuffisance, 37 (2)
intérieur, côté —, 41 (6)
  pied —, 68 (11)
intérieure, rêne —, 56 (7)
intermédiaire, produit —, 6 (19)
interne, jambe —, 71 (1)
irlandaise, banquette, butte —, 114 (9)
  martingale —, 106 (3)
irrégulier, croisement —, 7 (3)
irrégulières, allures —, 33 (8)
isabelle, 30 (14)
— clair, 30 (16)
— foncé, 30 (17)
— ordinaire, 30 (15)
isolée, action d'une jambe —, 55 (8)
  effects de la rêne —, 56 (18)
  rêne —, 56 (17)

J

jambe, 16 (15), 23 (23)
— active, 55 (7)
— bien musclée, 24 (1)
— bien sculptée, 23 (26)
— culottée, 24 (2)
— de dedans, 71 (1)
— formant pivot, 55 (10)
— formant barrière, 55 (10)
— interne, 71 (1)
— longue, 23 (24)
— passive, 55 (6)

jambe solide, 23 (25)
  action déplaçante de la —, 55 (9)
  céder à la —, 71 (3)
  léger à la —, 50 (6)
  — isolée, action d'une —, 55 (8)
jambes, 42 (1), 54 (13)
— sans mains, 57 (6)
  action simultanée des —, 55 (11)
  cheval en arrière des —, 50 (7)
  cheval en avant des —, 50 (6)
  cheval entre mains et —, 50 (8)
  cheval froid aux —, 50 (7)
  cheval lourd aux —, 50 (7)
  descente des —, 55 (12)
  sur les —, 50 (6)
jaquette à l'anglaise, 110 (10)
jarde, 35 (15)
jardon, 35 (17)
jarret, 16 (16), 24 (3)
— bas, 24 (9)
— dégagé, 24 (10)
— droit, 24 (11)
— estompé, 24 (12)
— faible, 24 (15)
— flou, 24 (14)
— grand, 24 (6)
— large, 24 (5)
— long, 24 (4)
— net, 24 (8)
— pauvre, 24 (15)
— près de terre, 24 (9)
— saillant, 24 (7)
— sec, 24 (8)
— solide, 24 (16)

jarret spongieux, 24 (13)
— tranchant, 24 (7)
jeu de djiguite, 62 (6)
— des jambes, 42 (7)
jeux équestres, 61 (12)
jockey, 77 (7)
   botte de —, 111 (12)
   casaque de —, 110 (15)
   toque de —, 110 (7)
Jodhpur, bottine —, 111 (18)
Jodhpurs, culottes —, 111 (6)
jointé, paturon bas —, 23 (13)
jument, 9 (8)
— mère, 7 (9)
— pleine, 9 (11)
— saillie, 9 (10)
— suitée, 9 (13)
— vide, 9 (14)
jumenterie, 9 (2)
jupe d'amazone, 111 (8)
juste, galop —, 68 (11)
   sauter —, 81 (1)

L

lâcher la sangle, 99 (8)
ladre entre les naseaux, 32 (6)
lait, dents de —, 34 (19)
lance, coup de —, 32 (16)
lancer, 84 (21)
langue serpentine, 49 (13)
   filet pour chevaux passant la —, 102 (21)
   appel de —, 54 (18)
   liberté de —, 103 (8)
   passer la —, 49 (14)
large, avant-bras —, 22 (13)
   canon —, 23 (4)
   croupe —, 20 (22)

large, genou —, 22 (18)
   jarret —, 24 (5)
   obstacle —, 113 (7)
   poitrail —, 18 (25)
   rein —, 20 (13)
   tourner —, 80 (16)
largeur, saut en —, 81 (24)
latéral, pli —, 43 (18)
latérales, aides —, 57 (4)
latéraux, bipèdes —, 42 (5)
lavé, alezan —, 30 (11)
laver, 92 (16)
léger à la jambe, 50 (6)
léger, cheval d'attelage —, 3 (20)
   cheval pour poids —, 3 (25)
légère, bouche —, 49 (6)
   encolure —, 18 (10)
   race —, 3 (8)
   tête —, 17 (4)
légèreté, 44 (9)
levade, 75 (8)
lever, membre au —, 42 (9)
leviers, 28 (12)
levretté, ventre —, 20 (8)
liberté de garrot, 98 (17)
— de langue, 103 (8)
   exercice en —, 80 (19)
libre, arrêt —, 59 (2)
   génération —, 7 (2)
   pas —, 67 (1)
   représentation —, 79 (10)
libres, allures —, 33 (9)
licol, 90 (16)
ligne, 5 (20)
lignée, 5 (19)
   élevage en —, 7 (4)
lin, graine de —, 12 (16)
lion, poitrail de —, 19 (4)

lisse, éperon —, 107 (14)
liste, 32 (4)
litière, 90 (11), 92 (6)
— croisée, 92 (7)
   refaire la —, 92 (8)
livrée, 13 (17)
lombe, 15 (12), 20 (9)
long, avant-bras —, 22 (12)
   bras —, 22 (2)
   canon —, 22 (27)
   dos —, 19 (12)
   garrot —, 19 (21)
   genou —, 22 (19)
   jarret —, 24 (4)
   paturon —, 23 (9)
   rein —, 20 (11)
long jointé, 27 (13)
   paturon —, 23 (12)
longe, 106 (6)
longe d'attache, 90 (17)
   exercice à la —, 80 (18)
longitudinal, axe —, 43 (2)
longue, croupe —, 20 (20)
   cuisse —, 23 (16)
   encolure —, 18 (18)
   épaule —, 21 (17)
   jambe —, 23 (24)
longues, côtes —, 19 (7)
   les rênes —, 67 (3)
longueur, changer dans la —, 65 (15)
longueur de cheval, 86 (22)
lourd, 45 (9)
— aux jambes, 50 (7)
   cheval pour poids —, 4 (2)
lourde, encolure —, 18 (12)
louvet, 31 (1)

louvet clair, 31 (2)
— foncé, 31 (3)
lutte finale, 86 (20)
luzerne, 12 (12)

M

mâcher le mors, 49 (11)
mâchoire inférieure, 15 (2)
   décontraction de la —, 43 (15)
maigre, garrot —, 19 (25)
main, 38 (9), 54 (14)
main, au-dessus de la —, 50 (2)
   arrêt sur la —, 59 (3)
   changer de —, 58 (14), 65 (12)
   contre-changement de —, 65 (13)
   derrière la —, 50 (3)
   descente de —, 44 (2)
   en avant de la —, 50 (1)
   en —, 49 (21)
   en dedans de la —, 50 (3)
   mise en —, 43 (14)
   opposition de —, 56 (13)
   pas sur la —, 67 (4)
   rênes dans une seule —, 56 (11)
   tirer à la —, 50 (1)
   travail à la —, 76 (8)
mains et jambes, entre —, 50 (8)
mains sans jambes, 57 (6)
mains, conduire à deux —, 56 (10)
maître, 78 (1)
— d'équipage de chasse, 84 (13)
— d'équitation, 77 (10)
— de manège, 77 (11)
maîtresse, branche —, 7 (7)

maladie, 37 (3)
— naviculaire, 36 (17)
maladies, 36–37
mamelle, 15 (23)
manche, 107 (7)
manège, 65 (1)
— couvert, 65 (1)
  maître de —, 77 (11)
mangeoire, 90 (5)
mangeur, gros —, 46 (4)
  petit —, 46 (3)
maniement des rênes, 55 (13)
manière, 57 (12)
manières, cheval à bonnes —, 45 (20)
marcher au pas, trot, galop, 58 (2)
maréchal-ferrant, 34 (13)
marque de haras, 10 (2)
marron, bai —, 30 (22)
martingale, 106
martingale à anneaux, 106 (1)
— fixe, 106 (2)
— irlandaise, 106 (3)
mash, 12 (19)
masser, 92 (13)
mat, blanc —, 30 (2)
matelassure, 98 (16)
maure, cape de —, 32 (14)
maux, 35 (9)
mèche, 94 (7), 104 (9)
melon, 110 (4)
membre à l'appui, 42 (8)
— au lever, 42 (9)
— au soutien, 42 (9)
membres, 13 (21), 21 (14), 42 (1)
  jeu des —, 42 (7)
mensuration, 38

mère, jument —, 7 (9)
mesure à la chaîne, 38 (4)
— rigide, 38 (5)
— souple, 38 (4)
— sous potence, 38 (5)
  unité de —, 38 (8)
mesures anglaises, 38
métis, 5 (26), 6 (21)
métisation, 6 (20)
métissage, 6 (20)
métrique, chaîne —, 38 (6)
  ruban —, 38 (6)
meute, 84 (10)
mézair, 75 (7)
mile, 38
milieu, 28 (14), 41 (2)
militaire, tenue —, 55 (15)
military, 83 (5)
mis, cheval —, 45 (19)
mise à l'herbe, 11 (3)
mise en main, 43 (14), 67 (4)
mise-bas, 9 (18)
mitoyennes, 35 (3)
mixtes, robes —, 29 (4)
mobile, bouche —, 49 (4)
modèle, 5 (15)
moderne, tenue —, 55 (16)
molaires, 34 (24)
molette, 35 (10), 107 (12)
montant, bâti en —, 28 (22)
montants de bride, 102 (8)
monte, 7 (13), 9 (16), 80 (6)
monté, travail —, 76 (7), 80 (20)
monter à califourchon, 62 (1)
— à poil, 62 (3)

monter en amazone, 62 (2)
— en selle, 54 (1)
montoir, côté —, 41 (5)
  côté hors —, 41 (4)
monture, 107 (8)
mordre, 50 (17)
mors, 102 (15)
— à pompe, 103 (6)
— aux dents, prendre le —, 49 (17)
— de bride, filet de —, 102 (18)
— ordinaire, 103 (5)
mors, mâcher le —, 49 (11)
  rêne de —, 102 (13)
morve, 36 (16)
mou, chapeau —, 110 (8)
mouche, gris —, 31 (17)
mouton, sauts de —, 51 (3)
  tête de —, 18 (1)
mouvement, 33 (1), 42 (20)
  direction du —, 42 (21)
moyen, cheval pour poids —, 4 (1)
  galop —, 68 (4)
  trot —, 67 (13)
moyenne, difficulté —, 79 (2)
mue, 94 (3)
muette, bouche —, 49 (7)
mulet, croupe de —, 20 (26)
  dos de —, 19 (16)
  raie de —, 32 (15)
mur, 65 (1)
— de brique, 114 (4)
— de pierres, 114 (5)
mur, tête au —, 71 (7)
musclée, cuisse bien —, 23 (18)
  encolure bien —, 18 (21)
  jambe bien —, 24 (1)

muscles, 13 (11)
muserole, 102 (11)

N

naissance de la queue, 94 (12)
naisseur, 5 (4)
naseau, 14 (3)
naseaux, ladre entre les —, 32 (6)
naturel, galop —, 67 (15)
  trot —, 67 (8)
naturelles, allures —, 33 (4)
naviculaire, maladie —, 36 (17)
négliger, 80 (24)
néoclassique, tenue —, 55 (16)
nerfs, 13 (13)
net, genou —, 22 (21)
  grasset —, 23 (21)
  jarret —, 24 (8)
  sauter —, 81 (1)
nettoyage, trousse de —, 111 (25)
nettoyer, 92 (9), 112 (7)
— le box, 92 (4)
niveau, passage à —, 114 (7)
noble, 28 (27)
noir, 30 (5)
— franc, 30 (6)
— mal teint, 30 (7)
  pie —, 31 (7)
nombril, 15 (24)
nomenclature, 14–16
normal, ventre —, 20 (3)
normale, hanche —, 21 (5)
  position —, 54 (4)
  tenue — (de bridon), 55 (17)
normaux, aplombs —, 27 (1)
notions de base, 41–44
noué, genou —, 22 (24)
nourrir, facile à —, 46 (4)

nourrir, difficile à —, 46 (3)
nuque, 14 (2)

O

obéissance, 44 (11)
oblique, bras —, 22 (4)
    disposition —, 43 (9)
    encolure —, 18 (15)
    épaule —, 21 (19)
obstacle, 80 (3)
— double, 113 (10)
— droit, 113 (6)
— ferme, 80 (21)
— fixe, 80 (21)
— haut et large, 113 (8)
— large, 113 (7)
— sautant, 80 (22)
— simple, 113 (9)
— triple, 113 (11)
— vertical, 113 (6)
    cheval d'—, 3 (23)
    effleurer l'—, 81 (2)
    entraîner à l'—, 80 (7)
    selle d'—, 98 (4)
obstacles, course d'—, 86 (4)
    épreuves d'—, 61 (10), 81, 83 (6C)
    sauts d'—, 80–82
occidental, cheval —, 3 (7)
oeil, 14 (5)
— vairon, 32 (13)
olives, 111 (7)
    filet à —, 102 (20)
Olympique, Grande Reprise —, 79 (12)
opposition de main, 56 (13)
    rêne contraire d'—, 57 (2, 3)
    rêne directe d'—, 57 (1)

ordinaire, filet —, 102 (16)
    galop —, 68 (1)
    isabelle —, 30 (15)
    mors —, 103 (3)
    pas —, 67 (6)
    pirouette —, 71 (4)
    rouan —, 31 (11)
    trot —, 67 (10)
ordonnance, selle d'—, 98 (1)
oreille, 14 (3)
organes, 13 (10)
organisation du cheval, 13 (1)
orge, 12 (5)
oriental, cheval —, 3 (6)
origine, 5 (16)
    certificat d'—, 10 (1)
os, 13 (3)
— polissoir, 112 (1)
os du bassin, position sur les —, 54 (7)
ossature, 13 (3)
    de bonne —, 28 (7)
ours, paturon en patte d'—, 23 (14)
ouvert de derrière, trop —, 27 (15)
ouvert de devant, trop —, 27 (4)
ouvert de genoux, trop —, 27 (7)
ouverture, rêne d'—, 56 (19)
ovale, croupe —, 20 (27)
oxer, 114 (1)

P

paddock, 11 (5)
paille, 12 (7)
— hâchée, 12 (8)
palefrenier, 9 (25), 92 (22)
palefrenier-chef, 9 (23)

panard, 27 (9, 16)
panneau, 98 (16)
pansage à fond, 92 (20)
— sommaire, 92 (19)
panser, 92 (11)
    brosse à —, 90 (26)
parcours, 81 (14), 113 (12)
— de routes, 83 (6B)
pardessus, le —, 111 (3)
parenté, 5 (22)
    élevage en proche —, 6 (24)
parer le pied, 34 (16)
paresseux, 45 (9)
paroi, 34 (1), 65 (3)
partager les rênes, 56 (9)
particularités, 30–31
partir, 57 (15)
— au pas, trot, galop, 58 (1)
pas, 33 (12)
— allongé, 67 (7)
— complet, 42 (14)
— d'école, 75 (1)
— dans la mise en main, 67 (4)
— de coq, 35 (20)
— de côté, 71
— libre, 67 (1)
— ordinaire, 67 (6)
— rassemblé, 67 (5)
— sur la main, 67 (4)
pas, les rênes abandonnées, 67 (2)
    les rênes longues, 67 (3)
    marcher au —, 58 (2)
    partir au —, 58 (1)
passage, 75 (3)
passage à niveau, 114 (7)
passage de gourmette, 15 (1)
— de route, 114 (6)
passer au galop, 58 (8)

passer la langue, 49 (14)
— la langue sur l'embouchure, 49 (15)
passive, jambe —, 55 (6)
    rêne —, 56 (4)
pâturage, 11 (2)
paturon, 16 (7), 23 (7)
— bas jointé, 23 (13)
— court, 23 (8)
— droit, 23 (10)
— droit jointé, 23 (10)
— en patte d'ours, 23 (14)
— incliné, 23 (11)
— long, 23 (9)
— long jointé, 23 (12)
pauvre, jarret —, 24 (15)
peau, 13 (14)
peau de chamois, 91 (7)
peigne, 95 (10)
peigner, 92 (21)
pelage, 13 (15), 94 (1)
pelham, 103 (18)
pelote en tête, 32 (2)
peloton, 84 (16)
pénalisation, 82 (3)
perche, 113 (2)
père, cheval —, 7 (8, 10)
performance, 8 (8)
périodes, 35 (7)
péritonite, 36 (11)
pesade, 75 (8)
— haute, 75 (9)
pesage, 86 (14)
petit mangeur, 46 (3)
petite balzane, 32 (10)
peureux, 45 (7)
piaffer, 75 (4)
piano, 114 (10)

pie, 31 (4)
— alezan, 31 (5)
— bai, 31 (6)
— noir, 31 (7)
pied, 16 (9), 113 (3)
— comble, 34 (6)
— de rampin, 34 (8)
— encastelé, 34 (9)
— plat, 34 (7)
  changer de —, 58 (10, 11, 12)
  curer le —, 92 (12)
  déferrer le —, 34 (18)
  ferrer le —, 34 (17)
  parer le —, 34 (16)
pied à terre, mettre —, 54 (2)
pied droit, galop sur le —, 68 (12)
pied gauche, galop sur le —, 68 (13)
pied intérieur, galop sur le —, 68 (11)
pied, les honneurs du —, 85 (3)
pierres, mur de —, 114 (5)
pilier, 90 (1)
piliers, 106 (11)
  travail aux —, 76 (10)
pince, 34 (2), 35 (2)
piquer, 84 (14)
piqueux, 84 (14)
piqûre, 34 (11)
pirouette ordinaire, 66 (2), 71 (4)
— renversée, 74 (2)
— sur le centre, 71 (3)
pirouettes, 74
piste, 42 (16), 65 (9), 79 (4), 81 (14), 113 (12)
— de course, 86 (13)
— odorante, chasse sur la —, 84 (4)

pistes, galop de deux —, 75 (6)
  travail de deux —, 71
pivot, jambe formant —, 55 (10)
place, trot sur —, 75 (4)
placer, le —, 43 (18)
plaque d'écurie, 82 (8)
plastron, 110 (18)
plat, avant-bras —, 22 (14)
  garrot —, 20 (1)
  genou —, 22 (23)
  pied —, 34 (7)
plate, course —, 86 (2)
plates, côtes —, 19 (8)
pleine, jument —, 9 (11)
pli latéral, 43 (18)
— vertical, 43 (17)
plonger, 50 (4)
ployée, disposition —, 43 (10)
pneumonie, 36 (7)
poids, 54 (15)
poids léger, cheval pour —, 3 (25)
poids lourd, cheval pour —, 4 (2)
poids moyen, cheval pour —, 4 (1)
poil, monter à —, 62 (3)
poils, 13 (16), 94 (1)
— d'été, 94 (2)
— d'hiver, 94 (2)
poils en tête, quelques —, 32 (1)
"point to point", 83 (2)
pointe d'épaule, 15 (26)
pointe de hanche, 15 (14)
pointer, 51 (5)
points de repère, 79 (5)
pointu, éperon —, 107 (15)
poitrail, 15 (6), 18 (22), 99 (3)
— creux, 18 (26)
— de chèvre, 19 (3)

poitrail de lion, 19 (4)
— étroit, 18 (23)
— large, 18 (25)
— profond, 19 (1)
— proportionné, 18 (24)
— saillant, 19 (2)
— serré, 18 (23)
— tranchant, 19 (2)
polissoir, brosse —, 91 (3)
  os —, 112 (1)
polo, 61 (11)
  botte de —, 111 (13)
  casque de —, 110 (6)
  selle de —, 98 (6)
pommeau, 98 (19)
pommelé, gris —, 31 (19)
pompe, mors à —, 103 (4)
poney, 3 (10)
porcelaine, blanc —, 30 (3)
port de queue, 21 (13), 94 (13)
portail, 114 (3)
porte-brides, 103 (11)
porte-étrivière, 98 (12)
porter au vent, 50 (2)
poser, le —, 42 (12)
position, 43 (11), 54 (3)
— de dressage, 54 (4)
— des courses, 54 (6)
— normale, 54 (4)
— raccrochée, 54 (7)
— sportive, 54 (5)
— sur l'enfourchure, 54 (8)
— sur le troussequin, 54 (7)
— sur les os du bassin, 54 (7)
postérieurs, 42 (3)
  engager les —, 44 (4)
  poussée des —, 44 (3)

postier, 3 (21)
potence, mesure sous —, 38 (5)
poulain, 9 (6, 19)
  dents de —, 34 (20)
pouliche, 9 (9)
poulinage, 9 (18)
poulinière, 7 (12), 9 (12)
pourriture de fourchette, 35 (22)
poursuite, 84 (22)
pousse, 36 (8)
poussée des postérieurs, 44 (3)
pouvoir héréditaire, 6 (6)
prairie, 11 (1)
pratique, équitation —, 61
précision, épreuve de —, 81 (17)
premier garçon, 92 (23)
prendre, 49 (19)
— le mors aux dents, 49 (17)
près de terre, 28 (8)
  jarret —, 24 (9)
présentation à volonté, 79 (10)
pression, 35 (23)
— du rein, 54 (16)
primitives, robes —, 29 (1)
principales, allures —, 33 (11)
principes de balzane, 32 (8)
prix, 82 (7)
Prix S.-Georges, 79 (11)
proche parenté, élevage en —, 6 (24)
procréer, 7 (14)
producteur, 7 (11)
produit, 5 (13), 9 (3)
— intermédiaire, 6 (19)
proéminente, hanche —, 21 (7)
professionnel, 77 (6)
profond, poitrail —, 19 (1)
profondeur, 28 (2)

prolifique, 7 (17)
promener, 92 (3)
promenade, cheval de —, 4 (3)
   équitation de —, 61 (2)
prononcé, garrot —, 19 (27)
prononcée, épaule —, 21 (22)
proportionné, 28 (25)
   poitrail —, 18 (24)
proportionnée, encolure —, 18 (7)
prototype de l'espèce, 7 (6)
provision de fourrage, 12 (21)
puissance, 8 (1)
   épreuve de —, 81 (18)
puissance de génération, 6 (4)
puissante, croupe —, 21 (3)
punir, 55 (2)
punition, 55 (2)
pur sang anglais, 3 (2)
pur sang arabe, 3 (1)
pureté de race, 6 (22)

Q

quadrille, 62 (8)
qualité, 7 (19)
quartier, 98 (14)
queue, 15 (16), 21 (8), 94 (10)
— à tous crins, 95 (4)
— bas plantée, 21 (10)
— d'aronde, 35 (8)
— de rat, 21 (12)
— de renard, 85 (5)
— en balai, 95 (6)
— enfoncée, 21 (11)
— en éventail, 95 (5)
— haut plantée, 21 (9)
   attache de la —, 94 (12)
   courte —, 95 (3)

queue, fouailler de la —, 50 (12)
   naissance de la —, 94 (12)
   port de —, 21 (13), 94 (13)
quitter le cercle, 66 (6)

R

raccourci, galop —, 68 (2)
   trot —, 67 (11)
raccourcies, allures —, 33 (10)
raccourcir, 58 (18)
— les rênes, 55 (20)
raccrochée, position —, 54 (7)
race, 5 (8)
— légère, 3 (8)
   améliorer une —, 6 (14)
   grosse —, 3 (9)
rachis, 13 (5), 43 (2)
   redressement du —, 43 (6)
raid, 61 (7), 83 (3)
raide, 45 (13)
raie de mulet, 32 (15)
ralenti, trot —, 67 (11)
ralentir, 58 (18)
rallye, 61 (5), 84 (6)
— papiers, 84 (5)
rameau vert, 85 (4)
ramené, 49 (22)
ramener, le —, 43 (16)
rampin, pied de —, 34 (8)
rappel, reprise de —, 79 (9)
rase, crinière —, 94 (26)
rassemblé, galop —, 68 (3)
   pas —, 67 (5)
   trot —, 67 (12)
rassemblées, allures —, 33 (10)
rassembler, 44 (6)
rassembler, le —, 44 (7)
ratelier, 90 (6)

ration d'entretien, 12 (23)
— de croissance, 12 (25)
— de travail, 12 (24)
— journalière, 12 (22)
— supplémentaire, 12 (25)
recevoir, se —, 80 (13)
rechange, cheval de —, 84 (19)
réclamer, course à —, 86 (7)
récompense, 54 (19)
récompenser, 54 (19)
rectangulaire, 28 (21)
reculer, 59 (4)
redhibitoire, vice —, 37 (5)
redingote, 110 (12)
redopp, 75 (6)
redressement du rachis, 43 (6)
refaire la litière, 92 (8)
réformer un cheval, 37 (9)
refuser, 81 (9)
régions, 13 (18)
registre général, 10 (2)
régulariser, 94 (17)
réguliers, aplombs —, 27 (1)
régulières, allures —, 33 (7)
rein, 15 (12), 20 (9), 54 (16)
— court, 20 (10)
— creux, 20 (16)
— descendu, 20 (15)
— étroit, 20 (12)
— ferme, 20 (17)
— horizontal, 20 (14)
— large, 20 (13)
— long, 20 (11)
   pression du —, 54 (16)
relâchée, épaule —, 21 (24)
relais, cheval de —, 84 (19)
relèvement de l'encolure, 43 (19)
relevés, airs —, 75

releveur, filet —, 102 (17)
remorque, 92 (24)
remplacement, dents de —, 34 (21)
renard, chasse au —, 84 (1)
   queue de —, 85 (5)
renardeau, chasse au —, 84 (2)
rendez-vous, 84 (20)
rendre, 55 (21)
— la pression, 49 (20)
rêne abandonnée, 56 (6)
— active, 56 (2)
— contraire, 56 (20)
— contraire d'opposition, 57 (2, 3)
— coulante, 106 (4)
— d'appui, 56 (3)
— d'ouverture, 56 (19)
— de bride, 102 (13)
— de filet, 102 (12)
— de mors, 102 (13)
— directe d'opposition, 57 (1)
— en guirlande, 56 (5)
— extérieure, 56 (8)
— ferme, 56 (1)
— fixe, 106 (5)
— flottante, 56 (5)
— intérieure, 56 (7)
— isolée, 56 (17)
— isolée, effets de la —, 56 (18)
— passive, 56 (4)
— résistante, 56 (2)
— tendue, 56 (2)
   longue —, 106 (12)
   sur la —, 49 (21)
rênes, 102 (5)
— abandonnées, 67 (2)
— dans une seule main, 56 (11)

rênes longues, 67 (3)
  ajuster les —, 55 (18)
  allonger les —, 55 (19)
  maniement des —, 55 (13)
  partager les —, 56 (9)
  raccourcir les —, 55 (20)
  tenue des —, 55 (13)
  travail aux longues —, 76 (9)
renouvellement du sang, 7 (5)
renvers, 71 (9)
renversée, pirouette —, 74 (2)
renverser, 81 (5)
repère, points de —, 79 (5)
représentation libre, 79 (10)
reprise, 42 (15), 79 (8)
— de rappel, 79 (9)
Reprise Olympique, Grande —, 79 (12)
reprise, texte de la —, 79 (6)
reproducteur, 7 (11)
  cheval —, 4 (8)
reproductrice, 7 (12)
résistance, 8 (2), 36 (24)
résistante, rêne —, 56 (2)
respecter, 80 (23)
rétif, 51 (1)
retrait, choc en —, 6 (9)
rétrograde, 6 (10)
retroussé, ventre —, 20 (7)
réveiller, 54 (23)
revers, botte à —, 111 (11, 12)
rigide, mesure —, 38 (5)
rivière, 114 (13)
robe, 13 (17)
robes, 29–31
  particularités des —, 32
rogue, 51 (2)
rompre, 57 (15)

rond, canon —, 23 (1)
rotule, 16 (14)
rouan, 31 (9)
— clair, 31 (10)
— foncé, 31 (12)
— ordinaire, 31 (11)
rouée, encolure —, 18 (16)
rouge, habit —, 85 (11)
route, passage de —, 114 (6)
  trot de —, 67 (9)
routes, parcours de —, 83 (6B)
ruban, flot de —, 82 (9)
ruban métrique, 38 (6)
ruer, 50 (16)
run, 86 (17)
rythme, 42 (25)

S

sable, 65 (7)
sabot, 16 (9), 34
  curer le —, 92 (12)
  graisse à —, 91 (12)
saccade, 56 (16)
saillant, jarret —, 24 (7)
  poitrail —, 19 (2)
saillante, hanche —, 21 (7)
saillie, 7 (13)
  jument —, 9 (10)
sale, blanc —, 30 (4)
salut, 66 (9)
sang, brassage de —, 7 (3)
sang, demi- —, 3 (4)
  renouvellement du —, 7 (5)
sang anglais, pur —, 3 (2)
sang arabe, pur —, 3 (1)
sangle, 98 (23)
  lâcher la —, 99 (8)
  tour de —, 38 (2)

sangler, 99 (7)
santé, 7 (25)
saut en hauteur, 81 (23)
saut en largeur, 81 (24)
saut, aptitude de —, 80 (4)
  geste de —, 80 (5)
  position de —, 54 (5)
sautant, obstacle —, 80 (22)
sauter, 80 (10)
— juste, 81 (1)
— net, 81 (1)
sauteur, 76 (6), 80 (1)
sauts d'école, 76
— d'obstacles, 80–82
— de mouton, 51 (3)
  concours de —, 81 (15)
savante, équitation —, 60 (3)
savon de selle, 91 (10)
seau, 90 (14)
sec, jarret —, 24 (8)
  éparvin —, 35 (20)
sèche, épaule —, 21 (21)
  tête —, 17 (6)
sécher, 92 (14)
sectionner, 94 (25)
seime, 34 (10)
sel, 12 (18)
sélection, 6 (17)
selle, 98–99
— d'amazone, 98 (8)
— d'obstacle, 98 (4)
— d'ordonnance, 98 (1)
— de chasse, 98 (5)
— de course, 98 (7)
— de dame, 98 (8)
— de dressage, 98 (3)
— de polo, 98 (6)

selle de sport, 98 (2)
  ajuster la —, 99 (5)
  arçon de —, 98 (9)
  blessure de —, 35 (23)
  cheval de —, 3 (15)
  monter en —, 54 (1)
  pression de —, 35 (23)
  savon de —, 91 (10)
  se mettre en —, 54 (1)
  tapis de —, 99 (1)
seller, 99 (6)
sellerie, 90 (9), 99 (12)
sellier, 99 (10)
selline, 99 (13, 14)
sensible, bouche —, 49 (3)
sentiment équestre, 57 (8)
serpentine, 66 (3)
  langue —, 49 (13)
serré, coude —, 22 (8)
  poitrail —, 18 (23)
serré de derrière, trop —, 27 (14)
serré de devant, trop —, 27 (3)
service, cheval de —, 4 (7)
  galop de —, 67 (16)
  trot de —, 67 (9)
servir l'animal, 84 (24)
seule main, rêne dans une —, 56 (11)
sevrage, 9 (21)
siège, 98 (13)
signalement, 10 (4)
simple, obstacle —, 113 (9)
simples, robes —, 29 (2)
six barres, épreuve des —, 81 (20)
sobre, cheval —, 46 (4)
sobriété, 8 (3)
soins à l'écurie, 92
sol, 65 (6)

sole, 34 (4)
solide, canon —, 23 (5)
  dos —, 19 (18)
  jambe —, 23 (25)
  jarret —, 24 (16)
sommaire, pansage —, 92 (19)
son, 12 (15)
sortir, 92 (3)
souche, 5 (10)
souche, faire —, 6 (15)
soumission, 44 (11)
souple, assiette —, 54 (10)
  bouche —, 49 (3)
  mesure —, 38 (4)
souris, 30 (25)
— clair, 30 (26)
— foncé, 30 (27)
sous lui, 27 (19)
sous-écuyer, 77 (17)
sous-gorge, 102 (9)
soutien, membre au —, 42 (9)
spéciales, brides —, 102 (3)
spongieux, jarret —, 24 (13)
sport, selle de —, 98 (2)
sportive, équitation —, 61 (1)
  position —, 54 (5)
sports équestres, 61 (1)
sports hippiques, 61 (1)
sprinter, le —, 86 (10)
squelette, 13 (2)
stalle, 90 (2)
start, 86 (16)
station, 42 (17)
stationata, 113 (14)
stayer, le —, 86 (9)
steeple, 83 (6B)
stère de bois, 114 (11)
stérile, 7 (18)

stick, 107 (3)
stone, 38 (10)
stud-book, 10 (2)
style, 57 (12), 80 (6)
sucre, 12 (17)
suitée, jument —, 9 (13)
supplémentaire, ration — 12 (25)
supplémentaires, aides —, 54 (17)
support, 113 (1)
surélevée, croupe —, 21 (1)
surface, 65 (6)
surfaces de frottement, 35 (5)
surfaix, 90 (21), 98 (24), 106 (7)
surmené, 46 (2)
suros, 35 (13)
suspension, temps de —, 42 (11)
sustension, base de —, 28 (9)

T

tablier, 90 (15)
tact au tact, du —, 58 (12)
tact du cavalier, 57 (9)
taille au garrot, 28 (1), 38 (1)
tailler, 94 (20)
tailleur, 112 (14)
talent, 57 (10)
talon, 34 (3)
talus, 114 (8)
tan, 65 (8)
tapis de selle, 99 (1)
tapoter, 54 (21)
tare, 35 (21)
— héréditaire, 6 (8)
tares, 35–36
tares et maux, 35 (9)

tas de fagots, 114 (11)
taxer, 80 (25)
technique de l'équitation, 54–59
technique du cavalier, 57 (14)
teint, noir mal —, 30 (7)
tempérament, 7 (21), 45 (2)
temps d'extension, 42 (10)
temps de suspension, 42 (11)
temps, changer de pied au —, 58 (12)
tendant vers la verticale, bras —, 22 (3)
— — —, épaule —, 21 (18)
tendons, 13 (12)
— chauffés, 35 (21), 36 (19)
— claqués, 35 (21), 36 (19)
tendu, 45 (14)
  dos —, 50 (10)
tendue, rêne —, 56 (2)
tenir les hanches, 71 (2)
tenue à la française, 55 (14)
— classique, 55 (14)
— de vénerie, 110 (13)
— des rênes, 55 (13)
— du cavalier, 110-112
— militaire, 55 (15)
— moderne, 55 (16)
— néoclassique, 55 (16)
— normale, 55 (17)
terre, près de —, 28 (8)
testicules, 15 (19)
tête, 13 (19), 14 (1), 17 (1)
— busquée, 18 (2)
— camuse, 17 (12)
— charnue, 17 (7)
— commune, 17 (9)
— concave, 17 (12)
— conique, 17 (11)

tête de brochet, 17 (13)
— de mouton, 18 (1)
— droite, 17 (10)
— expressive, 17 (8)
— grande, 17 (3)
— grosse, 17 (5)
— légère, 17 (4)
— petite, 17 (2)
— sèche, 17 (6)
  bonne attache de la —, 18 (3)
  étoile en —, 32 (3)
  grande —, 17 (3)
  grosse —, 17 (5)
  le dessus de la —, 102 (7)
  mauvaise attache de la —, 18 (3)
  pelote en —, 32 (2)
  petite, —, 17 (2)
  quelques poils en —, 32 (1)
tête au mur, 71 (7)
tête en dedans, 71 (8)
têtière, 102 (4)
texte de la reprise, 79 (6)
thorax, 13 (7)
tic, 36 (13)
tige, 107 (11)
tige molle, forte, botte à —, 111 (16)
tigré, 31 (8)
tire-botte, 111 (24)
tirer à la main, 50 (1)
toilette, 94-95, 94 (14)
toilettée, crinière —, 95 (1)
toise, canne à —, 38 (7)
tomber, 81 (1)
tondre, 94 (22)
tonte, 95 (7)
— en chasse, 95 (9)

toque de course, de jockey, 110 (7)
torchon, 91 (8)
tort-nez, 91 (13)
toucher, 55 (1), 81 (3)
touffe, 94 (7)
toupet, 16 (17), 94 (9)
tour de sangle, 38 (2)
tour du canon, 38 (3)
tournant, 86 (18)
tourner, 80 (14)
— court, 65 (17), 80 (15)
— large, 80 (16)
toux, 36 (5)
trace, 84 (8)
— de balzane, 32 (9)
train, 86 (19)
trait, cheval de gros —, 3 (18)
trait non rapide, cheval de —, 3 (12)
tranchant, garrot —, 19 (24)
  jarret —, 24 (7)
  poitrail —, 19 (2)
tranchante, croupe —, 20 (26)
tranquille, 45 (6)
transition, 43 (1)
trapu, 28 (5)
travail à la main, 76 (8)
— aux longues rênes, 76 (9)
— aux piliers, 76 (10)
— de deux pistes, 71
— monté, 76 (7), 80 (20)
travail, ration de —, 12 (24)
travers, 71 (7)
trèfle, 12 (13)
tressée, crinière —, 95 (2)

tresser, 94 (24)
tricorne, 110 (2)
triple, obstacle —, 113 (11)
triples barres, 114 (2)
trompe, 85 (7)
tronc, 13 (20), 18 (4)
tronçon, 15 (15), 94 (11)
tronçonner, 94 (25)
trophée, 85 (2)
trot, 33 (12)
— allongé, 67 (14)
— assis, 58 (4)
— cadencé, 67 (13)
— d'école, 75 (2)
— de route, 67 (9)
— de service, 67 (9)
— écourté, 67 (11)
— en extension, 67 (14)
— enlevé, 58 (5)
— " moyen ", 67 (13)
— naturel, 67 (8)
— ordinaire, 67 (10)
— raccourci, 67 (11)
— ralenti, 67 (11)
— rassemblé, 67 (12)
— sur place, 75 (4)
  marcher au —, 58 (2)
  partir au —, 58 (1)
trotter, 58 (3)
— à l'anglaise, 58 (5)
— à la française, 58 (4)
— sur le diagonal, 58 (6)
trotteur, 3 (13)
trottiner, 50 (13)
troupier, 4 (5)
trousse de nettoyage, 111 (25)

troussequin, 98 (20)
  position sur le —, 54 (7)
truité, gris —, 31 (18)
tube, 110 (3)
tunique, 110 (14)
type, 5 (14)
  dépourvu de —, 6 (3)
typé, 6 (2)
typique, 6 (2)

U

uni, 28 (3)
uniforme de l'équipage, 85 (10)
union incestueuse, 7 (1)
unité de mesure, 38 (8)

V

vairon, œil —, 32 (13)
valet de chiens, 84 (15)
van, 92 (24)
varice, 35 (10)
variété, 5 (7)
vénerie, 61 (4), 84–85
  botte de —, 111 (11)
  tenue d'équipage de —, 110 (13)
veneur, 84 (17)
vent, porter au —, 50 (2)
ventre, 15 (10), 20 (2)
— avalé, 20 (5)
— de vache, 20 (6)
— descendu, 20 (4)
— levretté, 20 (8)
— normal, 20 (3)
— retroussé, 20 (7)
verge, 15 (21)

vers, 36 (20)
vert, fourrage —, 12 (3)
  rameau —, 85 (4)
vertébrale, colonne —, 13 (5)
vertèbre, 13 (6)
vertical, obstacle —, 113 (6)
  pli —, 43 (17)
verticale, bras, épaule, tendant vers la —, 22 (3), 21 (18)
vessignon, 35 (10, 19)
veste d'équitation, 110 (16)
vibration, 56 (14)
vice, 36 (23)
— rédhibitoire, 37 (5)
vide, jument —, 9 (14)
vite, galop —, 68 (9)
vitesse, 8 (5), 86 (19)
  changer de —, 58 (16)
vives, allures —, 33 (9)
voix, 54 (18)
volonté, présentation à —, 79 (10)
volte, 65 (19)
voltige, 62 (4)
voyages à cheval, 61 (8)
vulve, 15 (22)

W

" walk over ", 86 (24)

Y

yard, 38

Z

zain, 32 (17)
zootechnie, 5 (1)

III
DEUTSCH
German
Allemand

A

Aalstrich, 32 (15)
Abarten, 30–31
abbrechen, 57 (15)
abendländische Pferd, 3 (7)
abfallende Kruppe, 20 (25)
Abfangen des Wildes, 84 (24)
abgedachte Kruppe, 20 (26)
abgekürzter Galopp, 68 (2)
— Trab, 67 (11)
abgeleitete Farben, 29 (6)
abkauen, 49 (11)
abklopfen, 54 (21)
abkürzen, 58 (18)
abnehmen, das Eisen —, 34 (18)
abreiben, 92 (13)
abreiten, 80 (8)
absatteln, 99 (9)
abschätzen, 80 (25)
abschneiden, 94 (21)
abschüssige Kruppe, 20 (25)
abschwammen, 92 (15)
Absetzen, 9 (21)
absitzen, 54 (2)
abspringen, 80 (11)
Absprung markierende Stange, 113 (3)
Abstammung, 5 (16)
abstehender Ellbogen, 22 (7)
abstehendes Sprunggelenk, 24 (10)
abstossen, sich am Gebiss —, 49 (20)
abtrocknen, 92 (14)

abwerfen, 51 (7), 81 (4)
abzäumen, 103 (23)
Abzeichen, 32
  ohne jegliche —, 32 (17)
Achse, die Schiefe der —, 43 (3)
Acht, 66 (4)
achten, 80 (23)
After, 15 (17)
Afterklaue, 16 (10)
Agraffe, 111 (1)
Ahnen, 5 (17)
Ahnenreihen, inzuchtfreie —, 7 (2)
akademische Reitkunst, 60 (3)
Aktion, 7 (22), 42 (19)
aktiver Schenkel, 55 (7)
— Zügel, 56 (2)
Amateur, 77 (5)
Amazone, 77 (2)
amerikanisches Jagdspringen, 81 (21)
Anbinderiemen, 90 (17)
andersartig, 5 (25)
Anfänger, 77 (22)
angaloppieren aus dem Halten, 58 (1)
  auf dem linken Fuss —, 58 (2)
angeborene Farben, 29 (1)
angedrückter Ellbogen, 22 (8)
angenehmes Maul, 49 (5)
angerittenes Pferd, 45 (18)
angesetzt, Schweif hoch —, 21 (9)
  Schweif tief —, 21 (10)
Anglo-Araber, 3 (3)

anhalten, 59 (1)
Anhänger, 92 (24)
ankleiden, sich —, 112 (8)
Anlehnung des Pferdes, 43 (13)
  ohne —, 49 (18)
annehmen, 49 (19)
anreiten, 45 (17), 57 (15), 80 (9)
— im Schritt, 58 (1)
anschlagen, 81 (3)
Anschnallsporn, 107 (16)
Anspruchslosigkeit, 8 (3)
ansteckend, 37 (4)
antraben, 58 (1)
anziehen, die Gurte —, 99 (7)
  sich —, 112 (8)
  die Stiefel —, 112 (6)
anziehendes Hindernis, 80 (22)
Apfelschimmel, 31 (19)
Arabisches Vollblut, 3 (1)
Arbeit am langen Zügel, 76 (9)
— an der Hand, 76 (8)
— auf zwei Hufschlägen, 71
— unter dem Reiter 76 (7), 80 (20)
— in den Pilaren, 76 (10)
Arbeitsgalopp, 68 (1)
Arbeitsration, 12 (24)
Arbeitstrab, 67 (10)
Armeesattel, 98 (1)
Art, 5 (7)
Aschfalbe, 30 (26)
Aufgalopp, 86 (15)
aufgeschürzter Bauch, 20 (8)
aufgezogener Bauch, 20 (7)
aufmuntern, 54 (23)

aufnehmen, sich —, 80 (11)
  die Zügel —, 55 (18)
Aufrichtung der Vorhand, 43 (19)
aufsitzen, 54 (1)
Auftragbürste, 91 (2)
aufwärtsgerichteter Zügelanzug, 56 (15)
aufzäumen, 103 (22)
Aufzucht, 5 (3)
Aufzüchter, 5 (5)
Auge, 14 (5)
Ausbindezügel, 106 (5)
ausbrechen, 81 (7)
Ausdauer, 8 (6)
ausdrucksloses Sprunggelenk, 24 (14)
ausdrucksvolle Schulter, 21 (22)
ausdrucksvoller Kopf, 17 (8)
— Unterschenkel, 23 (26)
— Widerrist, 19 (27)
Ausführung, 79 (7)
ausgeprägte Hüfte, 21 (7)
ausgeprägtes Knie, 23 (21)
— Vorderfusswurzelgelenk, 22 (22)
Ausgleichsrennen, 86 (5)
Aushalten der Hand, passives —, verwahrendes —, 56 (13)
Auslese, 6 (17)
ausmisten, 92 (5)
ausrangieren, 37 (9)
ausräumen, den Huf —, 92 (12)
  den Stand —, 92 (4)
ausreissen, 94 (19)

159

ausrichten, 94 (17)
Ausschalten der Schenkel, 55 (12)
ausscheiden, 82 (6)
ausschlagen, 50 (16)
Ausschritt, 42 (14)
Aussengalopp, 68 (14)
aussitzen im Trabe, 58 (4)
ausweichen, mit dem Kopf nach oben —, 50 (2)
auszieben, die Stiefel —, 112 (7)

B

Bach, 114 (13)
Backenriemen, 102 (8)
Backenzähne, 34 (24)
Backsteinmauer, 114 (4)
Bahn, durch die halbe — wechseln, 65 (14)
 durch die Länge der — wechseln, 65 (15)
Bahnpeitsche, 107 (6)
Ballen, 34 (3)
— weiss gesäumt, 32 (9)
Ballotade, 76 (12)
Bandagen, 90 (22)
Bande, 65 (4)
Bandmass, 38 (4)
Bank, irische —, 114 (9)
bärentatzige Fessel, 23 (14)
barren, 80 (17)
Barriere, 114 (7)
Barrierenspringen, 81 (20)
Baskule springen, mit —, 80 (12)
Bauch, 15 (10), 20 (2)
 aufgezogener —, 20 (7)
 aufgeschürzter —, 20 (8)
 gesenkter —, 20 (4)
 hängender —, 20 (3)

Bauch, normaler —, 20 (3)
Bäume, 103 (9)
Becken, 13 (9)
befruchten, 7 (14)
Behaarung, 13 (15)
behoster Unterschenkel, 24 (2)
beidhändig führen, 56 (10)
beidseitige Schenkelwirkung, 55 (11)
beigezäumt, 49 (22)
Beine, 42 (1)
 Spiel der —, 42 (7)
Beinpaare, 42 (4)
 diagonale —, 42 (6)
 seitliche —, 42 (5)
Beispiel einer Vielseitigkeitsprüfung, 83 (6)
beissen, 50 (17)
Beizäumen, Beizäumung, 43 (16)
belohnen, 54 (19)
Belohnung, 54 (19)
bemuskelt, Hals gut —, 18 (21)
 Oberschenkel gut —, 23 (18)
 Unterschenkel gut —, lang —, 24 (1)
bequem, 45 (20)
Bereiter, 77 (3, 17)
 Chef —, 77 (19)
Bereiter-Eleve, 77 (15)
Berufsreiter, 77 (6)
beruhigen, 54 (22)
berühren, 55 (1)
besamen, 7 (15)
Besamung, künstliche —, 7 (16)
Beschäler, 7 (11), 9 (4)
beschlagen, den Huf —, 34 (17)
Beschlagschmied, 34 (13)
Besen, 90 (13)

Beständigkeit, 6 (16)
Bestandteile des Gebisses, 102-3
— des Sattels, 98
— der Stange, 103
— der Trense, 103
— des Zaumzeuges, 102
Beurteilung, Gesamt- —, 28
bewegen, 92 (3)
Bewegung, 7 (22), 33 (1), 42 (20)
 die Richtung der —, 42 (21)
Biegung im Genick, 43 (17, 18)
Biegung, Pferd in —, 43 (10)
blanker Kandare, auf —, 56 (12)
Blässe, 32 (4)
Blatt, 98 (14)
Blauschimmel, 31 (14)
Blume, 32 (2)
Blutauffrischung, 7 (5)
Blutgemeinschaft, 5 (21)
Blutlinie, 5 (20)
Blutstrom, 5 (19)
Bocken, 51 (3)
Bockhuf, 34 (8)
Bocksprünge, 51 (3)
Boden, 65 (6)
 tief am —, 24 (9)
Boden deckend, viel —, 28 (9)
bodennahe, 28 (8)
Bodenrick, 113 (5)
bodenständig machen, einen Stam —, 6 (15)
Bogen, 98 (11)
Bogen wenden, im grossen —, 80 (16)
Box, 90 (1)
braun, 30 (18)
Braun-Stichelhaar, 31 (11)

Breeches, 111 (5)
breite Brust, 18 (25)
— Kruppe, 20 (22)
— Niere, 20 (13)
— Röhre, 23 (4)
breiter Vorarm, 22 (13)
breites Hindernis, 113 (7)
— Sprunggelenk, 24 (5)
— Vorderfusswurzelgelenk 22 (18)
brennen, 94 (23)
Bretthals, 18 (18)
Bruch, der grüne —, 85 (4)
Brust, 15 (6), 18 (22)
 breite —, 18 (25)
 enge —, 18 (23)
 flache —, 18 (26)
 hohe —, 18 (26)
 proportionierte —, 18 (24)
 schmale —, 18 (23)
 tiefe —, 19 (1)
brusteng, 27 (3)
Brustkorb, 13 (7)
brustweit, 27 (4)
brutaler Zügelanzug, 56 (16)
Buggelenk, 15 (26)
"bunte" Mischung, 7 (3)
Bürste, 111 (26)
bürsten, 92 (10), 112 (4)

C

Cavaletti, 113 (5)
Charakter, 45 (1)
Charakteristik, 17-24
Chef-Bereiter, 77 (19)
Chef-Reitlehrer, 77 (12)
Couloir, Sprungübung im —, 80 (19)

D

Damenpferd, 4 (6)
Damenreitkleid, 111 (8)
Damensattel, 98 (8)
  reiten im —, 62 (2)
Dampf, 36 (8)
Darmverschlingung, 36 (11)
Deckakt, 7 (13)
Decke, 90 (19)
deckend, viel Boden —, 28 (9)
Deckengurt, 90 (21)
Deckvorgang, 7 (13), 9 (16)
derb, 28 (4)
" deutsch " traben, 58 (4)
diagonal hinter dem Widerrist, 57 (2)
— vor dem Widerrist, 57 (3)
Diagonale (den Fuss) wechseln, 58 (7)
Diagonale traben, auf der linken (rechten) —, 58 (6)
diagonale Beinpaare, 42 (6)
— Hilfen, 57 (5)
Diagonalwechsel, 65 (16)
dicker Hals, 18 (11)
— Widerrist, 19 (26)
" direckter " Zügel, 57 (1)
Distanzritt, 61 (7), 83 (3)
dreifaches Hindernis, 113 (11)
Dreimaster, Dreispitz, 110 (2)
Dressuraufgabe, 79 (6)
Dressurgrad, 45–46
Dressurpeitsche, 107 (5)
Dressurprüfung, 79, 83 (6A)
  Olympia —, 79 (12)
Dressurreiterei, 60 (4)
Dressursattel, 98 (3)

Dressursitz, 54 (4)
Dressurzeug, 106
Druse, 36 (6)
Dschigitowka, 62 (6)
Dunkelfuchs, 30 (10)
Dunkel-Wolfsfarben, 31 (3)
durchgehen, 51 (6)
durchgetretene Fessel, 23 (13)
durchlässiges Maul, 49 (4)
Durchlässigkeit, 44 (8)

E

Ecke, 65 (5)
Eckzähne, 35 (4)
edel, 28 (27)
edler Kopf, 17 (8)
Effekte des einzelnen Zügels, 56 (18)
egalisieren, 94 (17)
Eignung, 8 (4), 86 (12)
Eimer, 90 (14)
Einbiss, 35 (8)
einfache Farben, 29 (2)
— Stange, 103 (5)
einfaches Hindernis, 113 (9)
einfetten, 92 (18)
Einfühlung, 57 (8)
eingeklemmter Schweif, 21 (11)
eingeschiente Röhre, gut —, 23 (6)
einseitige Hilfen, 57 (4)
einseitiger Schenkeldruck, 55 (8)
einspringen, 80 (7)
" Einstellung am Sporn ", 57 (7)
einteiliges Mundstück, 103 (15)
Einwirkung, 57 (11)
einzelne Hufspur, 42 (12)
einzelner Zügel, 56 (17)

Einzelrennen, 86 (24)
Einzelwesen, 5 (12)
Eisen abnehmen, 34 (18)
Eisenbahnschranke, 114 (7)
Eisenschimmel, 31 (16)
elastisch, 45 (15)
Ellbogen, 16 (1), 22 (5)
  abstehender —, 22 (7)
  angedrückter —, 22 (8)
  gebundener —, 22 (9)
  loser —, 22 (6)
empfindliches Maul, 49 (2)
Endkampf, 86 (20)
energisch, 45 (10)
eng, Sprunggelenke zu —, 27 (14)
enge Brust, 18 (23)
— Verwandtschaftszucht, 6 (24)
" englisch " traben, 58 (5)
englisches Vollblut, 3 (2)
entartet, 6 (12)
entfernen, 94 (18)
entkleiden, sich —, 112 (10)
entspannt, 45 (15)
Entwicklung, ungenügende —, 37 (2)
Equipenchef, 77 (13)
Erbanlage, 6 (6)
Erbfehler, 6 (8)
Erblichkeit, 6 (5)
Erde, Schulen auf der —, 75
  Schulen über der —, 75
Erdwall, 114 (8)
Erhaltungsration, 12 (23)
erneuern, die Streu —, 92 (8)
Ersatzpferd, 84 (19)
Ersatzzähne, 34 (21)
erschöpft, 46 (2) ·
erschrecken, 15 (15)

Eselskruppe, 20 (26)
Euter, 15 (23)
Exterieur, 7 (23), 13 (22)

F

Fächerschweif, 95 (5)
Falbe, 30 (14)
fallen, 81 (11)
falsche Hasenhacke, 34 (15)
falscher Galopp, 68 (15)
Familie, 5 (9)
Fang, 113 (4)
Farbe, 13 (17)
Fasanenschweif, 95 (6)
fassbeinige Stellungen, 27 (17)
faul, 45 (9)
Fehler, 35 (9), 36 (22)
fehlerhafte Stellung, 27 (2)
fein gestimmt, 50 (6)
fein gestimmtes Maul, 49 (6)
feiner Hals, 18 (10)
Feld, 84 (16)
Feldstiefel, 111 (14)
Fessel, 16 (7), 23 (7), 32 (10)
  bärentatzige —, 23 (14)
  durchgetretene —, 23 (13)
  kurze —, 23 (8)
  lange —, 23 (9)
  schräge —, 23 (11)
  steile —, 23 (10)
  weiche —, 23 (12)
Fesselgelenk, 16 (6)
Fesselhaare, 94 (5)
Fesselkopf, 16 (6)
festes Hindernis, 80 (21)
feurig, 45 (4)
Filzhut, 110 (8)
Finish, 86 (20)

flache Brust, 18 (26)
— Rippen, 19 (8)
flacher Vorarm, 22 (14)
flaches Vorderfusswurzelgelenk, 22 (23)
Flachhuf, 34 (7)
Flachrennen, 86 (2)
Flanke, 15 (11)
Flankierbaum, 90 (4)
flaues Maul, 49 (7)
flechten, 94 (24)
fleischiger Kopf, 17 (7)
fliegend wechseln, 58 (11, 12)
Fliegenschimmel, 31 (17)
Flieger, 86 (10)
Flocke, 32 (1)
flüchtiges Überputzen, 92 (19)
Fohlen, 9 (19)
Fohlen bei Fuss, Stute mit —, 9 (13)
Fohlenzähne, 34 (20)
Folge, 84 (22)
Forellenschimmel, 31 (18)
Form, 45 (2)
  äussere —, 13 (22)
Format, 28 (19)
französische Manier, 55 (14)
— Reitjagduniform, 110 (13)
freie Gangarten, 33 (9)
— Jagd, 84 (21)
freier Schritt, 67 (1)
fremdartig, 6 (1)
Fremdzucht, 7 (3)
Fresser, schlechter —, 46 (3)
frisch, 45 (11)
frisches Maul, 49 (10)
Frisur, 94 (14)
fruchtbar, 7 (17)

Fuchs, 30 (8)
— Stichelhaar, 31 (10)
Fuchsjagd, 84 (1)
Fuchslunte, 85 (5)
fuchteln, 36 (3)
führen, beidhändig —, 56 (10)
Führung, 57 (11)
Furlong, 38
Fuss (Mass), 38
Fuss, 16 (9)
— fliegend wechseln, 58 (11)
— wechseln, 58 (10)
  auf dem äusseren — galoppieren, 58 (13)
  auf dem linken — angaloppieren, 58 (9)
  innerer —, 71 (1)
fussen, 80 (13)
Futter, 90 (8)
füttern, 92 (2)
Futterverwerter, schlechter —, 46 (3)
Futtervorrat, 12 (21)

G

Gabel, 90 (12)
Gabelsitz, 54 (8)
Gag, 102 (17)
Galle, 35 (10)
Galopp, 33 (14), 67–8
— reiten, 58 (2)
  abgekürzter —, 68 (2)
  falscher —, 68 (15)
  kreuzen im —, 50 (14)
  natürlicher —, 67 (15)
  richtiger —, 68 (2)
  starker —, 68 (5)
  übergehen zum —, 58 (8)

Galopp, verkürzter —, 68 (2)
  versammelter —, 68 (3)
galoppieren, 58 (2)
  auf dem äusseren Fuss —, 58 (13)
Galoppsprung, 42 (13)
Gamasche, 111 (21)
Ganasche, 15 (2)
Gang, 42 (23)
Gangart, 42 (23)
— wechseln, 58 (15)
Gangarten, 33 (2)
  freie —, 33 (9)
  gestreckte —, 33 (9)
  künstliche —, 33 (6)
  natürliche —, 33 (4)
  regelmässige —, 33 (7)
  schnelle —, 33 (9)
  unregelmässige —, 33 (8)
  verkürzte —, 33 (10)
  versammelte —, 33 (10)
ganzer Schritt, 42 (14)
Gatter, 114 (3)
Gattung, 5 (6)
  Prototyp der —, 7 (6)
Gebiss, 102 (6)
— annehmen, 49 (19)
  abkauen am —, 49 (11)
  abstossen am —, 49 (20)
  treten ans —, 49 (19)
  Zaum mit eingenähten —, 103 (19)
gebogen, 43 (10)
gebogener Hals, 18 (16)
Gebrauchsgalopp, 67 (16)
Gebrauchskreuzung, 6 (20)
Gebrauchspferd, 4 (7)
Gebrauchsschritt, 67 (6)

Gebrauchstrab, 67 (9)
gebrochenes Mundstück, 103 (16)
gebundene Schulter, 21 (25)
gebundener Ellbogen, 22 (9)
Geburt, 9 (18)
gedeckte Stute, 9 (10)
gedrosseltes Vorderfusswurzelgelenk, 22 (25)
gedrungen, 28 (5)
geflochtene Mähne, 95 (2)
Gefühl des Reiters, 57 (8)
gegenreiten, 80 (9)
"Gegenzügel", 56 (20)
gehlustig, 45 (10)
Gehorsam, 44 (11)
Gelände, Jagdrennen im —, 61 (5)
  Prüfungen im —, 83 (6B)
Geländepferd, 4 (4)
Geländereiten, 61 (3)
Gelbfalb, 30 (17)
Gelbschecke, 31 (5)
Gelbschimmel, 30 (4)
Gelenk, 13 (4)
gemeiner Kopf, 17 (9)
gemischt, 5 (26)
gemischte Farben, 29 (4)
Genick, 14 (2)
  Biegung im —, 43 (17, 18)
Georg Preis, St. —, 79 (11)
gepflegte Mähne, 95 (1)
gequetscht, 12 (6)
gerade Kruppe, 20 (24)
— Niere, 20 (14)
— verlaufender Hals, 18 (14)
geradeaus gerichtet, Pferd —, 43 (8)

gerader Kopf, 17 (10)
— Rücken, 19 (13)
Geraderichten der Wirbelsäule, 43 (6)
geraderichtetes Pferd, 43 (7)
Gerberlohe, 65 (8)
gerittenes Pferd, 45 (19)
Gerste, 12 (5)
Gerte, 107 (1)
Gesamtbeurteilung, 28
Geschirrmacher, 99 (11)
geschlossen, 28 (3)
geschlossene Niere, 20 (17)
geschnürtes Vorderfusswurzelgelenk, 22 (24)
geschorene Mähne, 94 (26)
geschrotet, 12 (6)
geschulter Reiter, 77 (23)
"geschwätziges" Maul, 49 (4)
gesenkte Niere, 20 (15)
gesenkter Bauch, 20 (4)
— Rücken, 19 (14)
gespalten, 6 (11)
gespannt, 45 (14)
gespannter Rücken, 50 (10)
gespanntes Maul, 49 (8)
gestimmt, fein —, 50 (6)
gestreckt, 27 (20)
gestreckte Gangarten, 33 (9)
Gestüt, 9-10
Gestütsbrand, 10 (3)
Gestütsbuch, 10 (2)
Gestütsleiter, 9 (22)
Gestütswärter, 9 (25)
Gesundheit, 7 (25)
Gewährsfehler, 37 (5)
Gewicht, Reitpferd für leichtes —, 3 (25)

Gewicht, Reitpferd für mittleres —, 4 (1)
Reitpferd für schweres —, 4 (2)
Gewichtshilfen, 54 (15)
gewölbte Rippen, 19 (9)
— Seite, 43 (5)
gewölbter Rücken, 19 (15)
gewölbtes Mundstück, 103 (17)
— Vorderfusswurzelgelenk, 22 (20)
Glanzbürste, 91 (3)
Glanzrappe, 30 (6)
Glasauge, 32 (13)
gleichartig, 5 (24)
Gleichgewicht, 7 (20), 44 (10)
im —, 28 (24)
gleichzeitige Schenkelwirkung, 55 (11)
Gliedmassen, 13 (21), 21 (14)
goldbraun, 30 (20)
Goldfuchs, 30 (13)
Graben, 114 (12)
Grad, 5 (23)
Gras, 12 (11)
grasen, 11 (7)
Grauschimmel, 31 (14)
greifen, 36 (2)
die Stange —, 49 (17)
grosser Kopf, 17 (3)
grosses Knie, 23 (20)
— Sprunggelenk, 24 (6)
— Vorderfusswurzelgelenk, 22 (17)
Grummet, 12 (10)
Grundbegriffe, 41-45
gründen, einen Stamm —, 6 (15)
gründliches Putzen, 92 (20)

Grund-Ration, 12 (23)
grüner Bruch, 85 (4)
Grünfutter, 12 (3)
Gruss, 66 (9)
Gummiglocken, 90 (25)
Gurtenumfang, 38 (2)
Gurte anziehen, 99 (7)
— lockern, 99 (8)
— lösen, 99 (8)
güsste Stute, 9 (14)
gut aufgesetzter Kopf, 18 (8)
— bemuskelter Hals, 18 (21)
— bemuskelter Oberschenkel, 23 (18)
— bemuskelter Unterschenkel, 24 (1)
— eingeschiente Röhre, 23 (6)
guter Zustand, 46 (1)
Gutpunkte, 82 (2)
Gymkhana, 62 (5)

H

Haar, 13 (16)
Haarbüschel, 94 (7)
Haardecke, 94 (1)
Haarkleid, 13 (17), 94 (1)
Haarwechsel, 94 (3)
Haarwirbel, 94 (6)
Habichtsbrust, 19 (2)
Häcksel, 12 (8)
Hafer, 12 (4)
Hahnentritt, 35 (20)
Hakenzähne, 35 (1)
Halali, 84 (25)
Halbblut, 3 (4)
halbe Bahn wechseln, durch die —, 65 (14)
halbe Reitbahn, 65 (11)

halbe Reitschule, 65 (11)
— Volte, 65 (18)
Halber-Arrêt, 56 (15)
halbgestiefelt, 32 (11)
halblange Mähne, 95 (1)
Halbtravers, 71 (8)
Hals, 15 (4), 18 (5)
dicker —, 18 (11)
feiner —, 18 (10)
gebogener —, 18 (16)
gerade verlaufender —, 18 (14)
gut bemuskelter —, 18 (21)
hochangesetzter —, 18 (20)
kurzer —, 18 (6)
langer —, 18 (8)
leichter —, 18 (10)
proportionierter —, 18 (7)
schmaler —, 18 (9)
schräggestellter —, 18 (15)
schwach bemuskelter —, 18 (21)
schwerer —, 18 (12)
steilgestellter —, 18 (15)
tiefgesetzter —, 18 (20)
waagerechter —, 18 (13)
Hals (des Sporns), 107 (11)
Halsfreiheit, vollkommene —, 44 (1)
Halten, 42 (17), 66 (8)
Haltung, 43 (11), 54 (3)
"Hand" (Mass), 38 (9)
Hand, 54 (14)
Arbeit an der —, 76 (8)
hinter der —, 50 (3)
in der —, 49 (21)
nachgeben der —, 44 (2)
passives (verwahrendes) Aushalten der —, 56 (13)

Hand, schwer liegen auf der —, 50 (1)
   Springübungen an der —, 80 (18)
   stete —, 56 (1)
   stossen auf die —, 50 (4)
   über der —, 50 (2)
   Zügel in einer —, 56 (11)
Hand und Schenkeln, zwischen —, 50 (8)
Hand stellen, an die —, 43 (14)
Hand wechseln, 58 (14), 65 (12)
"Hände ohne Schenkel . . .", 57 (6)
Handicap, 86 (6)
Handschuh, 111 (2)
hängender Bauch, 20 (4)
Hankeherein, 71 (5)
Hanken setzen, auf die —, 44 (5)
harmonisch, 28 (26)
Härte, 8 (2)
harter Rücken, 50 (10)
hartes Maul, 49 (8)
Hartfutter, 12 (1)
Hasenhacke, 35 (16)
   falsche —, 35 (15)
Hauptgangarten, 33 (11)
Hauptgestüt, 9 (2)
Hauptkörperteile, 13 (18)
Hauptstamm, 7 (7)
Haut, 13 (14)
Hebel, 28 (12)
Hechtskopf, 17 (13)
heftig, 45 (4)
hellbraun, 30 (19)
Hellfuchs, 30 (9)
hell-wolfsfarben, 31 (2)
Hengst, 9 (5)

Hengstdepot, 9 (1)
Hengstwärter, 9 (24)
herabhängender Zügel, 56 (5)
herausstellen, die Hinterhand —, 44 (4)
herausstrecken, die Zunge —, 49 (14)
Herrenreiter, 77 (10)
Herrensitz, reiten im —, 62 (1)
heterogen, 5 (25)
Hetzpeitsche, 85 (9), 107 (4)
Heu, 12 (9)
Heubauch, 20 (5, 6)
Heuraufe, 90 (4)
Hieb versetzen, 55 (3)
Hilfen, 54 (12)
   an den —, 50 (8)
   diagonale —, 57 (5)
   einseitige —, 57 (4)
   zusätzliche —, 54 (17)
Hilfs-Reitlehrer, 77 (11)
Hilfszügel, 106
Hindernis, 80 (3)
   anziehendes —, 80 (22)
   breites —, 113 (7)
   dreifaches —, 113 (11)
   einfaches —, 113 (9)
   hochweites —, 113 (8)
   starres —, festes —, 80 (21)
   steiles —, 113 (6)
   zweifaches —, 113 (10)
Hindernis streifen, 81 (2)
Hindernisrennen, 86 (2)
hingegebenen Zügel, am —, 44 (1)
   Schritt am —, 67 (2)
   stehen am —, 59 (2)
hingegebener Zügel, 56 (6)

hinter den Schenkeln, 50 (7)
hinter der Hand, 50 (3)
Hinterbacke, 16 (12)
Hinterbeine, 42 (3)
Hinterhand, 41 (3)
   — herausstellen, 44 (4)
   Nachschub der —, 44 (3)
   Wendung auf der —, 74 (4)
Hinterknie, 16 (13), 23 (19)
Hinterröhre, 22 (26)
Hinterteil, 28 (15)
Hinterzwiesel, 98 (20)
Hirschfänger, 85 (6)
Hirschhals, 18 (19)
Hirschhunden, reiten zu —, 84 (7)
Hirschlauf, 85 (3)
hoch, vorn zu —, 28 (22)
hochangesetzter Hals, 18 (20)
   — Schweif, 21 (9)
hochgestiefelte Beine, 32 (12)
Hochsprungkonkurrenz, 81 (23)
hochweites Hindernis, 113 (8)
Hochziehen der Zunge, 49 (13)
Hoden, 15 (19)
Hodensack, 15 (18)
Hofstallmeister, 77 (20)
hohe Brust, 18 (26)
   — Kruppe, 21 (1)
   — Pesade, 75 (9)
   — Schule, 60 (5)
hoher Widerrist, 19 (23)
hohle Niere, 20 (16)
   — Seite, 43 (4)
hohler Rücken, 50 (11)
Holzscheit, 114 (11)
homogen, 5 (24)
Hornspalt, 34 (10)

Hornwand, 34 (1)
Huf, 16 (9), 34
   — ausräumen, 92 (12)
   — beschlagen, 34 (17)
   — richten, 34 (16)
Hufabdruck, 42 (13)
Hufeisen, 34 (15)
Huffett, 91 (12)
Hufschlag, 42 (16), 65 (9)
Hufschlägen, Arbeit auf zwei —, 71
Hufschlagfiguren, 65–66
Hufspur, einzelne —, 42 (12, 13)
Hüfte, 21 (4)
   ausgeprägte —, 21 (7)
   normale —, 21 (5)
   spitze —, 21 (6)
Hüfthocker, 15 (14)
hüftige Kruppe, 21 (7)
Hund, 84 (12)
Hunden, reiten zu —, 61 (4)
Hundsmann, 84 (14)
Hürde, 113 (13)
Hürdenrennen, 86 (3)
Husten, 36 (5)
hybrid, 6 (1)

I

"indirekt verwahrender" Zügel, 57 (2, 3)
Innengalopp, 68 (11)
innere Seite, 41 (6)
innerer Fuss, 71 (1)
   — Zügel, 56 (7)
Inzestzucht, 7 (1)
Inzucht, 6 (23)
inzuchtfreie Ahnenreihen, 7 (2)
irische Bank, 114 (9)

irisches Martingal, 106 (3)
Isabellenfalbe, 30 (15)

J

Jagd, freie —, 84 (21)
jagdbares Tier, 84 (7)
Jagddress, 85 (10)
Jagdfrack, 110 (11b)
Jagdgalopp, 68 (6)
Jagdherr, 84 (13)
Jagdhorn, 85 (7, 8)
Jagdkappe, 110 (5)
Jagdkrawatte, 110 (18)
Jagdmartingal, 106 (1)
Jagdpferd, 3 (24), 84 (18)
Jagdreiten, 61 (4)
Jagdreiter, 84 (17)
Jagdrennen, 61 (5), 83 (6B), 86 (4)
Jagdritt, 84 (6)
Jagdrock, 110 (10b, 12)
Jagdsattel, 98 (5)
Jagdschnitt, 95 (9)
Jagdspringen, 61 (10), 81 (19), 83 (6C)
 amerikanisches —, 81 (21)
Jagdstiefel, 111 (11)
Jagduniform, 85 (10)
Jagdzeug, 99 (2)
Jockey, 77 (7)
Jockeymütze, 110 (7)
Jockeystiefel, 111 (12)
Jodhpur (Reithose), 111 (5)
Jodhpurstiefel, 111 (18)
junge Remonte, 45 (18)
junge Stute, 9 (9)
Jungfuchsjagd, 84 (2)
Junghengst, 9 (6)
Jungpferderation, 12 (25)

K

Kadenz, 42 (25)
Kakerlakenauge, 32 (13)
kaltblütiger Schlag, 3 (9)
Kamm, 95 (10)
kämmen, 92 (21)
Kammer, 98 (17)
Kampagnereiterei, 60 (4)
Kandare, 102 (15)
 auf blanker —, 56 (12)
Kandarenzaum, 102 (2)
Kanonenspringen, 81 (18)
Kanonenstiefel, 111 (15)
Kanter, 68 (7)
kantiges Sprunggelenk, 24 (7)
Kapitän, 77 (13)
Kappzaum, 106 (8)
Kapriole, 76 (4)
Kardätsche, 90 (26)
Karpfenrücken, 19 (16)
Karren, 90 (10)
Karriere, 68 (9)
Kastanie, 16 (3)
Kastensporn, 107 (18)
Kastration, 37 (6)
kastrieren, 37 (7)
Kehlkopf, 15 (3)
Kehlriemen, 102 (9)
Kehrtumwechsel, 67 (17)
keilförmiger, 17 (11)
Kette, 90 (18)
Kinkette, 103 (13)
Kinkettengrube, 15 (1)
Kinkettenhaken, 103 (12)
Kinnbacke, 15 (2)
Kirschbraun, 30 (23)
Kissen, 98 (16)

Klasse, 7 (19), 86 (11)
Klasse (Dressurprüfungs-), 79
klassische Manier, 55 (14)
— Reitkunst, 60 (2)
klassisches Rennen, 86 (5)
klebend, 51 (9)
Klee, 12 (13)
Kleie, 12 (15)
kleiner Kopf, 17 (2)
Kleinpferd, 3 (10)
Knebeltrense, 102 (19)
Knie, 16 (13), 23 (19)
 ausgeprägtes —, 23 (21)
 grosses —, 23 (20)
 offenwinkeliges —, 23 (22)
Kniebesätze, 111 (7)
knieeng, 27 (5, 6)
Kniekappen, 90 (24)
Kniescheibe, 16 (14)
kniewweit, 27 (7)
Kniewulst, 98 (15)
knirschen, 49 (16)
Knochen, 13 (3)
 viel —, 28 (7)
Knochengerüst, 13 (2)
Knochenspat, 35 (18)
Knöpfen, Zaum mit —, 103 (21)
Kohlfuchs, 30 (12)
Kolik, 36 (10)
Koller, 36 (12)
kombinierte Prüfung, 83 (4)
Kondition, 45 (22)
konkaver Kopf, 17 (12)
Konstanz, 6 (16)
Konstitution, 7 (24)
Kontakt, 43 (12)
Kontergalopp, 68 (14)
Konterschulterherein, 71 (5)

Konter-Wechsel, 65 (13)
Kopf, 13 (19), 14 (1), 17 (1)
 ausdrucksvoller —, 17 (8)
 edler —, 17 (8)
 fleischiger —, 17 (7)
 gemeiner —, 17 (9)
 gerader —, 17 (10)
 grosser —, 17 (3)
 gut, schlecht, aufgesetzter —, 18 (3)
 keilförmiger —, 17 (11)
 kleiner —, 17 (2)
 konkaver —, 17 (12)
 leichter —, 17 (4)
 schwerer —, 17 (5)
 trockener —, 17 (6)
Kopf nach oben ausweichen, mit dem —, 50 (2)
Kopf schlagen, mit dem —, 50 (5)
Kopfgestell, 102 (4)
Kopfstück, 90 (20)
Koppel, 11 (4), 84 (11)
Koppen, 36 (13)
Körperbau, 7 (23), 13 (1)
korrekter Sitz, 54 (11)
korrigieren, 55 (2)
Kornfutter, 12 (1)
Kötenbehang, 16 (19)
Kötenhaare, 94 (5)
Kraft, 8 (1)
kräftiger Unterschenkel, 23 (25)
kräftiges Sprunggelenk, 24 (16)
Krankheit, 37 (3)
Krankheiten, 36-37
Kreuz, 54 (16)
kreuzen im Galopp, 50 (14)
Kreuzgalopp, 68 (16)

Kreuzung, -zucht, 6 (18)
Krippe, 90 (5)
Kronen weiss gesaumt, 32 (8)
Kronengelenk, 16 (8)
Kruppade, 76 (2)
Kruppe, 15 (13), 20 (18)
  abfallende —, 20 (25)
  abgedachte —, 20 (26)
  abschüssige —, 20 (25)
  breite —, 20 (22)
  gerade —, 20 (24)
  hohe —, 21 (1)
  kurze —, 20 (19)
  lange —, 20 (20)
  ovale —, 20 (27)
  schmale —, 20 (21)
  schwache —, 21 (2)
  starke —, 21 (3)
  überbaute —, 21 (1)
  waagerechte —, 20 (23)
Kruppeherein, 71 (7)
Kuhbauch, 20 (6)
kuhhessig, 27 (16)
Kummt, 106 (10)
Kunden, 35 (6)
Kunst des Reiters, 57 (13)
künstliche Besamung, 7 (16)
künstliche Gangarten, 33 (6)
Kunstreiterei, 61 (13)
kupieren, 94 (25)
Kür, 79 (10)
Kurbette, 76 (1)
Küree, 85 (1)
Kurve, 86 (18)
kurz wenden, 80 (15)
kurzbeinig, 28 (8)
kurze Fessel, 23 (8)
— Kruppe, 20 (19)

kurze Niere, 20 (10)
— Rippen, 19 (6)
— Röhre, 23 (3)
— Schulter, 21 (16)
kurzer Hals, 18 (6)
— Oberarm, 22 (1)
— Rücken, 19 (11)
— Vorarm, 22 (11)
— Widerrist, 19 (20)
kurzgefesselt, 27 (12)
Kurzkehrtwendung, 66 (1), 74 (1)
Kutschpferd, schweres —, 3 (21)

L

Lahmheit, 36 (18)
landen, 80 (13)
Landgestüt, 9 (1)
Landpferd, veredeltes —, 3 (5)
lang bemuskelt, Unterschenkel —, 24 (1)
Länge wechseln, durch die —, 65 (15)
lange Fessel, 23 (9)
— Kruppe, 20 (20)
— Niere, 20 (11)
— Reithose, 111 (6)
— Rippen, 19 (7)
— Röhre, 22 (27)
— Schulter, 21 (17)
langen Zügel, am —, 44 (2)
  Arbeit am —, 76 (9)
  Schritt am —, 67 (3)
langer Hals, 18 (8)
— Oberarm, 22 (2)
— Oberschenkel, 23 (16)
— Rücken, 19 (12)
— Schritt, 67 (1)

langer Unterschenkel, 23 (24)
— Vorarm, 22 (12)
— Widerrist, 19 (21)
langes Sprunggelenk, 24 (4)
— Vorderfusswurzelgelenk, 22 (19)
Längsachse, 43 (2)
Langschweif, 95 (4)
Lanzenstich, 32 (16)
Laterne, 32 (5)
Lauf, voller —, 68 (8)
Laufpferd, 3 (11)
Lehmfuchs, 30 (11)
Leibstallmeister, 77 (21)
leicht, 79 (1)
leicht am Schenkel, 50 (6)
leichten Trab übergehen, zum —, 58 (5)
leichter Hals, 18 (10)
— Kopf, 17 (4)
— Schlag, 3 (8)
leichtes Gewicht, Reitpferd für —, 3 (25)
— Wagenpferd, 3 (20)
leichtfütterig, 46 (4)
leichttraben, 58 (5)
Leinsamen, 12 (16)
Leistung, 8 (8)
Leistungsprobe, 8 (7)
Lende, 15 (12), 20 (9)
Levade, 75 (8)
  hohe —, 75 (9)
lichten, 94 (15)
liegen, schwer auf der Hand —, 50 (1)
Linie, verletzte —, 35 (15)
Linien, äussere —, 28 (10)
Linienzucht, 7 (4)

linke Seite, 41 (5)
linken Diagonale traben, auf der —, 58 (6)
linken Fuss angaloppieren, auf dem —, 58 (9)
Linksgalopp, 68 (13)
loben, 54 (20)
lockender Zügelanzug, 56 (14)
lockern, die Gurte —, 99 (8)
Longe, 106 (6)
  Springübungen an der —, 80 (18)
Longiergurt, 106 (7)
Longierzeug, 106
lose Schulter, 21 (24)
loser Ellbogen, 22 (6)
— Zügel, 56 (5)
lösen, 80 (8)
  die Gurte —, 99 (8)
Lösen des Unterkiefers, 43 (15)
Löwenbrust, 19 (4)
Lungenentzündung, 36 (7)
Luzerne, 12 (12)

M

magerer Widerrist, 19 (25)
Mähne, 16 (18), 94 (8)
  halblange —, 95 (1)
  geflochtene —, 95 (2)
  gepflegte —, 95 (1)
  geschorene —, 94 (26)
Mähnenhaare, 94 (4)
Mähnenkamm, 15 (5)
Mängel, 35 (9), 36 (21)
Manier, 57 (12)
  französische —, 55 (14)
  klassische —, 55 (14)
  militärische —, 55 (15)

Manier, moderne —, 55 (16)
  neuklassische —, 55 (16)
  normale —, 55 (17)
Manieren, Pferd mit guten —, 45 (20)
Mannschaftsspringen, 81 (22)
Mantel, 111 (3)
Markiertafeln, 79 (5)
Martingal, irisches —, 106 (3)
  starres —, 106 (2)
Mash, 12 (19)
Masse, 38
massieren, 92 (13)
Master, 84 (13)
Matratze, 92 (7)
Mauer, 65 (3), 114 (4)
Mauke, 35 (12), 36 (14)
Maul, 14 (8), 49 (1)
  angenehmes —, 49 (5)
  durchlässiges —, 49 (5)
  empfindliches —, 49 (3)
  fein gestimmtes —, 49 (6)
  flaues —, 49 (7)
  frisches —, 49 (10)
  "geschwätziges" —, 49 (4)
  gespanntes —, 49 (8)
  hartes —, 49 (8)
  rohes —, 49 (2)
  "stummes" —, 49 (7)
  unruhiges, unstetes —, 49 (4)
  verdorbenes —, 49 (9)
  weiches —, 49 (3)
Mausfalb, 30 (27)
mausgrau, 30 (25)
mehrfache Farben, 29 (5)
Meile, 38
Meister im Sattel, 78 (1)
Melone, 110 (4)

Messband, 38 (6)
Messeinheit, 38 (8)
Messung, 38
Messtock, 38 (7)
Meute, 84 (10)
Mezair, 75 (7)
Milchmaul, 32 (7)
Milchschimmel, 30 (2)
Milchzähne, 34 (19)
militärische Manier, 55 (15)
Military, 83 (5)
Mischblut, 6 (21)
Mischling, 6 (21)
Mischung, "bunte" —, 7 (3)
mittel, 79 (2)
Mittelgalopp, 68 (4)
Mittelhand, 41 (2)
  Wendung auf der —, 74 (3)
Mittelschritt, 67 (6)
Mittelstück, 28 (14)
Mitteltrab, 67 (13)
Mittelzähne, 35 (3)
mittleres Gewicht, Reitpferd für —, 4 (1)
Modell, 5 (15)
moderne Manier, 55 (16)
Mohrenkopf, 32 (14)
Mohrrübe, 12 (14)
morgenländisches Pferd, 3 (6)
müde, 45 (12)
Mundstück, 103 (3, 7)
  einteiliges —, 103 (15)
  gebrochenes —, 103 (16)
  gewölbtes —, 103 (17)
Mundstück legen, die Zunge über das —, 49 (15)
munter, 45 (11)
Muskeln, 13 (11)

Mutterstute, 9 (12)
Mütze, 110 (9)

N

Nabel, 15 (24)
nachgeben, 49 (20), 55 (21)
Nachgeben der Hand, 44 (2)
  — des Unterkiefers, 43 (15)
Nachkommenschaft, 5 (18, 19)
nachlässig Springen, 80 (24)
Nachschub der Hinterhand, 44 (3)
Nachzucht, 5 (13), 9 (3)
Nackenriemen, 102 (7)
Nageltritt, 34 (12)
Nasenbremse, 91 (13)
Nasenriemen, 102 (11)
Nasenrücken, 14 (6)
natürliche Gangarten, 33 (4)
natürlicher Galopp, 67 (15)
— Trab, 67 (8)
Naturschweif, 95 (4)
Nerven, 13 (13)
neuklassische Manier, 55 (16)
niedere Schule, 60 (4)
niedriger Widerrist, 19 (22)
Niere, 15 (12), 20 (9)
  breite —, 20 (13)
  gerade —, 20 (14)
  geschlossene —, 20 (17)
  gesenkte —, 20 (15)
  hohle —, 20 (16)
  kurze —, 20 (10)
  lange —, 20 (11)
  schmale —, 20 (12)
nimmt den Zügel nicht an, 49 (18)
Nomenklatur, 14–16

normale Hüfte, 21 (5)
— Manier, 55 (17)
— Stellung der Glieder, 27 (1)
normaler Bauch, 20 (3)
— Sitz, 54 (4)
Nüster, 14 (7)

O

Oberarm, 15 (27), 21 (26)
  kurzer —, 22 (1)
  langer —, 22 (2)
  schräger —, 22 (4)
  steiler —, 22 (3)
Oberbau, 28 (16)
Oberbereiter, 77 (18)
Obergurt, 98 (24)
Oberschenkel, 16 (11), 23 (15)
  gut bemuskelter —, 23 (18)
  langer —, 23 (16)
  schräger —, 23 (17)
offenes Sprunggelenk, 24 (10)
offenwinkeliges Knie, 23 (22)
ohne Abzeichen, 32 (17)
— Anlehnung, 49 (18)
— Sattel reiten, 62 (3)
Ohr, 14 (3)
Olympia-Dressurprüfung, 79 (12)
Organe, 13 (10)
orientalisches Pferd, 3 (6)
Ort, Trab am —, 75 (4)
ovale Kruppe, 20 (27)
Oxer, 114 (1)

P

Pace, 86 (19)
Packpferd, 3 (19)
Paddock, 11 (5)
Parade, 66 (8)

parieren, 59 (2)
Passage, 75 (3)
Passgang, 33 (15)
Passgänger, 3 (14)
passiver Schenkel, 55 (6)
— Zügel, 56 (4)
passives Aushalten der Hand, 56 (13)
Paste, 111 (27)
Peitschen, 107
Peitschenschmitz, 107 (9)
Peitschenschnur, 107 (8)
Peitschenstock, 107 (7)
Pelham, 103 (18)
Perioden, 35 (7)
Pesade, 75 (8, 9)
Pferd (Rassen, Typen), 3-4
　abendländisches —, 3 (7)
　angerittenes —, 45 (18)
　geradegerichtetes —, 43 (7)
　morgenländisches —, 3 (6)
　orientalisches —, 3 (6)
Pferd geradeaus gerichtet, 43 (8)
— in Biegung, 43 (10)
— in Stellung, 43 (9)
— mit guten Manieren, 45 (20)
— mit schwingendem Rücken, 50 (9)
— stellen, 71 (2)
Pferdefreund, 78 (2)
Pferdekenner, 78 (2)
Pferdelänge, eine —, 86 (22)
Pferdemann, 78 (2)
Pferdetransportwagen, 92 (24)
Pferdewärter, 92 (22)
"Phantasia", 62 (7)
phlegmatisch, 45 (8)

Piaffe, 75 (4)
Piano, 114 (10)
Piephacke, 35 (11)
Pikör, 84 (15)
Pilaren, 106 (11)
　Arbeit in den —, 76 (10)
Pirouette, 66 (2), 74 (4)
Placierung, 82 (5)
Plastron, 110 (18)
"Point to Point", 83 (2)
polieren, 112 (5)
Polierkette, 91 (9)
Polierknochen, 112 (1)
Polo, 61 (11)
Polohelm, 110 (6)
Polosattel, 98 (6)
Polostiefel, 111 (13)
Polsterung, 98 (16)
Pony, 3 (10)
Porzellanschimmel, 30 (3)
Potenz, 6 (4)
Preis, 82 (7)
Preis, St. Georg —, 79 (11)
Probierhengst, 9 (2)
Produkt, 5 (13)
Promenadenpferd, 4 (3)
Promenadenreiten, 61 (2)
proportioniert, 28 (25)
proportionierte Brust, 18 (24)
proportionierter Hals, 18 (7)
Prototyp der Gattung, 7 (6)
Prüfung, 79 (8)
— auf Strassen, 83 (6B)
— im Gelände, 83 (6B)
　kombinierte —, 83 (4)
　zusätzliche —, 79 (9)
Puissancespringen, 81 (18)
pullen, 50 (1)

Pumpgebiss, Stange mit —, 103 (6)
Putzen, gründliches —, 92 (20)
putzen, 92 (11)
　Stiefel —, 112 (2)
Putzzeug, 111 (25)

Q

quadratisch, 28 (20)
Qualität, 7 (19)
Querfeldein-Reiten, 61 (5)
Querfeldein-Rennen, 61 (6), 83 (1, 6B)

R

Rahmen, 28 (18)
Ramskopf, 18 (2)
Rappe, 30 (5)
Rappe-Stichelhaar, 31 (12)
Rasse, 5 (8)
— verbessern, 6 (14)
— veredeln, 6 (14)
Rassen, 3-4
Ration, Arbeits- —, 12 (24)
　Erhaltungs- —, 12 (23)
　Grund- —, 12 (23)
　Jungpferde- —, 20 (25)
　Tages- —, 12 (22)
　zusätzliche- —, 20 (25)
Rattenschweif, 21 (12)
Räude, 36 (15)
Rauhfutter, 12 (2)
Reaktion des Reitpferdes, 49-51
rechte Seite, 41 (4)
rechteckig, 28 (21)
Rechtsgalopp, 68 (12)
Redopp, 75 (6)
regelmässige Gangarten, 33 (7)

Regenmantel, 111 (4)
Rehbein, 35 (17)
Rehbraun, 30 (21)
Rehe, 36 (17)
Reibflächen, 35 (5)
reinigen, 92 (9)
　Stiefel —, 112 (2)
Reinzucht, 6 (22)
Reisen im Sattel, 61 (8)
Reitbahn, 65 (1)
　halbe —, 65 (11)
reiten im Damensattel, 62 (2)
— im Herrensitz, 62 (1)
— ohne Sattel, 62 (3)
Reiten, 60 (1)
　sportliches —, 61 (1)
— zu Hirschhunden, 84 (3)
— zu Hunden, 61 (4)
Reiter, 77 (1)
　Arbeit unter dem —, 76 (7), 80 (20)
　geschulter —, 77 (23)
— abwerfen, 51 (7)
Reiter-Karussell, 62 (9)
— Quadrille, 62 (8)
Reiterei, 60 (1)
Reiterin, 77 (2)
Reiters, Gefühl des —, 57 (8)
　Kunst des —, 57 (13)
　Talent des —, 57 (10)
Reiterspiele, 61 (12)
Reitertakt, 57 (7)
Reitfrack, 110 (11a)
Reitgerte, 107 (2)
Reithalle, 65 (1)
Reithose, 111 (5)
　lange —, 111 (6)
Reithosenschneider, 112 (13)

Reithut, 110 (3)
Reitjackett, 110 (16)
Reitjagd, 84–85
Reitjaguniform, 110 (13)
Reitkleidung, 110–112
Reitkunst, 60 (1)
  akademische —, 60 (3)
  klassische —, 60 (2)
Reitkünstler, 77 (3)
Reitlehrer, 77 (3, 10)
  Chef —, 77 (12)
  Hilfs —, 77 (11)
Reitmeister, 77 (3, 19)
Reitpferd, 3 (15)
— für leichtes Gewicht, 3 (25)
— für mittleres Gewicht, 4 (1)
— für schweres Gewicht, 4 (2)
Reitplatz, 65 (2), 79 (4)
Reitrock, 110 (10a)
Reitschule, 65 (1)
  halbe —, 65 (11)
Reitschüler, 77 (9)
Reitschülerin, 77 (9)
Reitsport, 61 (1)
Reitstiefel, 111 (10)
Reitstock, 107 (3)
Reittechnik, 57 (14)
Reit- und Wagenpferd, 3 (17)
Reitweg, 65 (10)
Remonte, eine junge —, 45 (18)
Rendez-vous, 84 (20)
Rennbahn, 86 (13)
Rennen, 86 (1, 17)
  Ausgleichs- —, 86 (6)
  Flach- —, 86 (2)
  Hindernis- —, 86 (4)
  Hürden- —, 86 (3)
  Jagd- —, 86 (4)

Rennen, klassisches —, 86 (5)
  Querfeldein- —, 61 (6), 83 (1, 6B)
  totes —, 86 (23)
  Verkaufs- —, 86 (7)
Renngalopp, 68 (10)
Rennjacke, 110 (15)
Rennkappe, 110 (7)
Rennpferd, 3 (22), 86 (8)
Rennreiten, 61 (9)
Rennsattel, 98 (7)
Rennsitz, 54 (6)
Rennstiefel, 111 (12)
Renntrense, 103 (1)
Renvers, 71 (9)
Reprise, 42 (15)
respektieren, 80 (23)
Rhythmus, 42 (25)
richten, den Huf —, 34 (16)
  die Streu —, 92 (8)
richtiger Galopp, 68 (11)
Richtung der Bewegung, 42 (21)
Richtung wechseln, 58 (14), 65 (12)
Richtungswechsel, 42 (22)
"richtungweisender" Zügel, 56 (19)
Richtverfahren, 82 (1)
Rick, 113 (14)
Riemer, 99 (11)
Ringe, 103 (4)
Rippen, 13 (8), 15 (7), 19 (5)
  flache —, 19 (8)
  gewölbte —, 19 (9)
  kurze —, 19 (6)
  lange —, 19 (7)
Rittmeister, 77 (14)

Rock, roter —, 85 (11)
roh, 45 (16)
rohes Maul, 49 (2)
Rohrbein, 16 (5)
Rohrbeinumfang, 38 (3)
Röhre, 16 (5), 22 (26)
  breite —, 23 (4)
  gut eingeschiente —, 23 (6)
  kurze —, 23 (3)
  lange —, 22 (27)
  runde —, 23 (1)
  schwache —, 23 (2)
  starke —, 23 (5)
Rohren, 36 (9)
Rosette, 82 (9)
Rosse, 9 (15)
Rotbraun, 30 (22)
roter Rock, 85 (11)
Rotschecke, 31 (6)
Rotz, 36 (16)
rückbiegig, 27 (11)
Rücken, 15 (8), 19 (10)
  gerader —, 19 (13)
  gesenkter —, 19 (14)
  gespannter —, 50 (10)
  gewölbter —, 19 (15)
  harter —, 50 (10)
  hohler —, 50 (11)
  Karpfen —, 19 (16)
  kurzer —, 19 (11)
  langer —, 19 (12)
  mit schwingendem —, 50 (9)
  schwacher —, 19 (17)
  Senk-, 19 (14)
  starker —, 19 (18)
  weicher —, 19 (17)
Rückschlag, 6 (9)
rückschlägig, 6 (10)

Ruckwärtsrichten, 59 (4)
ruhig, 45 (6)
Rumpf, 13 (20), 18 (4)
Run, 86 (17)
runde Röhre, 23 (1)
Rute, 15 (21)

S

säbelbeinig, 27 (18)
Sakkade, 56 (16)
Salz, 12 (18)
Sand, 65 (7)
sanft, 45 (3)
Sattel, 98–99
  Armee- —, 98 (1)
  Damen- —, 98 (8)
  Dressur- —, 98 (3)
  ein Meister im —, 78 (1)
  Jagd- —, 98 (5)
  Polo- —, 98 (6)
  Reisen im —, 61 (8)
  reiten ohne —, 62 (3)
  Renn- —, 98 (7)
  Sport- —, 98 (2)
  Spring- —, 98 (4)
Sattel verpassen, den —, 99 (5)
Sattelbaum, 98 (9)
Satteldecke, 99 (1)
Satteldruck, 35 (23)
Sattelgurt, 98 (23)
Sattelkammer, 90 (9), 99 (14)
Sattelknopf, 98 (19)
satteln, 99 (6)
Sattelseife, 91 (10)
Sattelzeug, 99 (12)
Sattler, 99 (10)
Sattlerei, 99 (13)
sauber springen, 81 (1)

169

säubern, 92 (9)
Säugen, 9 (20)
Schafskopf, 18 (1)
Schaft, Stiefel mit weichem —, 111 (16)
Schale, 35 (14)
scharf wenden, 80 (15)
scharfer Sporn, 107 (15)
— Widerrist, 19 (24)
Schaum, 49 (12)
Schecke, 31 (4)
Scheide, 15 (22)
Schenkel, aktiver —, 55 (7)
 passiver —, 55 (6)
 treibender —, 55 (7)
 verwahrender —, 55 (10)
— stehen, leicht am —, 50 (6)
— weichen, dem —, 71 (3)
Schenkeldruck, einseitiger —, 55 (8)
schenkelfaul, 50 (7)
schenkelgehorsam, 50 (6)
Schenkelhilfen, 54 (13)
Schenkeln, hinter den —, 50 (7)
 zwischen Hand und —, 50 (8)
 Ausschalten der —, 55 (12)
Schenkels, verschiebende Wirkung des —, 55 (9)
Schenkelwirkung, beidseitige —, 55 (11)
 gleichzeitige —, 55 (11)
Schere, 95 (11)
scheren, 94 (22)
Scheren, 95 (7)
Scherriemen, 103 (14)
scheu, 45 (7)
scheuen, 50 (15)
Schiefe der Achse, 43 (3)

Schimmel (weissgeboren), 30 (1)
Schimmel (veränderlich), 31 (13)
schläfrig, 45 (8)
Schlag, 5 (11)
 kaltblütiger —, 3 (9)
 leichter —, 3 (8)
 schwerer —, 3 (9)
 warmblütiger —, 3 (8)
schlagen, mit dem Kopf —, 50 (5)
Schlangenlinie, 66 (3)
Schlauch, 15 (20)
Schlaufzügel, 106 (4)
schlecht aufgesetzter Kopf, 18 (3)
schlechter Fresser, 46 (3)
— Futterverwerter, 46 (3)
— Zustand, 45 (23)
Schleppjagd, 84 (4)
schmale Brust, 18 (23)
— Kruppe, 20 (21)
— Niere, 20 (12)
schmaler Hals, 18 (9)
— Vorarm, 22 (15)
Schmiede, 34 (14)
schmieren, 112 (3)
Schnalle, 107, (13)
Schnallen, Zaum mit —, 103 (20)
schnappen, 50 (17)
schneiden, 94 (20, 21)
Schneider, 112 (14)
Schneidezähne, 34 (23)
schnelle Gangarten, 33 (9)
Schnelligkeit, 8 (5)
Schnippe, 32 (6)
Schnitzeljagd, 84 (5)
Schnürstiefel, 111 (17)
Scholar, 77 (16)
Schopf, 16 (17), 94 (9)

schräge Fessel, 23 (11)
— Schulter, 21 (19)
schräge abfallende Schulter, 21 (20)
schräger Oberarm, 22 (4)
— Oberschenkel, 23 (17)
schräggestellter Hals, 18 (15)
Schritt, 33 (12), 67
— am hingegebenen Zügel, 67 (2)
— am langen Zügel, 67 (3)
— am Zügel, 67 (4)
— reiten, 58 (7)
 anreiten im —, 58 (1)
 ein ganzer —, 42 (14)
 freier —, 67 (1)
 Gebrauchs- —, 67 (6)
 langer —, 67 (1)
 Mittel- —, 67 (6)
 starker —, 67 (7)
 versammelter —, 67 (5)
 zackeln im —, 50 (13)
Schrittpferd, 3 (12)
Schubrine, 16 (17)
Schuh, 111 (17)
Schuhmacher, 112 (12)
Schule, hohe —, 60 (5)
 niedere —, 60 (4)
Schulen auf der Erde, 75
— über der Erde, 75
Schulgalopp, 75 (5)
Schulgangarten, 33 (5)
Schulgänge, 75
Schulpferd, 76 (5)
Schulreiter, 77 (3)
Schulreiterei, 60 (3)
Schulreiterin, 77 (4)
Schulschritt, 75 (1)

Schulsprünge, 76
Schulter, 15 (25), 21 (15)
 ausdrucksvolle —, 21 (22)
 gebundene —, 21 (25)
 kurze —, 21 (16)
 lange —, 21 (17)
 lose —, 21 (24)
 schräge —, 21 (19)
 schräge abfallende —, 21 (20)
 steile —, 21 (18)
 trockene —, 21 (21)
 überladene —, 21 (23)
Schulterherein, 71 (4)
Schultrab, 75 (2)
Schultrense, 102 (16)
Schur, 95 (7)
Schürze, 90 (15)
schwach bemuskelter Hals, 18 (21)
Schwäche, 37 (1)
schwache Kruppe, 21 (2)
— Röhre, 23 (2)
schwacher Rücken, 19 (17)
schwaches Sprunggelenk, 24 (15)
Schwamm, 91 (6)
schwammiges Sprunggelenk, 24 (13)
Schwanenhals, 18 (17)
Schwarzbraun, 30 (24)
Schwarzschecke, 31 (7)
Schwarzschimmel, 31 (15)
Schwebemoment, 42 (11)
Schweif, 15 (16), 21 (8), 94 (10)
 eingeklemmter —, 21 (11)
 hoch angesetzter —, 21 (9)
 Ratten- —, 21 (12)
 tief angesetzter —, 21 (10)
 wedeln mit dem —, 50 (12)

Schweifansatz, 94 (12)
Schweifes, Tragen des —, 21 (13), 94 (13)
Schweifhaar, 94 (4)
Schweifriemen, 106 (9)
Schweifrübe, 15 (15), 94 (11)
Schweissmesser, 91 (5)
Schwemme, in die —, 92 (17)
schwer, 79 (3)
— auf der Hand liegen, 50 (1)
schwerer Hals, 18 (12)
— Kopf, 17 (5)
— Schlag, 3 (9)
schweres Gewicht, Reitpferd für —, 4 (2)
schweres Kutschpferd, 3 (21)
— Zugpferd, 3 (18)
schwierig, 45 (5)
schwierige Seite, 43 (4)
schwingendem Rücken, mit —, 50 (9)
"schwingender" Zügelanzug, 56 (14)
Schwung, 42 (18)
Sehnen, 13 (12)
Sehnenentzündung, 35 (21), 36 (19)
Sehnenklapp, 35 (21)
Sehnenriss, 35 (21)
Seite, äussere —, 41 (7)
 gewölbte —, 43 (5)
 hohle —, 43 (4)
 innere —, 41 (6)
 linke —, 41 (5)
 rechte —, 41 (4)
 schwierige —, 43 (4)
 steife —, 43 (5)
Seitengänge, 71

seitliche Beinpaare, 42 (5)
seitwärts treten, 71 (6)
Semmelfalbe, 30 (16)
sengen, 94 (23)
Senkrücken, 19 (14)
setzen, auf die Hanken —, 44 (5)
Signalement, 10 (4)
Sitz, 54 (3), 98 (13)
 korrekter —, 54 (11)
 normaler —, 54 (4)
 steifer —, 54 (9)
 weicher —, 54 (10)
Skelett, 13 (2)
Sohle, 34 (4)
Sommerhaar, 94 (2)
Sommerrappe, 30 (7)
spanischer Tritt, 75 (3)
Spat, weicher —, 35 (19)
Spezialzäume, 102 (3)
Spiel der Beine, 42 (7)
Spielbein, 42 (9)
spitze Hüfte, 21 (6)
Sporen, 107 (10)
Sporer, 107 (19)
Sporn, 16 (10)
Sporn, "Eistellung am —", 57 (7)
Sporn, scharfer —, 107 (15)
 stumpfer —, 107 (14)
Spornrädchen, 107 (12)
Spornriemen, 107 (17)
Spornstich, 55 (5)
sportliches Reiten, 61 (1)
Sportsattel, 98 (2)
Springbahn, 81 (14), 113 (12)
Springen, 80-82
springen, 51 (4), 80 (10)
 mit Basküle —, 80 (12)

springen, nachlässig —, 80 (24)
 sauber —, 81 (1)
 unachtsam —, 80 (24)
"Springer", 76 (6)
Springkonkurrenzen, 81
Springpferd, 3 (23), 80 (1)
Springreiter, 80 (2)
Springsattel, 98 (4)
Springsitz, 54 (5)
Springstil, 80 (6)
Springtechnik, 80 (5)
Springturnier, 61 (10), 81 (15)
Springübungen an der Hand (Longe), 80 (18)
— im Couloir (Springgarten), 80 (19)
Springvermögen, 80 (4)
Sprinter, 86 (10)
Sprung, unerwarteter —, 51 (4)
Sprung zu Sprung, von —, 58 (12)
Sprungfolge, 81 (14), 113 (12)
Sprunggelenk, 16 (16), 24 (3)
 abstehendes —, 24 (10)
 ausdrucksloses —, 24 (14)
 breites —, 24 (5)
 grosses —, 24 (6)
 langes —, 24 (4)
 kantiges —, 24 (7)
 kräftiges —, 24 (16)
 offenes —, 24 (10)
 schwaches —, 24 (15)
 schwammiges —, 24 (13)
 steiles —, 24 (11)
 tief am Boden —, 24 (9)
 trockenes —, 24 (8)
 verschwommenes —, 24 (12)
Sprunggelenke zu eng, 27 (14)

Sprunggelenke zu weit, 27 (15)
Spur, 84 (8)
Stacionata, 113 (14)
Stall, 90-91
Stallbursche, 92 (22)
Stalldienst, 92
Stallgerät, 90-91
Stallhalfter, 90 (16)
Stallmeister, 92 (23)
Stallplakette, 82 (8)
Stamm, 5 (10)
— gründen, einen —, 6 (15)
Stammbaum, 10 (1)
Stammgründer, 7 (8)
Stammmutter, 7 (9)
Stammstute, 7 (9)
Stammvater, 7 (8)
Stand, 90 (2)
— ausräumen, den —, 92 (4)
Standbein, 42 (8)
Ständer, 113 (1)
Standsäule, 90 (3)
Stange, 102 (15), 113 (2)
 den Absprung markierende —, 113 (3)
 die einfache —, 103 (5)
 — mit Pump gebiss, 103 (6)
Stange greifen, die —, 49 (17)
Stangenzaum, 102 (2)
Stangenzügel, 55 (13)
stark, 28 (6)
starke Kruppe, 21 (3)
— Röhre, 23 (5)
starker Galopp, 68 (5)
— Rücken, 19 (18)
— Schritt, 67 (7)
— Trab, 67 (14)
starres Hindernis, 80 (21)

171

starres Martingal, 106 (2)
Start, 86 (16)
stätisch, 51 (2)
Stechen, 79 (9), 82 (4)
   Zeitspringen mit —, 81 (17)
Steg, 98 (10)
stehen, am hingegebenen Zügel
   —, 59 (2)
   leicht am Schenkel —, 50 (6)
stehen-bleiben, 81 (8)
Steher, 86 (9)
Stehvermögen, 8 (6)
steif, 45 (13)
steife Seite, 43 (5)
steifer Sitz, 54 (9)
Steigbügel, 98 (22)
steigen, 51 (5)
Steiggebiss, 102 (17)
Steigriemen, 98 (21)
steile Fessel, 23 (10)
— Schulter, 21 (18)
steiler Oberarm, 22 (3)
steiles Hindernis, 113 (6)
— Sprunggelenk, 24 (11)
steilgefesselt, 27 (12)
steilgestellter Hals, 18 (15)
Steinmauer, 114 (1)
Steinsalz, 12 (18)
Stelldichein, 84 (20)
Stellen (des Wildes), 84 (23)
stellen, an (in) die Hand —, 43
   (14)
   das Pferd —, 71 (2)
   ans Gebiss —, 43 (14)
Stellöcher, 103 (11)
Stellung, Pferd in —, 43 (9)
Stellung der Gliedmassen, 27
steril, 7 (18)

Stern, 32 (3)
stete Hand, 56 (1)
steter Zügel, 56 (1)
Stichelhaar, 31 (9)
Stiefel, 111 (9)
— anziehen, 112 (6)
— ausziehen, 112 (7)
— mit weichem Schaft, 111 (16)
— reinigen, putzen, 112 (2)
   hoher —, 111 (10)
Stiefelblock, 111 (19)
Stiefelhaken, 111 (22)
Stiefelknecht, 111 (24)
Stiefelleiste, 111 (19)
Stiefellöffel, 111 (23)
Stiefelmacher, 112 (11)
Stiefelüberzug, 111 (20)
Stil, 57 (12)
Stillstehen, 42 (17), 59 (3), 66 (8)
Stimme, 54 (18)
Stirn, 14 (4)
Stirnriemen, 102 (10)
Stockhieb, 55 (4)
Stockmass, 38 (5)
stolpern, 36 (4)
"Stone", 38 (10)
störrisch, 51 (1)
stossen, auf die Hand —, 50 (4)
Strafe, 55 (2)
strafen, 55 (2)
Strafpunkte, 82 (3)
Strahl, 34 (5)
Strahlfäule, 35 (22)
Strassen, Prüfung auf —, 83 (6B)
straucheln, 36 (4)
Streckmoment, 42 (10)
Streicheln, 54 (20)
streichen, 36 (1), 50 (16)

Streichkappen, 90 (23)
streifen, das Hindernis —, 81 (2)
Streifenschritt, 95 (8)
Streu, 90 (11), 92 (6)
— erneuern, 92 (8)
— richten, 92 (8)
Striegel, 91 (4)
Strippe, 98 (18)
Stroh, 12 (7)
Strohbett, 92 (6)
Stuhlsitz, 54 (7)
Stulpenstiefel, 111 (11)
Stummelschweif, 95 (3)
"stummes" Maul, 49 (7)
stumpfe Sporn, 107 (14)
Sturz, 81 (12)
stürzen, 81 (11)
Sturzfeder, 98 (12)
Sturzkappe, 110 (5)
Stutbuch, 10 (2)
Stute, 9 (8)
   gedeckte —, 9 (10)
   güsste —, 9 (14)
   junge —, 9 (9)
   tragende —, 9 (11)
— mit Fohlen bei Fuss, 9 (13)
Stuterei, 9 (2)
Stutmeister, 9 (23)
"stützender" Zügel, 56 (3)

T

Tagesnorm, 12 (22)
Tagesration, 12 (22)
Talent des Reiters, 57 (10)
tätiger Zügel, 56 (2)
taxieren, 80 (25)
teilen, die Zügel —, 56 (9)
Temperament, 7 (21), 45 (2)

Tempo, 33 (3), 42 (24), 86 (19)
— wechseln, 58 (16)
   fliegend wechseln à —, 58 (12)
tief am Boden, 24 (9)
— angesetzter Hals, 18 (20)
— angesetzter Schweif, 21 (10)
Tiefe, 28 (2)
tiefe Brust, 19 (1)
Tier, jagdbares —, 84 (7)
Tiger, 31 (8)
Tod, 84 (25)
Toilette, 94 (14)
Tor, 114 (3)
töten, ein Pferd —, 37 (10)
tötes Rennen, 86 (23)
Tour, 42 (15)
Trab, 33 (13), 67
   abgekürzter —, 67 (11)
   natürlicher —, 67 (8)
   starker —, 67 (14)
   verkürzter —, 67 (11)
   versammelter —, 67 (12)
Trab am Ort, 75 (4)
Trab reiten, 58 (2)
Trab übergehen, zum leichten
   —, 58 (5)
Trabe, aussitzen im —, 58 (4)
traben, 58 (3)
   auf der linken Diagonale —,
   58 (6)
   "deutsch" —, 58 (4)
   "englisch" —, 58 (5)
Traber, 3 (13)
Trabpferd, 3 (13)
Trabtritt, ein voller —, 42 (12)
Trächtigkeit, 9 (17)
Tragen des Schweifes, 21 (13),
   94 (13)

tragende Stute, 9 (11)
Tragpferd, 3 (19)
Trainer, 77 (8)
Training, 45 (21)
Tränke, 90 (7)
tränken, 92 (1)
Travers, 71 (7)
Traversale, 66 (7), 71 (8)
Traversalschiebung, 71 (8)
traversieren, 71 (7)
treibender Schenkel, 55 (7)
Trense, 102 (14)
Trensenzaum, 102 (1)
Trensenzügel, 55 (13), 102 (12)
treten, ans Gebiss —, 49 (19)
   seitwärts —, 71 (6)
Trippelbarre, 114 (2)
Tritt, spanischer —, 75 (3)
trockene Schulter, 21 (21)
trockener Kopf, 17 (6)
— Widerrist, 19 (27)
trockenes Sprunggelenk, 24 (8)
— Vorderfusswurzelgelenk, 22 (21)
Trophäe, 85 (2)
Truppenpferd, 4 (5)
"tuschieren", 55 (1)
Typ, 5 (14)
Typen, 3-4
typisch, 6 (2)
typlos, 6 (3)

U

über der Hand, 50 (2)
überbaut, 28 (23)
überbaute Kruppe, 21 (1)
Überbein, 35 (13)
Übergang, 43 (1)

übergehen, zum Galopp —, 58 (8)
   zum leichten Trab —, 58 (5)
überladene Schulter, 21 (23)
Überputzen, flüchtiges —, 92 (19)
Überreichung eines Hirschlaufs, zeremonielle —, 85 (3)
überständig, 27 (19)
überzäumt, 50 (3)
Überzieher, 111 (3)
Überzug, 99 (2)
umankleiden, sich —, 112 (9)
umanziehen, sich —, 112 (9)
umwerfen, 81 (5)
Umzäunung, 11 (6)
unachtsam springen, 80 (24)
Unarten, 49-51
Unfall, 81 (13)
unfruchtbar, 7 (18)
Ungehorsam, 49-51
ungenügende Entwicklung, 37 (2)
ungeritten, 45 (16)
unregelmässige Gangarten, 33 (8)
unruhiges Maul, 49 (4)
unstetes Maul, 49 (4)
Unterbau, 28 (17)
Untergesicht, 14 (6)
Unterkiefers, Lösen des —, 43 (15)
Unterlegtrense, 102 (18)
Unterschenkel, 16 (15), 23 (23)
   ausdrucksvoller —, 23 (26)
   behoster —, 24 (2)
   gut bemuskelter —, 24 (1)
   kräftiger —, 23 (25)
   lang bemuskelter —, 24 (1)
   langer, 23 (24)

Untugend, 36 (23)
Ursprung, 5 (16)

V

Vater, 7 (10)
Vatertier, 7 (10)
verbastardiert, 6 (13)
verbessern, eine Rasse —, 6 (14)
verdorbenes Maul, 49 (9)
veredeln, eine Rasse —, 6 (14)
veredeltes Landpferd, 3 (5)
Vererbungsfähigkeit, 6 (7)
verhalten, 50 (3)
Verkaufsrennen, 86 (7)
verkürzen, 94 (16)
   die Zügel —, 55 (20)
verkürzte Gangarten, 33 (10)
verkürzter Galopp, 68 (2)
— Trab, 67 (11)
verlängern, die Zügel —, 55 (19)
verlesen, 94 (15)
verletzte Linie, 35 (15)
Verletzung, 36 (25)
Vernageln, 34 (11)
verpassen, den Sattel —, 99 (5)
   die Zügel —, 55 (18)
versammeln, 44 (6)
versammelte Gangarten, 33 (10)
versammelter Galopp, 68 (3)
— Schritt, 67 (5)
— Trab, 67 (12)
Versammlung, 44 (7)
verschiebende Wirkung des Schenkels, 55 (9)
verschwommener Widerrist, 20 (1)
verschwommenes Sprunggelenk, 24 (12)

versetzen, einen Hieb —, 55 (3)
verwahrender Schenkel, 55 (10)
— Zügel, 57 (1)
verwahrendes Aushalten der Hand, 56 (13)
Verwandschaft, 5 (22)
Verwandschaftszucht, 6 (23)
   enge —, 6 (24)
verweigern, 81 (9)
verziehen, 94 (19)
viel Boden deckend, 28 (9)
viel Knochen, 28 (7)
Vielseitigkeitsprüfung, 83 (5, 6)
Vollblut, englisches —, 3 (2)
Vollblut-Araber, 3 (1)
voller Lauf, 68 (8)
— Trabtritt, 42 (12)
Vollhuf, 34 (6)
vollkommene Halsfreiheit, 44 (1)
Volte, 65 (19)
   halbe —, 65 (18)
Voltigieren, 62 (4)
vor dem Zügel, 50 (1)
Vorarm, 16 (2), 22 (10)
   breiter —, 22 (13)
   flacher —, 22 (14)
   kurzer —, 22 (11)
   langer —, 22 (12)
   schmaler —, 22 (15)
vorbeilaufen, 81 (6)
vorbiegig, 27 (19)
vorbiegig, 27 (10)
Vorderbeine, 42 (2)
Vorderfusswurzelgelenk, 16 (4), 22 (16)
   ausgeprägtes —, 22 (22)
   breites —, 22 (18)
   flaches —, 22 (23)
   gedrosseltes —, 22 (25)

Vorderfusswurzelgelenk, geschnürtes —, 22 (24)
 gewölbtes —, 22 (20)
 grosses —, 22 (17)
 langes —, 22 (19)
 trockenes —, 22 (21)
Vorderknie, 16 (4)
Vorderröhre, 22 (26)
Vorderteil, 28 (13)
Vorderzeug, 99 (3)
Vorderzwiesel, 98 (19)
Vorfahren, 5 (17)
Vorhand, 41 (1)
 Aufrichtung der —, 43 (19)
 Wendung auf der —, 74 (2)
vorn zu hoch, 28 (22)
Vorwärtssitz, 54 (5)

W

waagerechte Kruppe, 20 (23)
waagerechter Hals, 18 (13)
Waffenrock, 110 (14)
Wagenpferd, 3 (16)
 leichtes —, 3 (20)
Waidmesser, 85 (6)
"Walk over", 86 (24)
Wall, 114 (8)
Wallach, 37 (8)
Wand, 65 (3)
warmblütiger Schlag, 3 (8)
waschen, 92 (16)
Waschbürste, 91 (1).
Waschleder, 91 (7)
Wasser, 12 (20)
Wassergraben, 114 (13)
Wechsel, Konter- —, 65 (13)
wechseln, aus dem Zirkel —, 66 (6)
 das Tempo —, 58 (16)
 den Fuss —, 58 (7, 10)
 den Fuss fliegend —, 58 (11)
 die Diagonale —, 58 (7)
 die Gangart —, 58 (15)
 die Hand —, 58 (14), 65 (12)
 die Richtung —, 58 (14,) 65 (12)
 durch den Zirkel —, 66 (5)
 durch die halbe Bahn —, 65 (14)
 durch die Länge —, 65 (15)
 — von Sprung zu Sprung, 58 (12)
wecken, 54 (23)
wedeln, mit dem Schweif —, 50 (12)
Wegübergang, 114 (6)
wehren, sich —, 81 (10)
weiche Fessel, 23 (12)
weichem Schaft, Stiefel mit —, 111 (16)
weichen, dem Schenkel —, 71 (3)
weicher Filzhut, 110 (8)
 — Rücken, 19 (17)
 — Sitz, 54 (10)
 — Spat, 35 (19)
weiches Maul, 49 (3)
weichgefesselt, 27 (13)
Weide, 11 (2)
Weidegang, 11 (3)
weiss gesäumt, Ballen —, 32 (9)
 Kronen —, 32 (8)
weissgeboren, 30 (1)
weit, Sprunggelenke zu —, 27 (15)
Weitsprungkonkurrenz, 81 (24)
wenden, 80 (14)

wenden, im grossen Bogen —, 80 (16)
 scharf-, kurz —, 80 (15)
Wendung, 65 (21), 86 (18)
 — auf der Hinterhand, 74 (4)
 — auf der Mittelhand, 74 (3)
 — auf der Vorhand, 74 (2)
werfenlassen im Trabe, 58 (4)
Weste, 110 (17)
Wichse, 91 (11), 111 (27)
Widerrist, 15 (9), 19 (19)
 ausdrucksvoller —, 19 (27)
 dicker —, 19 (26)
 hoher —, 19 (23)
 kurzer —, 19 (20)
 langer —, 19 (21)
 magerer —, 19 (25)
 niedriger —, 19 (22)
 scharfer —, 19 (24)
 trockener —, 19 (27)
 verschwommener —, 20 (1)
Widerristhöhe, 28 (1), 38 (1)
widersetzen, sich —, 81 (10)
Widersetzlichkeit, 36 (24)
Widerstandsfähigkeit, 8 (2)
Wiegen, 86 (14)
wienern, 112 (5)
Wiese, 11 (1)
Wild, 84 (7)
Winkelung, 28 (11)
Winterhaar, 94 (2)
Wirbel, 13 (6)
Wirbelsäule, 13 (5), 43 (2)
 Geraderichten der —, 43 (6)
Wirkung des Schenkels, verschiedende —, 55 (9)
Wirkungen des einzelnen Zügels, 56 (18)

Wischtuch, 91 (8)
Witterung, 84 (8)
wohlgeformt, 28 (26)
wolfsfarben, 31 (1)
Würmer, 36 (20)

Y

Yard, 38

Z

zackeln im Schritt, 50 (13)
Zähne, 34
Zahnwechsel, 34 (22)
Zangen, 35 (2)
Zaum, 103 (19, 20, 21)
Zaumzeug, 102-103
Zaun, 11 (6)
Zehe, 34 (2)
zeheneng, 27 (8)
zehenweit, 27 (9)
Zeitspringen, 81 (16)
 — mit Stechen, 81 (17)
Zelter, 3 (14)
zeremonielle Überreichung eines Hirschlaufs, 85 (3)
zeugen, 7 (7)
zeugungsfähig, 7 (17)
Zeugungsfähigkeit, 6 (4)
Ziegenbrust, 19 (3)
Ziel, 86 (21)
Zirkel, 65 (20)
 — wechseln, aus dem —, 66 (6)
 — wechseln, durch den —, 66 (5)
Zirkusreiter, 77 (3)
Zirkusreiterei, 61 (13)
Zirkusreiterin, 77 (4)
Zoll, 38

Zucht, 5 (2)
Züchter, 5 (4)
Zuchtlehre, 5 (1)
Zuchtpferd, 4 (8)
Zuchtstute, 7 (12)
Zuchtwahl, 6 (17)
Zucker, 12 (17)
Zügel, 102 (5)
 aktiver —, 56 (2)
 äusserer —, 56 (8)
 "direkter" —, 57 (1)
 einzelner —, 56 (17)
 herabhängender —, 56 (5)
 hingegebener —, 56 (6)
 "indirekt verwahrender" —, 57 (2, 3)
 innerer —, 56 (7)
 langer —, 106 (12)
 loser —, 56 (5)
 passiver —, 56 (4)

Zügel, "richtungsweisender" —, 56 (19)
 steter —, 56 (1)
 "stutzender" —, 56 (3)
 tätiger —, 56 (2)
 verwahrender —, 57 (1)
Zügel, am —, 49 (21), 67 (4)
 am langen —, 44 (2), 67 (3)
 am hingegebenen —, 44 (1), 67 (2)
 am hingegebenen — stehen, 59 (2)
 Arbeit am —, 76 (9)
Zügel, vor dem —, 50 (1)
 — aufnehmen, 55 (18)
 — in einer Hand, 56 (11)
 — teilen, 56 (9)
 — verkürzen, 55 (20)
 — verlängern, 55 (19)
 — verpassen, 55 (18)

Zügelanzug, aufwärtsgerichteter —, 56 (15)
 brutaler —, 56 (16)
 lockender —, 56 (14)
 schwingender —, 56 (14)
Zügelführung, 55 (13)
Zügelhaltung, 55 (13)
Zügelhilfen, 54 (14)
Zügelringe, 103 (10)
Zugpferd, schweres —, 3 (18)
Zugtrense, 102 (17)
zulegen, 58 (17)
Zunge, Hochziehen der —, 49 (13)
Zunge herausstrecken, 49 (14)
Zunge über das Mundstück legen, 49 (15)
Zungenfreiheit, 103 (8)
Zungenschlag, 54 (18)
Zungenstreckergebiss, 103 (2)

zurücktreten, 59 (4)
zusammengesetzte Farben, 29 (3)
zusätzliche Hilfen, 54 (17)
— Prüfung, 79 (9)
— Ration, 12 (25)
Zustand, 45 (22)
 guter —, 46 (1)
 schlechter —, 45 (23)
Zwanghuf, 34 (9)
zwei Hufschlägen, Arbeit auf —, 71
zweifaches Hindernis, 113 (10)
Zweig, 5 (11)
Zweimaster, 110 (1)
Zweispitz, 110 (1)
Zwinger, 84 (9)
zwischen Hand und Schenkeln, 50 (8)
Zwischenprodukt, 6 (19)
Zylinderhut, 110 (3)

BIBLIOGRAPHY—BIBLIOGRAPHIE

No.
1. AMIOT, F. *Le cheval* (1949).
2. D'AURE, Cte. *Traité d'Équitation* (1847).
3. BAUCHER, F. *Oeuvres complètes* (1867).
4. BOUFALL, B. *Szkola jazdy konnej* (Traité d'équitation) (1912).
5. CHAMBERLIN, Lt.-Col. Harry D. *Riding and Schooling Horses* (1947).
6. CURTOT, Ed. *Galopeurs et trotteurs* (1925).
7. CZAPSKI, M. *Historia powszechna konia* (Histoire générale du cheval) (1874).
8. DECARPENTRY, Général. *Ecole espagnole de Vienne* (1946).
9. ———. *Equitation académique* (1949).
10. DIFLOTH. *Zootechnie*.
11. DOROHOSTAYSKI, K. M. *Hippika* (Traité d'équitation) (1603).
12. F.E.I. *Règlement général de la Fédération Equestre Internationale* (1950).
13. GAYOT. *Connaissance générale du cheval* (1854).
14. GRABOWSKI, J. *Pokroj zewnçtrzny Konia* (L'extérieur du cheval) (1928).
15. LYON, Lt.-Col. W. E. *First Aid Hints for the Horse Owner* (1950).

No.
16. LA GUERINIERE, E. R. de. *Ecole de Cavalerie* (1769).
17. L'HOTTE, Général. *Questions équestres* (1906).
18. McTAGGART, D.S.O., Lt.-Col. M. F. *Mount and Man* (1925).
19. MONTFAUCON DE ROGLES. *Traité d'équitation* (1778).
20. OETTINGEN, B. von. *Die Pferdezucht* (1918).
21. PELLIER, J. *Le langage équestre* (1882).
22. PODHAJSKY, Oberst A. *Spanische Reitschule Wien* (1947).
23. PRAWOCHENSKI, R. *Hodowla koni* (Elevage du cheval) (1947-1950).
24. RAU, Dr. h.c.G. *Die Beurteilung des Warmblutpferdes* (1936).
25. ———. *Die Reitkunst der Welt* (1937).
26. ROMASZKAN, G. *Jeździec i koń w rownowadze* (Cavalier et cheval en équilibre) (1930).
27. SEUNIG, W. *Von der Koppel bis zur Kapriole* (1949).
28. SOSNOWSKI, Z. *O koniu w Polsce* (Le cheval en Pologne) (1912).
29. STEINBRECHT, G. *Gymnasium des Pferdes* (1928).
30. WAETJEN, R. *Die Dressur des Reitpferdes* (1929).
31. WENTWORTH, Lady. *Horses of Britain* (1946).
32. WYNMALEN, M.F.H., Henry. *Equitation* (1949).
33. ———. *Horse Breeding and Stud Management* (1950).
34. ZORN, Dr. W. *Pferdezucht* (1948).